新编21世纪人力资源管理系列教材

跨文化管理

第3版

主　编　郑兴山
副主编　陈景秋　唐宁玉　王玉梅　张　琦

Cross-Cultural
Management

中国人民大学出版社
·北京·

内容简介

跨文化管理是一门理论和实践相结合的学科，其概念、理论和实践在不断深化和发展之中。

本书以全球化背景下的组织管理、跨文化管理的发展沿革及其学习意义等为切入点，对跨文化管理基本理论及具体做法进行了系统阐述，在诸如企业国际化战略和国际化经营模式、理解文化间的差异、跨文化沟通、跨文化谈判、跨文化团队管理、跨文化背景下跨国企业的组织结构及其控制、跨文化人力资源管理、跨国管理者的出国和归国等方面都有独到的论述。

本书具有如下特色：第一，理论前沿性，吸收现有国内外最新的跨文化管理理论和研究内容，将中外研究相结合；第二，案例丰富，收集了近期跨文化管理领域具有启发性的丰富案例；第三，兼顾内容的知识性、实用性和趣味性，提供精心编写的跨文化管理知识和国内外跨文化管理的最佳实践介绍；第四，能力导向，注重实践能力的训练，注重应用型人才培养的导向。

本书结构清晰、概念解释详细、理论阐述深入浅出、论述充分、内容编排紧凑、相关知识前后呼应，非常适合作为高等院校经济与管理类本科生、研究生、MBA学员等的教材，也适合对跨文化管理感兴趣的人士阅读和借鉴。

主编简介

郑兴山　管理学博士，上海交通大学安泰经济与管理学院教授、博士生导师。主要研究领域为组织行为、人力资源管理。研究方向包括下属默契、包容性领导、工作满意度、世俗理性主义等。在《中国管理科学》《学术月刊》《上海经济研究》以及*Journal of Management*、*Journal of Managerial Psychology*、*Journal of Happiness Studies*、*Career Development International*、*Journal of Marketing Research*上发表多篇论文，出版3本专著、5本教材。主持国家自然科学基金项目2项、贝加莱工业自动化（上海）有限公司等企业的纵横向项目20多项，参与国家自然科学基金重点及面上项目5项。

前言

党的二十大报告提出“促进世界和平与发展，推动构建人类命运共同体”。这意味着中国致力于与世界各国共同发展、互利共赢。在这样的背景下，企业需要与来自不同国家和文化背景的合作伙伴进行有效沟通和合作。跨文化管理可以帮助企业更好地理解和尊重不同文化，建立互信和共识，促进国际合作的顺利进行。因此，跨文化管理与人类命运共同体的构建密切相关。跨文化管理可以帮助企业建立良好的国际形象，促进国际合作的顺利进行，并提高企业在全球化竞争中的竞争力和可持续发展能力。为有效地利用全球化机遇、应对国际经营管理带来的挑战，组织管理者应对跨文化情境下的管理理论和具体实践予以关注和理解，并在此基础上获得和提升跨文化管理的技能。

高等院校的本科生、研究生和 MBA 学员学习跨文化管理有助于其认识跨文化管理的含义和作用，掌握全球互联互通下国际企业战略、文化维度、多元文化管理、跨文化组织设计、跨文化沟通、跨文化谈判、跨文化团队管理、跨文化人力资源管理、出国和归国管理等方面的知识和基本理论，为未来在全球化背景下进行组织管理打下坚实的基础。本书是阐释跨文化管理基本原理、基本知识、基本方法的基础教材。

本书还通过一些成功的和典型的具有时代特征的跨文化管理实践，概括出当代著名跨国企业的跨文化管理的具体做法和成功经验。

本书具有如下特色：(1) 理论前沿性：吸收国内外最新的跨文化管理理论和研究内容；(2) 丰富的案例：收集了近期跨文化管理领域具有启发性的丰富案例；(3) 兼顾内容的知识性、实用性和趣味性：有精心编写的跨文化管理知识和国内外跨文化管理的最佳实践介绍，内容具有实用性和趣味性；(4) 能力导向：注重实践能力的训练，注重应用型人才培养的导向。全书力求结构清晰、概念解释详细、理论阐述深入浅出、论述充分、内容编排紧凑、相关知识前后呼应，非常适合经济与管理类本科生、研究生、MBA 学员对跨文化管理的学习，也适合对跨文化管理感兴趣的人士阅读和参考。

本书是组织管理领域教师团队合作的结晶。这些教师工作在应用心理学和人力资源管理教学、科研和咨询的第一线。第1、2、8、9章由郑兴山博士撰写，第3章由上海交通大学张静抒博士撰写，第4、5章由陈景秋博士撰写，第6章由路琳博士撰写，第7章由唐宁玉博士撰写。应用心理学硕士生汪可真、张林协助第7、9章的初稿编写工作，应用心理学硕士生尹晶、薛研协助第3、4、5、6章中相关案例的筛选和编写工作。在第2版的基础上，上海交通大学安泰经济与管理学院毕业的博士生、现深圳大学管理学院助理教授张琦和西南财经大学工商管理学院助理教授王玉梅对相关内容、案例等进行了更新，最后由郑兴山进行统稿和整合。

跨文化管理是一门理论和实践相结合的学科，其概念、理论和实践在不断深化和发展之中。在编写本书时，我们借鉴、参阅和引用了跨文化管理领域国内外专家学者的学术成果，在此一并致谢。虽然我们的编写团队反复斟酌、讨论和修改相关内容，但难免有疏漏之处，敬请读者指正。请将意见和建议发至电子邮箱：xszheng@sjtu.edu.cn，我们不胜感谢并在以后修订时参考。

目录

第1章

导 论

学习目标

- 了解全球化的概念
- 了解全球化背景下的组织管理特征
- 熟悉文化和跨文化的概念
- 了解文化差异对组织管理带来的挑战

引 例

开往世界的中国高铁

中国国家铁路集团有限公司（简称“中国铁路”）是由中央管理的国有独资公司，以铁路客货运输为主业，实行多元化经营。2022年全国铁路营业里程达到15.5万公里，其中高铁营业里程达4.2万公里，稳居世界第一。

随着中国高铁技术逐渐成熟，建设成本降低，中国高铁开始不满足于仅在国内市场发展。中国高铁领导层意识到必须到国际市场上参与竞争，走出去才能实现可持续发展。由于中国高铁线路网络密集，对铁路公司的运营能力与效率有极高要求，中国高铁实际上已经拥有独特的技术与能力，这为中国高铁走出去打下了良好的基础。在逐步尝试和发展国际业务，经历了多年的探索与实践后，中国高铁已经与数十个国家有合作，海外机构遍布世界各地，业务范围覆盖老挝、塞尔维亚、东非地区、印度尼西亚、墨西哥、欧洲、美国等。2023年5月13日，中老铁路国际旅客列车开行满月，取得了准点率100％的成绩。

随着国际化进程不断推进，中国高铁找到了自己的方向。“现在我们的铁路走出去，完全可以做到量身定制式地提供中国铁路产品。”老中铁路有限公司董事长如是说。最好的例子便是中国高铁在老挝的建设。老挝是东南亚腹地的一个内陆国家，其北部山区崎岖的地形让人员的流动和货物的流通严重受阻，独特的气候条件也让欧洲生产的变流器无法适用。中国高铁针对老挝特殊的地理气候条件进行了定制化设计，研发、引入国产牵引变流器，通过了老挝潮湿、闷热的气候考验，实现了“在高铁窗台上摆一枚硬币，这枚硬币在高铁300公里时速运行工况下依然非常平稳”的效果。

除了硬件装备，高速铁路运营、管理等软技术也成为中国铁路走向世界的一张名片。在“一带一路”中东欧的旗舰项目中，中国高铁向匈牙利、塞尔维亚展示了中方先进的列车运行控制系统，体现了中国高铁世界顶级的运营效率，得到了塞尔维亚和匈牙利的认可，通过了欧盟技术标准认证。由于对中国高铁的认可，匈塞铁路后续建设中，更多中国制造的铁路进入欧洲铁路网，更多中国创新也开始被世界认可。

资料来源：焦点访谈：开往世界的中国高铁．(2023-05-18)．央视网．

如引例所述，随着市场边界从国内扩展到国际，影响企业经营管理的因素变得越来越复杂多样。一方面，国际市场为企业提供了一个更广阔的空间，使企业能够获得更多更好的现实和潜在收益；另一方面，经济全球化加剧了企业间的竞争。企业在国际化的过程中，必然会面临各种挑战，如文化差异等。为了充分利用全球化带来的机遇，并勇敢地应对跨国经营管理的挑战，组织管理者需要深入了解、熟悉并理解跨文化情境下的管理理论知识，并在此基础上掌握相应的跨文化管理技能。因此，我们需要以党的二十大精神中的包容和互鉴为基础，尊重和理解他人的差异，实现跨文化融合与共赢。

本章将简要介绍全球化的概念、全球化背景下的组织管理特征以及文化与跨文化的概念，进而阐述跨文化管理的发展历程、学习意义等，使读者更好地理解全球化背景下的组织管理特点，并以党的二十大精神中的团结和奋斗为动力，勇敢地应对跨国经营管理中的挑战，为企业的发展提供有力的支持。

第1节　全球化背景下的组织[①]管理

一、全球化

全球化既是当今世界性的热门话题，又是众多学者和实践者一直关注和研究的问题。“全球化”一词最早可以追溯到1943年，在温德尔·威尔基（Wendell Willkie）所著的

① 本书中的“组织”被界定为由两个或者两个以上的个体构成的围绕一定目标的社会单元，“企业”被界定为由员工组成的，以满足利益相关者（包括股东、债权人、员工、政府、社区等）为主要目标的经营性单元。组织可分为营利性组织和非营利组织，企业是营利性组织。本书主要涉及作为营利性组织的企业的组织类型，并视需要交替使用“组织”和“企业”这两个概念。

《一个世界》（*One World*）中曾经提及全球化（globalization）的概念。[①] 1985 年美国学者西奥多·莱维特（Theodore Levitt）在其《市场全球化》（*The Globalization of Market*）一书中用“全球化”来形容国际经济的巨大变化，即产品、服务、资本和科技在世界范围内的生产、消费和投资领域中的扩散。[②] 随后“全球化”这一概念广泛地运用于政治、经济、科技、文化领域。迄今为止，对于全球化的概念，一个公认的说法是：“全球化是指当代人类社会生活跨越国家和地区界限，在全球范围内展现的全方位的沟通、联系、相互影响的客观历史进程与趋势，是以经济全球化为先导的经济、政治和文化的全球性整合运动。”[③]

当今世界，人们的工作和生活离不开全球化。著名作家和评论家托马斯·弗里德曼在畅销书《世界是平的：21 世纪简史》中曾有这样一段精彩描述[④]：

> 从来没有人这样在高尔夫球场上给我指示方向：“对准微软或 IBM。”我正站在印度南部班加罗尔城市中心 KGA 高尔夫球场的第一杆的位置。我的搭档告诉我要对准微软或 IBM 时，他指的是远处第 1 洞[⑤]之后的两栋熠熠生辉的玻璃幕墙的建筑。当时，高盛公司的大楼还没有完工，否则他肯定还会以它为标识为我指示方向。惠普和得州仪器公司的写字楼位于后 9 洞的方向。有趣的还不止这些。开球区的记分员来自爱普生公司，我们的一个球童戴的是美国 3M 公司的帽子。球场外的交通标志是得州仪器公司赞助的，路边必胜客的广告牌上印着热气腾腾的比萨饼，大标题是：“无比美味！”这里不是美国的堪萨斯州，但也不像是在印度。这是新世界、旧世界，还是下一个世界？

托马斯描述的并非虚幻的世界。事实上，全球化已经深深地影响我们的工作和生活，它使得商业活动跨越国界，人类对繁荣的追求推动着商业扩大到国际市场，人们可以方便地购买来自世界各地最好的产品，不再需要考虑产品的生产国。全球化也让成千上万的人有机会去旅行，体验不同的文化，品尝异国的美食，欣赏域外的音乐与体育赛事。信息的自由流动帮助人们更好地了解和接受不同的观点和文化差异，弥合分歧。

全球化推动了通信和交通成本的降低，人们更容易获取信息并轻松到达世界各地。医疗水平在全球化进程中得到提高，人们的生活质量显著改善。全球化的成果之一是世界各地的人们更健康，寿命更长，大多数地区的贫困人口也减少了（但在一些地区贫困人口有所增加），总体而言，全球化加快了世界各地区之间的联系，丰富了人们的生活。

让我们以本书主编修订书稿时的周围场景为例：

> 在日本，在大金中央空调的微风下，主编使用中国联想的 ThinkPad 笔记本电脑工作。电脑旁边放着一台由日本富士施乐实业发展（上海）有限公司在中国山东的三星电子数码打印机有限公司工厂生产的施乐 Phaser TM320MFPV/B 打印机。旁

---

① Willkie W. One World. New York：Simon and Schuster，1943.

② Levitt T. The Globalization of Market. John Wiley and Sons，Inc.，1985.

③ 方虹．国际企业管理．北京：首都经济贸易大学出版社，2006：19.

④ 托马斯·弗里德曼．世界是平的：21 世纪简史．长沙：湖南科学技术出版社，2006：3.

⑤ “洞”是高尔夫运动专用名词，指高尔夫选手想把球打进的地方，通常里面插一面旗来指示。

边放着一瓶由瑞士雀巢产品有限公司旗下的天津雀巢矿泉水有限公司生产的矿泉水。主编准备去楼下时，他旁边的华为手机响起，一位来自新加坡的 MBA 学员通过微信告知他所在的青岛安装建设股份有限公司新加坡分公司可能会安排一位来自上海、在新加坡学习工作十多年的女孩到他们公司面试。刚看完这条微信，主编的 MBA 办公室同事通过微信告知他去深圳上课的机票已经订好，是波音 747 飞机。

随着跨国企业增多、国际贸易扩大以及人员流动增加，文化差异成为不可忽视的因素，因此，跨文化管理的重要性日益凸显。本书旨在为企业管理者思考、理解和解决跨文化管理中的相关问题提供帮助和引导。通过深入研究文化差异、理论模型和实践案例，读者将能更好地应对全球化带来的挑战，实现跨文化管理的有效运作，在全球竞争中取得优势。希望本书能够成为读者在跨文化管理领域的重要参考书，为读者在全球化时代的工作和生活提供有益的指导。

总的来说，全球化是一种强大的力量，它打破了地理边界，促进了文化交流，推动了经济发展，提高了生活水平。然而，全球化也带来了一些挑战，如文化冲突、经济不平等和环境问题等。在享受全球化带来的好处的同时，我们也需要认真思考和应对这些挑战。

二、全球化背景下的组织管理特征

全球化使各国在生产、分配、流通、消费等各个领域紧密联系，在资源开发、资源配置、国际分工和协作方面突破地域限制，使全球各国和各地区成为一个相互依赖、密不可分的国际体系。全球化背景下的组织管理特征主要体现在以下两个方面。

（一）经营管理全球化

经营管理全球化是指以在全球范围进行的分工协作、组织和控制为基础，以建立全球经营体系的跨国公司为主体，面向全球发展的一种企业经营管理方式。建立在全球性资源利用基础上的跨国公司的出现使得经营管理超越国界，持续推动经营全球化的进程。根据联合国贸易与发展会议（UNCTAD）发布的《2021 年世界投资报告》中的权威数据，尽管全球经济体系遭受了新冠病毒疫情的严峻冲击，全球外国直接投资（FDI）普遍遭遇急剧下滑，但一个值得深思的现象是，全球跨国公司的数量非但没有减少，反而实现了稳步增长，增至约 1 600 家，并展现出 7%的积极增幅。这一现象深刻揭示了在全球经济不确定性加剧的背景下，企业通过全球化经营管理策略增强韧性、分散风险，并寻找新的增长机遇的迫切需求。此外，我国商务部 2024 年第一季度的数据显示，我国新设外资企业数量达到 1.2 万家，同比增长 20.7%，实际使用外资更是高达 3 016.7 亿元。这一显著增长不仅体现了我国作为外资投资热土的持续吸引力，而且充分证明了全球化经营管理策略在中国市场的成功实践。在全球化浪潮中，经营管理全球化在应对经济挑战、实现可持续发展方面是重要的。

随着更多的企业走向国际舞台，企业经营管理全球化，企业势必面对不同的政治法律体系、消费者偏好、文化价值观等内外部环境，相应地，企业的经营发展战略及管理理念、管理方式等要随之而变。企业只有实施有效的全球化管理策略，才能跨越国界限制，实现资源的全球优化配置，提升国际竞争力，在全球经济舞台上占据有利位置。

（二）跨国并购活跃

并购（M&A）是兼并（merger）和收购（acquisition）的合称。其中，兼并（又称吸收合并）指两家或者更多的独立企业合并组成一家企业，通常由一家占优势的企业吸收一家或者多家企业。收购则是指一家企业用现金或者有价证券购买另一家企业的股票或者资产，以获得对该企业的全部资产或者某项资产的所有权或对该企业的控制权。

随着经营管理全球化、区域经济一体化、贸易和市场全球化、金融全球化等全球化进程的深入发展，各国和各地区的经济联系日益紧密，全球经济和企业管理已经成为一个有机、互动、互补的整体。在全球经济和企业管理发展的浪潮中，企业的跨国并购活动日趋活跃。据统计，全球 2021 年度并购交易总额首次超过 5 万亿美元，并购交易数量达 62 193 起，相比 2020 年增长 24%。跨国并购活动促使市场进一步全球化，产业和经营管理进一步国际化，这有利于加快全球化的进程。同时，在利益驱动下，全球性的跨国并购已经成为世界知名企业迅速扩张，实现规模效益和提高市场竞争力的强有力的发展手段，也成为研究者和实践者高度关注的重要经济现象。

跨国并购是一把双刃剑。一方面，有效的跨国并购促使企业更快地走向国际市场，更有效地配置资源，获取更多的利益；另一方面，跨国并购是否成功受到许多因素的影响。能否进行有效的文化整合，克服文化差异造成的管理困境是许多研究者和实践者关注的主要问题。企业经常由于没有有效地实现文化整合而陷入并购困境，万达收购美国 DCP 集团就是一个例证。

扩展阅读

交了 5 000 万美元“分手费”的并购

2017 年 2 月 10 日，Dick Clark Productions 集团（DCP 集团）代表发出声明，宣布 DCP 集团与中国万达集团的交易终止并提起诉讼，要求万达集团支付未支付的一半“分手费”。至此，中国大连万达集团对 DCP 集团的收购正式宣告失败，这也意味着万达首次进军电视制作行业的尝试宣告失败。

万达失败的原因究竟何在？首先是万达没有意识到收购形势的复杂性。跨境并购涉及多方利益，在交易前必须认清国际形势，对东道国和母国相关政策进行详细分析和了解。由于万达在此次收购之前，已完成对美国 AMC、卡麦克（Carmike Cinemas）、传奇影业等美国文化类企业的并购，美国政府担心其并购行为背后的布局，增加了对万达的关注，加大了万达集团此次收购的难度。对于这次并购中国政府也有担忧。2017 年初人民币大幅贬值，而中企在海外大宗投资是人民币贬值的一个重要原因。因此，中国政府收紧了对外投资的政策，以遏制资金外流和外储缩水。在如此紧张的国际和国内形势之下，万达依然斥 10 亿美元巨资计划收购 DCP 集团，自然受到了政府的高度监管。

其次是危机处理不当。万达集团最初与 DCP 集团约定在 1 月份完成交易，但是由于境内政策收紧，万达试图将交易截止期限延长到2月底，并为此支付了一半的违约金。但是在将交易期限延长之后一直到交易宣告失败，万达集团都没有及时制定应对策略，也没有与美国方面相关负责人及时沟通，任由美国国会议员对其政治目的怀疑扩大化；万达集团也没能和中国政府以及监管机构进行妥善沟通，获得政府的信任，这些导致了收购最终失败。

万达本次的跨国并购本意是进入电视业，扩大在娱乐业的市场份额，从而提升竞争力。然而，跨国并购存在风险和挑战，如文化差异、法律法规限制、经济风险等。然而，万达没有重点关注国内国际的政策变化，导致收购计划受阻，最终收购失败。因此，企业在实施跨国并购前需要及时且充分评估风险和可行性，制定合理的战略和计划。

资料来源：赵先进，段慧敏．由万达集团收购 Dick Clark Productions 集团失败案例引发的思考．对外经贸实务，2018（10）：74－77.

第2节　跨文化与跨文化管理

一、文化与跨文化

（一）文化

1. 文化的含义

人们在人类学、社会学、管理学和心理学等诸多领域对文化（culture）这一概念做过许多不同的阐释，1963年美国学者克罗伯和克拉克洪（Kroeber & Kluckhohn）在《文化：概念和定义的批判回顾》（*Culture：A Critical Review of Concepts and Definitions*）一书中列出的对文化的定义多达160种。①

文化有广义和狭义之分。广义的文化是指一切由人类创造的环境，包括软件环境（信念、价值观、组织和社会规范）、硬件环境（企业外部形象、组织成员的服饰等）和行为方式。持广义文化观点的学者有泰勒（Tylor）、赫斯科维茨（Herskovits）和特朗普纳斯（F. Trompenaars）等。泰勒最早将文化视为“一个包括知识、信仰、艺术、道德、法律、习俗以及任何其他可以由作为社会成员的个人所表现出的能力和习惯的综合的整体”。泰勒还认为人们在学习、工作、生活中的一举一动、一言一行，无不体现文化的内涵。② 赫斯科维茨在1955年出版的《文化人类学》（*Cultural Anthropology*）一书中指出，文化是除了自然原生态之外的一切人工创造的环境。③ 特朗普纳斯在所著的《文化踏浪》（*Riding the Waves of Culture*）一书中指出，文化是某一群体解决问题和缓和困境所采用的途径和手段而不仅仅是某一群体价值观念系统。他认为群体中的人们对时间

① Kroeber A L，Kluckhohn C. Culture：A Critical Review of Concepts and Definitions. New York：Random House，1963.

② Tylor E. Primitive Culture. New York：J. P. Putnam's Sons，1920：1.

③ Herskovits M J. Cultural Anthropology. New York：Knopf，1955.

的共同理解和感知、对外界自然环境的态度和行动规则构成了该群体独特的文化模式。①

狭义的文化主要是指人类创造的包括信念、价值观、组织和社会规范的软件环境及在这种软件环境下人们的行为方式。比如，施恩（E. H. Schein）将文化概括为群体在适应外部环境及内部整合的过程中，创造、发展而形成的基本假设的模式。② 蔡安迪斯（H. C. Triandis）认为，文化是无须多言的对事物的假设和已经被认同并且内化的标准运作程序和做事方式。③

我们认为，文化是社会或者群体中以价值观、信念、行为规范等为核心的影响个体行为的观念体系。社会和群体的具体行为方式和群体外部形象是群体核心观念的延续和外在表现。核心观念体系及其外在表现共同构成了作为整体的文化。

2. 文化的层次

文化具有不同的层次和结构，这些层次和结构可以用冰山模型和洋葱模型进行解释。

（1）冰山模型。美国著名心理学家麦克利兰（D. C. McClelland）于1973年提出了著名的素质的冰山模型。④ 该模型将人的个体素质的不同表现划分为“水面以上部分”和“水面以下部分”。根据文化的前述定义，文化结构具有与冰山模型类似的特征。文化的冰山模型认为，文化体系如同一座冰山，在水面之上的部分是文化的物质层，包括代表组织或者群体形象、展现组织或者群体个性特征的器物。例如，组织的名称，组织的徽标，产品或服务的标识，组织主要建筑物的式样、色彩和风格，组织办公室装修特点，员工的服装服饰和精神风貌，组织用于对外宣传的书刊资料，组织宣传册，组织员工手册，组织宣传的录像带或者广告片，组织各种挂在墙上的图片，组织的纪念品，组织内部张贴的口号和标语等。这些器物和符号系统代表着特定组织。良好的器物和符号系统有助于准确地表达和传播组织核心观念，展现组织和群体的个性。例如，人们一看到米老鼠和唐老鸭就会联想到美国著名的跨国企业迪士尼公司。

水面以下部分是群体共享的社会规范、价值观、隐含信念、基本假设等无法直接观察到的、需要人们用心感悟和体会的核心观念体系。其中，社会规范是群体所遵守的行为规则，包括社会或群体内部的规章制度等行为规则。价值观决定人们对好与坏、对与错、重要与不重要的一般看法。隐含信念和基本假设是文化体系中最深层的部分，是一种属于心理意识的现象，是对工作和生活意义的内心理解和感悟，是对人生意义的认知。与价值观相比，隐含信念和基本假设对人们行为的影响更长久、更深刻。

管理中最为关键的是水面以下部分中的个体共享的社会规范、价值观、隐含信念及基本假设等核心观念体系，通过对核心观念体系的理解，管理者可以更好地预测和把握组织中的群体和个体有可能存在什么样的行为或者行为倾向，这些行为或者行为倾向会导致何种结果等。

（2）洋葱模型。美国学者博亚特兹（R. Boyatzis）在对麦克利兰的素质的冰山模型

---

① Trompenaars F. Riding the Waves of Culture. London：Nicholas Brealy，1993.

② Schein E H. How Culture Forms，Develops，and Changes. In R. H. Kilmann，M. I. Saxton & R. Serpa（eds.）. Gaining Control of the Corporate Culture. San Francisco：Jossey Bass，1985.

③ Triandis H C. Culture and Social Behavior. New York：McGraw-Hill，1994.

④ McClelland D C. Testing for Competence rather than for Intelligence. American Psychologist，1973（28）：1－14.

进行了深入和广泛的研究后，提出了素质的洋葱模型，展示了素质构成的核心要素，并说明了各构成要素可被观察和衡量的特点。① 文化从内容和结构上看，也可以用洋葱模型表示。文化的洋葱模型认为，文化系统如同一个层次分明的洋葱。洋葱的外表层是可以观察到的外部事物，也就是冰山模型中提到的器物或符号系统，这是文化的客观的可观察部分（外在表现）。洋葱的中间层系群体共享的价值观和行为规范部分，核心层即群体共享的基本假设。与冰山模型对应的是，洋葱模型的外表层对应冰山模型的水面以上部分，洋葱模型的中间层和核心层对应冰山模型的水面以下部分。管理中我们需要重点理解和把握中间层和核心层的社会规范、价值观、隐含信念和基本假设等核心观念体系。

3. 文化的特征

根据对文化含义和层次的分析，可以归纳出文化的几个特征。

（1）共享性。共享性是文化的基本特征。这是因为文化本质上是由群体成员的认知和行为所构建的、涵盖群体成员认知和行为的交叉集合的观念体系，观念体系具有共享性。群体成员中共享观念体系的成员比例越大，则群体中该观念体系所构成的文化就越呈强势形态。

（2）稳定性。群体中共享的核心观念体系如同群体的基因，这种基因具有相对的稳定性。文化的稳定性也可以称为文化惯性，文化惯性使得群体成员的认知和行为长时期保持相对稳定和可测。稳定的认知和行为既可能使个体和群体有效地适应内外部环境变化带来的挑战，又可能导致群体难以应对环境变革的挑战而失去活力。

（3）独特性。任何群体都有自己独特的文化，群体文化的独特性既反映该群体的历史和现状，又反映该群体如何应对未来挑战的基本态度和观念。文化的独特性表现为不同的群体有各自丰富多彩的文化形态，不同的群体对市场环境表现出不同的认知和反应，导致不同的行为结果。

（4）预测性。人们在理解的基础上可预测和把握不同文化背景下群体和个体的行为。文化是对群体中个体认知和行为预测的标记。一般情况下，人们可以根据群体文化的线索了解个体的认知模式和行动方向。了解和把握不同群体、组织、地区和国家文化层面上的差异，有利于在日常管理和交往中化解各种冲突和摩擦，促使跨文化管理更加顺畅。

（5）隐蔽性。正如在冰山模型和洋葱模型中所阐述的，文化作为个体之间共享的价值观体系，具有隐蔽性。文化对人的影响是无形的、潜移默化的。隐含的、无形的价值观体系不同于一般的可以直接感触的器物和符号系统，它只有在关键场合或者离开组织后或者深刻理解和思考后方能被个体感受。文化的隐蔽性强化了文化的独特性，并使得文化的独特性能有效地融入组织成员的认知和行为中。因此，无论是从内部还是外部来观察群体或者组织的文化都存在一定的难度，只有那些主动沟通、用心领悟并具有特定跨文化管理经验的人方能真正感受到不同文化的内涵和隐蔽特征。

（二）跨文化

跨文化（cross-culture）是指一种跨越不同的行为规范、价值观、隐含信念和基本假

---

① Boyatzis R E. The Competence Manager：A Model for Effective Performance. New York：John Wiley & Sons，Inc，1982.

设的现象和过程。根据前述对文化的含义、层次及特征的分析，我们可以将跨文化理解为一种“凸显文化差异的过程，是不同行为规范、价值观、隐含信念和基本假设交融碰撞的动态过程”。跨文化的基本前提是存在文化差异。文化差异主要体现在国家层面的文化差异、公司层面的文化差异和个体层面的文化差异三个层次上。

（1）国家层面的文化差异。跨国经营管理中往往会遇到国家层面的文化差异，这是一种宏观层面的文化差异。不同国家会有不同的文化表现及对应的文化维度。国家文化差异具有一定的稳定性、典型性和分明性。

（2）公司层面的文化差异。公司层面的文化差异是跨文化差异的中观层次，这在重组和并购公司的人力资源管理中十分普遍。如果公司所属的并购是跨国并购，必须考虑到公司所属的国家或者民族文化差异所带来的影响。就跨国并购或者跨国重组等经营活动而言，存在双重的文化影响：国家或者民族文化的差异，双方母公司的差异。无论受到文化的何种影响，并购企业之间都需要进行文化的整合融通，需要双方相互信任和尊重，营造双方都接受的公开、公平、公正、竞争的文化氛围。

（3）个体层面的文化差异。个体层面的文化差异是跨文化差异的微观层次。不同地域、不同年龄、不同性别、不同级别、不同部门的员工之间都可能存在价值观和行为方式上的差异。

虽然个体价值观因个体的阅历不同会带有自身独特的烙印，但由于社会化以及群体的影响，这些个体层面的价值观在不同程度上会受到所在国家（民族）价值观和公司价值观的影响，并带有所在国家（民族）和公司的价值观的痕迹。

本书所讨论的文化维度主要基于国家（民族）文化层次，我们重点围绕国家（民族）之间典型的文化维度差异来讨论跨文化管理的问题。这并不表明我们将国家（民族）层面的典型文化维度简单地类推到个体微观层次，以致发生层次谬误（ecological fallacy）。对于不同的文化差异，史密斯等认为一个国家之内存在着基于特定地域、社会阶层、职业、民族甚至性别的亚文化差异。他们指出，这些差异均是有意义的，研究者对这些特定的文化不能用以一国（民族）为典型单位考察得到的文化维度来简单地加以概括，所研究的文化单元将决定其文化维度的性质和类型。①

二、文化差异对组织管理带来的挑战

在全球化时代，许多企业走出国门，在不同的国家和地区建立起多个分支机构，这些分支机构有的是母公司的独资企业，有的是母公司与当地合资开办的企业，有的是合作企业，还有的可能是特许授权生产经营的企业。通过跨国经营，企业可以利用不同国家或地区所提供的较低的生产成本和销售成本或者其他资源来获取更多的利润。具有不同文化背景的跨国企业一般会遇到如下三个方面的挑战。

1. 文化冲击的挑战

在跨国公司的发展中，文化差异一直存在，而且会全方位、系统地影响跨国公司的

---

① 史密斯，彭迈克，库查巴莎．跨文化社会心理学．北京：人民邮电出版社，2009：.45.

日常经营管理。由于跨国公司往往在母国经营中已经形成了比较稳定的组织文化，在东道国的文化情境中，母国文化经常会受到不同文化的强烈冲击。面对这一文化冲击，跨国公司的管理者必须保持高度的文化敏感性，能有效识别文化差异，注意东道国文化与母国文化之间相互协调，采取适当的手段和技巧进行有效的跨文化人际沟通、跨文化谈判、跨文化领导等。

2. 文化稳定性的挑战

文化稳定性决定了文化的不易变迁性，决定了文化差异难以消失，因此，跨国公司管理者需要经常面对文化相对稳定性及文化差异的问题。

3. 跨文化冲突的挑战

跨国公司管理者的文化优越感、管理习惯、沟通误会等往往会导致管理者与东道国员工之间发生冲突，导致人际关系紧张。同时，企业在国外经营，遇到东道国的不同法规，如果处理不当，也可能导致员工之间、员工与管理者之间的冲突。

总之，文化差异必然会导致企业管理过程中遇到各种挑战。国际管理者应该对文化差异具有高度的敏感性，尊重文化的独特性，从不同文化的角度分析问题的根源所在，尽可能减少文化差异所导致的矛盾和冲突，才能在跨国经营管理中取得成功。

第3节　跨文化管理的发展沿革和学习意义

一、跨文化管理

跨文化管理（cross-cultural management）又称交叉文化管理，即在全球化经营中，对东道国企业的文化采取包容的管理手段，强化跨文化沟通，化解跨文化冲突，并在融合双方文化的基础上创造出独特的组织文化。跨文化管理的目的是在不同形态的文化氛围中构建有效的组织结构和管理机制，寻找超越文化冲突的组织目标，以维系具有不同文化背景的员工的共同价值观，从而最大限度地控制和利用国际背景下的企业潜能和价值。

二、跨文化管理的发展沿革

与商学院的其他管理学科如战略管理、营销管理等相比，跨文化管理还是一个比较年轻的学科。规范的跨文化管理研究及跨文化管理作为一门学科是20世纪70年代后期在西方逐步形成和发展起来的。跨文化管理这门学科的建立和发展有自身的渊源。

（一）美国跨国公司的挫折带给人们的震惊和醒悟

跨文化管理的兴起与第二次世界大战后受单一美式管理理念指导的美国跨国公司经营屡屡受挫有关。20世纪70年代以前，美国管理学界一直认为，是他们将现代管理理论进行了系统化的整理、总结和提炼，是他们最先将这些管理思想应用于组织管理实践并实现了企业劳动生产率的大幅提升。多数美国管理学者认为，他们的管理理论和管理实践具有普适性。然而，这一观念不久后就因第二次世界大战后美国公司跨国经营中将美国本土的所谓普适性的管理理论与方法照搬到其他不同文化背景下的国家遭到众多的失败而受到质疑。美国跨国公司屡屡遭受挫折震惊了美国的管理学者，很多人注意到，是那种唯我独尊的美国管理观念造成了这些困境。坎特（R. M. Kanter）曾经断言："对公司十分重要的全球性思维不仅仅是国际经营，重要的不是建立一种复杂的组织结构，而是在经理人员的头脑中，树立一种全新的观念和思维模式。"① 后来的许多美国学者和其他国家的学者通过系统规范的实证研究和案例研究发现，对异国文化差异反应迟钝、缺乏文化背景知识、观念陈旧是导致美国跨国公司在新文化情境中失败的主要原因。

（二）对国际管理知识需求的增加与现有跨文化管理知识供给不足的矛盾

早有研究者指出，现有的以美国背景为主的管理知识和理论难以有效指导跨国经营管理者应对不断发展的实践要求。阿德勒（N. J. Adler）在其统计的 24 种管理杂志的 1.1 万多篇文章中发现，大约 80%的文章是关于美国学者研究美国公司的；不到 5%的文章会涉及对组织中的人的行为研究，其中包括文化的概念；只有不到 1%的文章讨论不同文化背景下的人们如何有效地一起工作这一关键性主题。甚至在 20 世纪最后十年，在美国权威的管理杂志上发表的关于组织行为和人力资源管理的文章中，也只有 6.5%涉及国际化问题，然而，几乎 17.5%关于这方面的文章发表在北美以外的管理杂志上。阿德勒尖锐地指出："在这些探讨国际化的文章中，几乎每一项研究都发现，文化在公司管理风格和组织成功中扮演了重要的角色。即将与国外竞争对手谈判的管理人员，将成为亚洲、欧洲和拉丁美洲的子公司的高级行政人员，以及刚刚提拔为负责全球营销的公司副总裁，在管理方面的文献中所能得到的指引远远不能满足他们的需要。"②

（三）多元文化带来的管理复杂性与管理者跨文化领导技能欠缺的矛盾

总的来看，随着全球化进程的不断推进，多元文化带来的挑战不断增加。事实上，多元文化本身就是跨国公司的重要特征之一。多元文化意味着来自不同文化背景的人们能够正常地高效率地交流。"如果公司的雇员或客户具有多种文化背景，公司就必须进行文化的多样性管理。"③ 例如，如果一家美国的公司雇用了很多讲法语和英语的人，这同这家公司在中国上海的分公司雇用西班牙人、印度人和韩国人一样，需要进行多元文化的管理。多元文化进一步加大了组织管理的复杂性。与发达国家的跨国公司相比，许多发展中国家的管理者的跨文化管理知识和技能水平相对落后，许多管理者为难以获得跨文化管理知识并提升跨文化领导力而烦恼。针对这一问题，许多国家的学者都在探讨全球化背景下多元文化中的管理和领导力问题，在跨文化组织、跨文化沟通、跨文化谈判、跨文化团队、跨文化人力资源管理、跨文化领导力等方面得到了诸多成果，这些成果推

---

① 南希·阿德勒．国际组织行为学．北京：北京大学出版社，2004：8.

② 同①8－9.

③ 同①10.

动了跨文化管理知识体系的发展。

三、学习跨文化管理的意义

无论对个体还是组织的管理，学习跨文化管理知识都有重要的现实意义。

1. 跨文化管理是企业全球化经营管理的核心

跨文化管理能促使跨国组织在不同形态的文化氛围中构建和规划切实可行的国际管理战略、国际组织结构和跨国管理机制。在管理过程中寻找超越文化差异和冲突的组织目标，有利于促使组织高效地维系具有不同文化背景的员工共同的行为准则，从而最大限度地控制和利用国际市场和国外资源的潜力与价值。跨国公司只有进行了成功的跨文化管理，才能使企业的经营顺利进行，竞争力增强，市场占有率扩大，实现可持续发展。

2. 就组织管理的角度而言，跨文化管理有利于提高组织管理成效

对许多跨国公司的管理人员来说，跨文化管理已成为他们日常事务的一部分。他们与来自不同文化背景的人共事，公司老板、直接主管或同事可能来自不同的国家，可能一个七人团队的成员来自五个国家。管理人员通过学习跨文化管理知识，能更好地了解和把握对待不同文化背景的员工的工作态度和行为方式，提高管理效率和效果。此外，跨国公司在国外一般都有长期的业务，管理人员即使不被外派常驻某国，也需要经常出差，与国外的同事或客户打交道，如何在短暂的旅行中有效地解决业务上的问题就成为一个严峻的挑战。从表面上看，人们的衣着甚至使用的语言（通常是英语）会有很多相似之处，如果管理者忽略文化因素而做出某些相似的假设并采取相应的行为，则有可能产生尴尬的情况，使人际交往出现障碍。学习跨文化管理知识，掌握相关的跨文化技能，有助于管理者在对外交往中少走弯路，应对自如，使工作顺利开展。

3. 跨文化管理能提高人们工作和生活的质量

从个体来看，全球化使来自不同文化的个体和群体在一起工作、学习、交往，产品在不同习俗的人群中被接受和使用。了解来自不同文化背景的个体的价值观、信念和行为方式，尊重和充分理解其他个体的文化是人们越来越关注的话题。在全球化时代，不同文化间的人际交往无法回避，人们只有知己知彼才能做到交往自如。从这一角度而言，学习跨文化管理知识，掌握跨文化管理的相关技能无疑能提高人们工作和生活的质量。

四、本书的主要内容

本书共包括 9 章，主要内容如下。

第 1 章是导论，主要阐述全球化及全球化背景下的组织管理特征；文化的概念和特征；跨文化类型及其对管理的挑战；跨文化管理的发展沿革和学习意义等。

第 2 章主要阐述企业国际化和管理多样化，主要内容包括：文化多样性下的跨国经营的战略倾向；企业国际化发展阶段及其特征；全球化视野下的企业国际化战略和国际化经营模式。

第 3 章主要阐述文化差异问题，内容包括：跨文化维度理论；跨文化认知概念及其障碍；文化差异对全球化管理的影响。

第 4 章阐述跨文化沟通问题，内容包括：跨文化沟通的概念、类型和特点；影响跨文化沟通的文化变量；跨文化沟通障碍；跨文化沟通的技巧等。

第 5 章讨论跨文化谈判问题，主要内容包括：跨文化谈判的特征、内容和过程；文化变量对国际商务谈判的影响；跨文化谈判战术和技巧等。

第 6 章讨论跨文化团队管理问题，内容涉及：文化多样性对团队的影响；跨文化团队的类型和特征；跨文化团队的优劣势；如何打造高绩效跨文化团队等。

第 7 章阐述跨国企业的组织结构及其控制问题，主要内容包括：跨国企业组织设计原则和要求；跨国企业的组织结构类型；跨国企业组织结构的演进和变革。

第 8 章主要讨论跨文化人力资源管理的理论和实践问题，内容包括：跨国企业的人力资源规划；跨国企业的人员招聘与选拔；跨国企业的员工绩效评估；跨文化培训管理；跨国企业的薪酬计划等。

第 9 章主要讨论跨文化管理中跨国管理者的出国和归国问题，主要内容涉及：外派必要性及其过程；海外派遣的跨文化震颤问题；归国面临的问题和应对策略等。

书中还提供了一些便于理解跨文化管理各个领域问题的案例和相关材料。

小 结

本章介绍全球化背景下的组织管理特征、文化和跨文化管理概念、跨文化管理的发展沿革等内容。

全球化对组织管理带来了前所未有的挑战。全球化背景下的组织管理特征主要体现在经营管理全球化和跨国并购活动等方面。建立在全球性资源利用基础上的跨国公司的出现使得经营管理超越国界，并持续推动经营全球化的进程。无论是经营管理全球化还是跨国并购，都需要进行有效的跨文化管理和文化整合。

文化是社会或者群体中以价值观、信念、行为规范等为核心的影响个体行为的观念体系。群体的具体行为方式和群体外部形象是群体核心观念体系的延续和外在表现。核心观念体系及其外在表现共同构成了作为整体的文化。文化具有共享性、稳定性、独特性、预测性、隐蔽性等特征。典型的文化模型有冰山模型和洋葱模型。

跨文化是指一种跨越不同的行为规范、价值观、隐含信念和基本假设的现象和过程。跨文化存在的基本前提是存在文化差异。文化差异主要体现在国家层面的文化差异、公司层面的文化差异和个体层面的文化差异三个层次。不同文化背景下的跨国公司一般会遇到三个方面的挑战：文化冲击挑战、文化稳定性挑战、跨文化冲突的挑战。

跨文化管理又称为交叉文化管理，即在全球化经营中，对东道国企业的文化采取包容的管理手段，强化跨文化沟通，化解跨文化冲突，并在融合各方文化的基础上创造出独特的组织文化。跨文化管理的目的是在不同形态的文化氛围中构建有效的组织结构和管理机制，寻找超越文化冲突的组织目标，以维系具有不同文化背景的员工的共同价值观，从而最大限度地控制和利用国际背景下的企业潜能和价值。

跨文化管理还是一个比较年轻的学科。规范的跨文化管理研究及跨文化管理作为一门学科是20世纪70年代后期在西方逐步形成和发展起来的。

关键术语

全球化（globalization）　　文化（culture）
跨文化（cross-culture）　　跨文化管理（cross-cultural management）
并购（M&A）

思考题

1. 什么是全球化？请举例说明全球化现象。
2. 阐述全球化背景下的组织管理特征。
3. 什么是文化？文化的特征是什么？
4. 简述冰山模型和洋葱模型。
5. 什么是跨文化和跨文化管理？
6. 阐述文化差异给组织管理带来的挑战。
7. 学习跨文化管理有哪些意义？

第2章

企业国际化战略和国际化经营模式

学习目标

- 理解文化多样性的概念及其对跨国经营管理的影响
- 了解跨国公司的不同战略倾向及其对应的文化多样性管理
- 了解企业的国际化发展阶段及其特征
- 了解国际化战略的类型、国际经营的主要模式及其特点

引 例

传音的国际化之路

传音控股是一家中国科技公司，与大多数中国企业先在国内发展，再拓展海外市场的策略不同，传音自成立之初就决定将业务重心放在海外新兴市场。这使得传音在短短几年内就在非洲及南亚地区占据了市场份额的第一位，成为中国企业全球化的先行者和典范。

传音控股在海外市场的成功离不开其本土化经营的策略。非洲有50多个国家和地区，各地的语言、文化、习俗和政策都有差异。传音控股深知了解当地市场对于一个跨国企业的重要性，因此，尊重不同国家和地区的差异，针对每个市场进行深入调研和用户洞察。

传音控股的产品研发创新和升级也是其成功的关键之一。针对非洲市场的特点，传音控股开发了深肤色拍照技术、本地化语言、多卡多待、超长待机等功能，使得其产品更能满足当地消费者的需求，从而占据了当地手机市场的大半份额。

传音控股的研发中心设在中国深圳、上海和重庆，充分利用了中国手机产业链的优

势以及更多更优质、更有创造力的研发人员。这使得传音控股可以享受国内手机产业优势的红利，并将其应用到全球市场中。根据IDC的数据显示，2022年上半年，传音控股在全球手机市场的市场份额为11.4%。在非洲市场，传音控股智能手机的市场份额超过40%，排名第一，它是名副其实的“非洲手机之王”。

尽管传音控股在非洲市场取得了巨大的成功，但它也面临一些挑战。首先，随着竞争的加剧，三星、小米、vivo、OPPO等手机厂商也积极推出功能丰富、价位中端的“非洲版”手机，可能会对传音控股在非洲市场的份额造成威胁。其次，传音控股在非洲地区的主营业务收入占比已从2019年的77.3%下降到2021年的49.9%，这意味着传音控股需要寻找新的增长点，以保持竞争优势。

为了应对这些挑战，传音控股正在采取一系列措施。首先，它正在加大研发投入，以提高其科技创新能力和产品研发水平。其次，传音控股计划扩大非洲以外的市场，希望在全球新兴市场建立起移动互联的生态网络，将中国先进的互联网产品和服务引入新兴国家，让当地消费者以能够承受得起的价格享受互联网生态的便利以及科技和技术带来的美好生活。这是传音下一步的战略重点，也是公司的愿景和梦想。

对于跨国企业在国际化进程中面临的文化差异和管理多样性等问题，传音控股通过针对不同市场的深入调研和用户洞察来应对。此外，传音控股也注重与当地合作伙伴的合作，以更好地适应和融入当地市场。这些经验可以为其他跨国企业提供一定的参考。

资料来源：远不止此，“非洲手机之王”传音的未来之路．（2021－09－07）．人民资讯．传音控股：坚持“Glocal人才战略”，打造具有灵魂的国际化团队．https：//business. linkedin. com/zh-cn/talent-solutions/talks-at-linkedin/chuanyin. 李华清．传音控股：“非洲之王”的本土化创新逻辑．经济观察报，2022－10－01.

正如引例所述，传音敢于啃硬骨头、涉险滩，勇于面对新矛盾和新挑战。作为跨国企业，传音在国际化进程中充分认识到文化差异和管理多样性的存在，积极应对这些挑战。传音通过针对不同市场的深入调研和用户洞察，敢于冒险进入鲜有企业专注的非洲市场，满足当地消费者的需求。同时，传音注重与当地企业合作，更好地适应和融入当地市场。传音在国际化进程中的经验可以为其他跨国企业提供参考，帮助它们更好地“走出去”。只有敢于面对挑战、勇于创新、开放合作、团结奋斗，才能不断适应全球化的变化，长远发展。

第1节　跨国经营的战略倾向

一、跨国公司的战略倾向类型

对文化多样性的不同理解导致公司具有不同的战略倾向，直接或者间接推动公司的国际化进程。一般认为，跨国公司存在四种战略倾向，分别是民族中心主义、多中心主义、地区中心主义和全球中心主义。

（一）民族中心主义

民族中心主义（ethnocentrism），也称为母国中心主义，其核心是以母国为基础，忽视不同国家之间的文化差异，强调母国的经营管理方式的权威性。民族中心主义者认为母国企业具有最佳经营方式，可以无视外部环境的差异。他们忽视全球文化多样性的现实，更强调文化多样性的缺陷，并主张以跨国公司总部的价值观和经营管理方式来统领海外子公司的经营管理，认为在本国有效的管理方式在其他国家和地区同样有效。民族中心主义战略倾向是基于一种"文化优越感"。采用这种战略倾向的企业将海外市场视为母国市场的自然延伸，追求产品和服务的统一规划和标准化；在组织结构上采取集中化决策，对下属分公司严格控制；下属分公司的关键职位由总公司派驻人员担任，而东道国人员只担任一些较不重要的职位。许多日本的跨国公司就展现出了这种特点。熟悉日本企业的人不难发现，长期以来，日本企业一直有浓厚的"母国中心主义"色彩。日本企业的中高层管理成员几乎全是日本人。相关数据表明，日本跨国企业的高级管理层中，99%是日本人；海外人员的待遇比东道国人员高，绩效评估等沿用母公司的方式，往往忽视东道国员工的培训和发展；在日常管理控制方面，东道国人员很少有决策权和控制权。

随着全球化的趋势和时代的变化，和平、发展、合作、共赢的理念逐渐成为全球的共识。经济全球化加速发展，各国之间的经济联系和合作日益紧密。原先坚持民族中心主义的人们也逐渐意识到时代的变化和全球化的趋势，开始转变他们的思想和行为。他们不再过度强调"文化优越感"，也不明显表现出这种优越感，取而代之的是，他们开始尊重和理解其他国家和民族的文化和价值观，以更加开放和包容的态度参与全球市场竞争。

跨国企业意识到，要在全球化的时代取得成功，必须摒弃过度的民族优越感，与当地市场和文化相融合，实现互利共赢。跨国企业开始积极寻求与其他国家的企业合作，共同开发新产品和技术，共享资源和市场。这种合作不仅带来了经济上的好处，而且促进了不同国家之间的文化交流和理解。在这个过程中，跨国企业的经营战略和管理方式也不断调整和优化。它们注重全球范围内的人才招聘和培训，提高员工的跨文化交流能力，以更好地适应不同市场的需求。同时，企业加强对当地市场的调研和分析，以更好地了解消费者的需求和趋势，制定更加精准的市场策略。

总之，在当今和平、发展、合作、共赢的历史潮流下，跨国企业逐渐摒弃过去的民族中心主义战略倾向，以更加开放、包容、合作的态度参与全球竞争。这种转变不仅有助于企业的发展和壮大，而且为促进不同国家之间的文化交流和理解做出了积极的贡献。①

（二）多中心主义

多中心主义（polycentrism）是一种以了解文化多样性为基础的战略倾向。采用多中

---

① Tray. 日企集体滑铁卢背后 母国中心主义是致命伤．（2015-04-15）．MBA智库．

心主义战略倾向的跨国公司认识到文化多样性对公司国际业务的影响，海外市场是差异化的市场，东道国的文化价值观和习俗与母国存在差异，因而采取以母国为权威的统一化与标准化的产品、服务和管理模式有害无益。虽然认识到母国中心主义的不足，但持多中心主义战略倾向的管理者认为了解外国人并非易事。因此，持多中心主义战略倾向的管理者和所在企业往往放弃管理和整合文化多样性的努力。这种跨国公司的海外子公司的管理职位主要由东道国人员担任，有时母公司会视情况派人担任海外子公司的一些管理职位，母公司总部的管理职位仍然由母国人员担任。这种战略倾向不再将海外市场视为母国市场的自然延伸，不过于强调产品和服务的统一规划和标准化；组织结构上采取适度分权的决策方式，对下属子公司适度控制，赋予下属子公司部分经营决策权；海外工作人员待遇与东道国人员相比差异不再那么明显，绩效评估等不再套用母公司的方式，往往根据文化多样性进行调整，并根据东道国的标准进行调整。这种战略倾向开始重视东道国员工的培训和发展。在日常管理控制方面东道国人员有较大的决策权和控制权。总之，多中心主义战略倾向的跨国公司充分理解全球文化多样性的现实，它们不再片面看待文化多样性的不足，不再强调以跨国公司总部的价值观和经营管理方式统领海外子公司的经营管理。多中心主义的跨国公司放弃了“文化优越感”。

多中心主义战略倾向往往会推动经营本地化（operating locally）。经营本地化是海外子公司在母公司全球目标的引领下享有全部或者绝大部分日常经营管理的决策权和控制权，业务上仅受母公司指导的一种经营方式。中国企业在“走出去”时弘扬中国特色社会主义文化，却没有“文化优越感”，而是尊重当地文化，关注当地市场需求。例如，中国中铁建工集团创新性地提出了海外子公司“依托传统市场，辐射周边市场，形成区域市场，开拓新市场”的发展战略，明确将构建区域发展格局作为经营管理的核心，建立自己的优势资源配置，用以克服所在国二级市场不健全给公司发展带来的不便。经营本地化也存在一定的风险，包括：母公司或许会失去对海外业务的控制；过多的权限可能导致当地管理者忽视母公司的全球经营目标；母公司常常并不能像对待本国管理者那样在信任、培训与开发、职位晋升（特别是在总部担任高级管理职位）等方面公平地对待东道国的管理者，导致当地管理人员缺乏对公司的强烈认同感。总之，多中心主义战略倾向倡导的经营本地化仍然是一种缺乏全球思考的本地化。

（三）地区中心主义

地区中心主义（regioncentrism）本质上是一种有特定地区限制的多中心主义，是一种以了解局部文化多样性为基础的战略倾向。地区中心主义战略倾向的跨国公司同样认识到文化多样性对公司国际业务会产生影响，海外市场是差异化的市场，东道国的文化价值观与母国的存在差异，采取以母国为权威的统一化与标准化产品、服务和管理模式有害无益。地区中心主义战略倾向者同样认识到全球文化具有多样性的现实，他们不再片面看待文化多样性的不足。地区中心主义下的国外任职只限定在一个特定的区域内。东道国的经理人员不会被提拔到母公司任职，但在管辖范围内有一定的决策权。在地区中心主义战略倾向下外派者的绩效评估参照相应的地区标准，其薪酬主要参照地区标准来制定，额外报酬较少。在这种战略倾向下，对母国人员进行中等程度的跨文化和语言培训，对其他地区的人员提供与地区相关的跨文化和语言培训。

在“一带一路”建设和发展中，培养语言服务型人才成为中国企业极为重视的问题之一。中国政府高度重视全球文化的多样性，并通过提升语言服务的培训水平，培养语言服务型人才，解决跨国企业在国际运营中的语言障碍，更好地推动中国企业的国际化进程。例如，中铁十六局是一家在许多涉及俄语的国家和地区的“一带一路”海外工程建设项目中活跃的企业，它意识到培养俄语人才对项目的重要性，因此，中铁十六局第五工程局于 2020 年开办了俄语培训班，培养员工掌握常用俄语会话、语法知识以及地区文化，以更好地为俄语国家和地区的海外工程建设项目提供服务，为“一带一路”建设提供支持。①②③

（四）全球中心主义

全球中心主义（geocentrism）是一种以尊重和重视文化多样性为基础的国际经营观念和战略倾向。采取全球中心主义战略倾向的企业将全球市场视为一个统一的市场，同时也注意到地区细分市场的异质性。为了应对全球经济、社会、政治环境和文化多样性带来的风险，持全球中心主义战略倾向的跨国公司强调本土化经营。在这种战略倾向下，企业对于总部和海外子公司的管理人员的任命主要考虑其知识、技能和能力而不是国籍。全球中心主义的组织结构倾向于扁平化（例如，采用全球矩阵结构、全球网络结构），采取授权管理方式，赋予下属子公司大部分经营决策权和自主控制权。在薪酬管理方面，所有公司的人员待遇按照国际惯例并参考市场标准制定，绩效评估尊重个性化和文化多样性，并为所有员工提供培训和发展机会。

举例来说，耐克作为一家全球知名的运动产品企业，采用全球中心主义战略倾向来管理其全球业务。耐克将全球市场视为一个统一的市场，同时也注重地区细分市场的差异。它在全球范围内设有子公司和办事处，并采用全球矩阵结构来实现权力下放和灵活决策。宝洁作为一家全球消费品公司，以全球中心主义战略倾向管理其全球业务。宝洁拥有多个品牌和产品线，并根据不同地区的市场需求进行本地化运营。它采用全球矩阵结构和授权管理方式，赋予下属子公司较大的经营决策权和自主控制权。总之，全球中心主义的企业完全摒弃了“文化优越感”，重视文化对管理的影响，认识到尊重和利用多样性有助于国际企业的成功。全球中心主义是一种真正的“全球思考，地区行动”（think globally，act locally）的经营理念。

二、不同战略倾向下的人力资源管理特征

不同的战略倾向导致招聘和选拔、培训、绩效评估和薪酬等存在差异，上述四种战略倾向所对应的人力资源管理模式如表 2－1 所示。

---

① 中铁十六局第五工程局俄语培训班开课．（2020－11－06）．北京语言大学网站．

② 吴赟，杨喜刚，胥南星．“一带一路”背景下的企业语言培训模式初探．海外英语．2019（14）．

③ 提升语言服务能力 助推“一带一路”高质量发展．光明日报，2018－11－29．

表 2-1　跨国公司的战略倾向与人力资源管理活动

人力资源管理活动	跨国公司战略倾向			
	民族中心主义	多中心主义	地区中心主义	全球中心主义
招聘和选拔	母国人员占据关键职位，根据技术专长和过去在母国的业绩进行选拔，东道国人员占据最低层次的职位	母国人员占据高层管理职位和技术职位；母国人员占据中层管理职位；母国人员的选拔方法与民族中心主义的相似，根据与母国文化的吻合程度来选拔东道国人员（如母国的语言能力）	母国人员占据高层管理职位和技术职位，东道国的人员占据中下层职位	整个公司在全球范围内选择最适合的人选
跨文化适应培训	十分有限或者没有	对母国人员有限；有一些语言培训	对母国人员仅限于中等水平的培训，母国人员使用商业语言，常常是英语	持续的文化适应和多语言培训
管理发展：国际任职的影响	可能会损害事业	可能损害母国人员的事业，东道国人员的提升常仅限于本国	对事业没有影响或者有一定的积极影响；更长期的国际任职	职业发展需要国际任职
绩效评估	按照对公司贡献大小的母国标准	按照对公司贡献大小的东道国标准	按照对公司贡献大小的地区标准	按照对公司贡献大小的全球标准
薪酬	对外派人员支付额外的报酬和奖励	对外派人员支付额外的报酬和奖励，对东道国人员实行东道国报酬标准	由于任职期较长，对外派人员的额外报酬较少	全球相似的报酬和奖励，有一些当地调整

资料来源：Adler N J，Ghadar F. "International Strategy from the Perspective of People and Culture：The North American Context"，In Research in Global Strategic Management：International Business Research for the Twenty-First Century：Canada's New Research Agenda. Greenwich，Connecticut：JAI Press，1990：179-205.

第 2 节　企业的国际化发展阶段及其特征

一、国际化发展阶段

企业国际化发展有一个从开始到成熟的过程。根据阿德勒等的研究，一般来说，一个企业由国内企业发展成为全球性企业，其间大致要经过四个阶段，即国内阶段、多国阶段、跨国阶段和全球阶段（见表 2-2）。在每一个阶段的发展过程中，公司在经营管理及其对应的跨文化演变等方面都有较大的差异性（见表 2-3），以下分别加以阐述。

表2-2　国际化发展阶段及其对应的特征

项目	国内阶段	多国阶段	跨国阶段	全球阶段
主要倾向	产品/服务	市场	价格/成本	战略
竞争战略	国内	多个国家	跨国	全球
全球业务的重要性	不重要	重要	极其重要	占支配地位
产品/服务	新颖、独特	标准化	完全标准化	大量定制
开发	强调产品规划	强调程序规划	不强调规划	强调产品与程序规划
技术	专有	共享	广泛共享	迅速、广泛共享
研发/销售	高	降低	非常低	非常高
边际利润	高	降低	非常低	高，继而迅速下降
竞争	没有	很少	大量	重要（少或多）
生产地点	国内	国内和主要的外国	以最少成本为基础的多个国家	全球，最低成本
出口	没有	增长，高潜力	大，饱和	出口、进口与“运输”
市场	小，国内	大，多国	大，跨国	最大，全球
组织结构	职能部门，集中化	职能部门中有国际部门，非集中化	业务的跨国直线制，集中化	全球联盟、协调，非集中化

资料来源：Adler N J. International Dimensions of Organizational Behaviour. 3rd edition. Kent，Boston，1997：6.

表2-3　企业跨文化演变

项目	国内	国内跨地区	国际	全球
战略	国内	多个国内市场	国际	全球
最初定位	产品/服务	市场	价格/成本	战略
视角	民族中心主义	以区域为中心	国际的	全球/多个中心
文化敏感性	不重要	很重要	有些重要	非常重要
战略设想	“一种方式”或者“一种最好的方式”	“许多好方法”作用相同	同时存在“一种成本最低的方法”	“许多好方法”

资料来源：Adler N J，Ghadar F. “International Strategy from the Perspective of People and Culture：The North American Context”，in Research in Global Strategic Management：International Business Research for the Twenty-First Century：Canada's New Research Agenda. Greenwich，Connecticut：JAI Press，1990：179-205.

二、国际化发展阶段的特征

（一）国内阶段

国内阶段实际上是一个企业走向国际化的初始阶段。在这一阶段，企业的主要发展趋向是在国内制造产品和提供服务，战略和经营重点放在国内，按照母国中心主义的理念和倾向进行经营管理。在这一阶段，全球业务显得并不重要。出口到国外的产品和提供的服务刚性化，常常忽视国外消费者的个性化需求，企业出口的产品和提供的服务的独特性及缺乏国际竞争等原因使公司可以不考虑跨文化问题，基本感觉不到国外消费者因文化差异而对出口的产品和服务排斥，往往拒绝对出口产品做相应的改变。在这一阶段，企业的主要竞争对手是来自国内的企业。当企业生产的产品与提供的服务因为国内市场竞争激烈而达到饱和时，企业采取的应变对策通常是开发新产品、提供新服务、创新营销战略、寻求细分市场、采用以降低成本为主要目的的新工艺或尝试多角化经营战略，而不是开辟海外市场来进行竞争。目前国内的许多食品制造企业、房地产企业、农业企业等都可以归类为国内阶段。在国内阶段，企业组织结构的设计是基于国内市场竞争的目标与战略。在国内阶段，来自母公司所在国的人员、战略、经营理念和手段在管理中占主导地位，跨文化知识、跨文化管理技能及国际人力资源管理体系与这些企业的日常管理实践基本没有关联。

（二）多国阶段

在企业国际化经营的多国阶段，企业的业务重点和主要市场仍然在母国，但企业已经意识到海外业务的重要性，积极注意海外业务和市场机会，开始将其产品、服务和经营拓展到一些海外国家和地区。企业已经认识到海外市场具有差异性，母公司会根据这些具有差异的情况和市场特征制定相应的市场营销组合战略，开始为不同国家和地区的具有差异化需求的消费者提供差异化产品与服务。企业进军海外市场的主要方式仍然是出口几乎相同的产品与服务，价格竞争使得企业忽视多元文化差异的重要性，也忽视了所有文化敏感性所带来的益处。由于母公司内部具有国际视野和国际经营经验的管理人员较少，而且许多管理人员缺乏跨文化经营管理的经验，因此，尽管多国阶段企业提供的产品与服务已经进入多个海外市场，但企业国际业务的经营方式仍然是将母国的经营模式延伸或者移植到海外市场。多国阶段的企业并非完完全全地移植或者延伸经营模式，而是带有一定程度的改变。多数企业开始认识到可能会有其他更适合海外企业的管理方法，能接受并认可卖者和买者之间的一些文化差异，并在考虑文化差异的基础上对企业出口到其他国家的产品和服务进行相应的调整，以适应海外市场的消费者和合作伙伴。从长远的角度来看，在多国阶段，企业应要求派往海外的管理人员接受跨文化知识和跨文化管理技能的培训，以便能管理不同国家具有不同文化价值观的人员。

总之，在多国阶段，企业的战略倾向、经营战略和管理方式发生了重要的转折。从国内阶段的母国中心主义转为多中心主义，相应地，企业的经营战略从以往的母国中心战略逐步转为多国中心战略。由于在国内阶段忽视或者没有考虑文化差异问题，在多国阶段文化差异就可能成为国际企业发展的瓶颈。

（三）跨国阶段

跨国阶段是企业从多国阶段过渡到全球阶段的中间阶段。在这一阶段，战略重点由市场营销转向产品和价格，文化对企业经营的重要性反而降低了。为了在不同的海外市场上获得竞争优势，企业期待通过规模经济和价格优势来获取国际市场的竞争优势。这个阶段的企业通常强调的是“只有一种费用最低的方法”，企业的优势完全为价格所主导。由于这一阶段企业主要考虑价格和费用而非产品特色，因而不同市场的差异性就成了次要因素。

在跨国阶段，企业采取地区中心主义的经营理念和倾向，即以几个主要海外市场的集合作为“地区”来进行经营管理和竞争。通过产品与服务的标准化，尽可能降低生产和服务成本，将生产转向成本较为低廉的国家和地区。通过独资和合作等形式进入海外市场是处在跨国阶段的企业达成企业国际战略目标的主要手段。

在跨国阶段，由于注重产品和服务的标准化，产品和服务的差异性对公司国际经营战略的影响力相对降低。跨国阶段中由于企业在海外独资和合资，国际企业管理者需要同来自不同国家（地区）和具有不同文化价值观的人员进行交往，因此，跨国阶段企业产品和服务的差异性并不一定能降低跨文化管理的重要性，相反，由于在国外合资或独资企业中来自母国和东道国的人员在一起工作，经常会因不同文化价值观而产生冲突，形成各种跨文化难题。在企业进行跨国经营时，重视跨文化管理问题，充分提升跨文化管理水平是应对跨国阶段经营困境的有效手段。

（四）全球阶段

全球阶段是企业国际化的最后阶段，其具体特征如表 2-4 所示。

表 2-4　全球阶段的特征

项目	特征
经营倾向	全球中心主义
环境扫描范围	全球市场环境扫描，以确定公司在全球范围内的发展机会与威胁
经营目标	全球视野、全球资源、全球市场、全球经营、全球竞争
经营风格	普遍性与特殊性相结合，“全球思考，地区行动”
研究与开发	地区分散性与职能一体化
货源采购	从世界最佳货源生产地采购货源
市场营销	根据具体地区特征制定产品营销组合，依赖当地管理者的营销知识与技能

资料来源：张新胜，王湲，拉索尔，伯瑞尔．国际管理学：全球化时代的管理．北京：中国人民大学出版社，2002：283.

在公司发展的全球阶段，公司的基本战略倾向是基于全球资源平台的全球中心主义。在这一阶段，企业将从生产、市场和价格等多个角度与来自国内外的其他企业进行全球竞争。企业的产品和服务既要满足全球竞争的需求，又要满足地区差异产生的特定偏好等差异性需求。强调全球竞争的同时兼顾地区差异，需要管理者具备“全球思考，地区行动”的能力。这并非易事，即使像麦当劳这样的企业在地位岌岌可危之下才改变经营思路，产生了一句新的箴言：“大框架内的充分自由”，即在保持全球一致的品牌管理和满足不同市场的不同消费者口味之间保持平衡。通过这一重大改革，麦当劳下放经营权，更容易应对海外的经营挑战，最终成为一家成功的全球企业。

像麦当劳一样，在全球业务中面临进退两难的公司很多，因此培养一位能够应对差异性、全球化以及克服跨文化难题的管理者至关重要。在全球化阶段，企业应该为有潜力的国际管理人员提供成长机会，帮助他们积累跨文化管理的知识和经验。在人员配置方面，跨国公司海外分支机构的高层经理人员配置应以全球为导向，注重选择最适合的人才在最合适的地点担任最适合的职位，对管理人员的国籍逐步淡化，组织岗位配置平台本身将全球化。同时，企业采取统一的人力资源开发与培训政策，为国际经理人员提供统一的公平竞争和能力提升平台。

扩展阅读

华为的国际化道路

华为的国际化道路起步于我国香港，发展于俄罗斯、亚非拉市场，完善于欧美市场。在对自身和国际市场进行了正确了解和定位后，华为利用自身的低价优势首先打开了俄罗斯、东南亚、中东、非洲等市场，最大限度规避了进入国际市场的贸易壁垒和高技术门槛。后又提高自身技术水平，冲破层层阻碍，进入欧美市场，最终实现了企业全球化经营的目标。

1. 起步阶段

1996 年，香港回归祖国前夕，内地企业和香港企业都在相互寻求合作机遇。华为最初进入香港市场时并不顺利。由于当时内地的技术和经济落后于香港，香港企业对华为存在很大的歧视。在合作初期，华为的产品确实不够成熟，这一度为双方的合作带来很大困扰。华为选择避开弱点，提升自身产品质量的同时，以服务取胜，不厌其烦地为客户讲解其产品的使用和维护方式，坚持与客户进行沟通和交流，最终赢得了香港企业的肯定和信任，在香港得以立足。

2. 发展阶段

华为对俄罗斯市场的开拓是有其特殊性和历史意义的，其一，香港是中国的领土，其文化、语言和风俗习惯都与内地相似，华为在香港的成功，为它的国际化道路打下基础。俄罗斯市场对于华为而言，才是真正意义上国际化的开端。其二，并不同于在其他发展中国家市场的开拓那样顺利，华为在俄罗斯市场投入了大量的时间和精力，最终的成功也历经了漫长的等待。

华为在初入俄罗斯市场时并未受到当地的重视，也很难找到合作伙伴和获得合作机会。雪上加霜的是，华为进入俄罗斯市场不久，就遭遇了经济危机。俄罗斯的经济发展一度停滞，通信行业遭遇毁灭性的打击。在许多国际通信巨头选择撤出俄罗斯市场后，华为也曾萌生退意，但华为的领导层最终将目光放在俄罗斯通信市场的巨大需求空间上，并未因一时的失败沮丧，而是默默等待时机。果然，在历经 7 年的漫长等待后，随着俄罗斯经济的发展，华为终于取得了巨大的成功。

进入亚非拉发展中国家是从 1997 年开始的，当时华为在技术上已经具备一定的优势条件。虽进入时期与进入俄罗斯市场同步，但亚非拉市场的门槛较低，华为的进入也相对轻松。在这些发展中国家和地区，通信基础设施尚未成型，但由于利润稀薄和环境艰苦，这些市场被国际知名的通信企业忽略，又加之当地的通信市场和经济条件与中国国内十分相似，贸易壁垒较低，投资风险较小，这给了华为机会，华为能够快速地适应亚非拉地区市场，迅速发展壮大。

华为的发展离不开中国的支持。它在亚非拉地区的市场拓展紧跟中国政策，利用国家的政治品牌来保护企业的商业品牌，目标市场对企业友好度提升，为华为的经营和拓展提供了便利。

3. 完善阶段

2001年，在经历了几年的准备后，华为正式进入美国市场。进入美国市场，标志着华为真正进入国际市场。这里有摩托罗拉、思科等国际知名通信企业，市场份额基本已经被垄断，通信行业竞争十分激烈。

在美国，政治和商业是密不可分的，因此华为在美国的进程并不顺利。由于国家政治因素的影响，美国的许多企业迫于政府的压力不敢与华为合作。华为在美国还遇到了贸易壁垒、知识产权等一系列问题，其中最著名的便是思科告华为侵权案。在历经了一年半后，整个案件以双方和解告终，但在这期间华为付出的成本和在经营过程中遇到的损失给华为带来了很大的影响。

不过，华为与思科最终和解，也令华为声名鹊起，提高了在国际市场的知名度，可谓因祸得福。

2004年，华为在美国遇到挫败后，决定将在发达国家市场的投资重心转移到欧洲市场。在欧洲市场，价格并不能成为华为的竞争优势。由于欧洲市场较高的消费水平和成熟的消费理念，客户更看重的不是价格而是性能。欧洲市场的电信业竞争更是十分激烈。华为想在欧洲市场站稳脚跟，就要有过硬的实力和技术，于是华为开始了在欧洲的大规模技术研发投资。

欧洲市场的电信业十分发达，电信业人才汇聚，这为华为的研发提供了便利条件。由华为自主研发的分布式基站，打败了强劲的竞争对手，先后为荷兰Telfort和沃丰达两家运营商提供了成功的解决方案，借此成功进军欧洲，获得了许多大额订单并且与众多当地的明星企业建立了战略合作伙伴关系。最终，华为以研发和专利技术敲开了欧洲市场的大门，这也成了它国际化征程中一个新的标志，在一定程度上说明华为的技术和实力已经达到世界先进水平。

华为的国际化经营是一个随着时间推移积累和质变的过程。由于市场拓展的同步性，单单从时间的角度来对华为的国际化历程进行研究不够全面和完整。就战略方面而言，华为的国际化采取了“农村包围城市”的先易后难策略。在国际市场的扩张中，华为优先选择基础设施建设较为薄弱、技术水平较低、政府和企业对外来企业敏感度较低的发展中国家市场，华为的进入并没有遇到较大的阻碍。又因为华为的低价策略，海外大型电信公司很难在价格上与华为竞争，这样也最大限度地规避了发达国家的贸易壁垒和技术准入门槛。

随着华为占有市场份额的进一步扩大、技术水平的进一步提高，华为的实力让那些通信跨国巨头不得不开始重视，它们联合政府对华为采取一些手段进行打压和遏制。随着实力的增强和资本的累积，这些打压已经不能阻碍华为的国际化进程。华为的国际市场开始从“农村”拓展到“城市”，在全球范围内全面开花。从以上分析可以看出，华为的国际化并不是单纯为了盈利的机会主义行为，而是一种市场行为和长远的战略行为。

华为始终坚持拒绝机会主义，以客户需求为导向，采取渐进式国际化指导方针，最终以服务、价格和产品的多重优势在国际通信市场上赢得了一席之地。这一征程是在失败中不断完善的。区别于很多机会主义者，华为专注于提升自己的核心竞争力，一步一个脚印，稳扎稳打，坚持自主创新，最终用实力赢得了辉煌。

资料来源：尚尔斯．华为国际化经营策略分析．吉林大学，2018.

第3节　企业国际化战略及其国际化经营模式

全球化为企业扩展业务提供了前所未有的机会。世界贸易组织（WTO）的建立、跨国和跨地区经济一体化（如欧盟）进程加快、贸易自由化与自由市场竞争观念的普遍接受、政府管制进一步放松、信息技术的快速发展，所有这一切都为企业不断走向国际化提供了巨大推动力。

企业在走向国际化经营的过程中，既面临着许多增长与发展的机会，又面临着企业外部和内部资源不足、竞争力薄弱的问题。跨国公司应有效制定并执行国际化竞争战略，抓住有利机会、弥补不足，积极有效地应对市场风险和威胁，才能将机会转变成企业的收益。

企业的国际化战略（internationalization strategy）是企业在国际化经营过程中的发展规划，是跨国公司为了把企业的成长纳入有序轨道，不断增强企业的竞争实力和环境适应性而制定的一系列决策的总称。企业的国际化战略将在很大程度上影响企业国际化进程，决定企业国际化的未来发展态势。

一、企业国际化战略的基本类型

按照不同的分类方法，企业国际化战略有不同的类型。按照战略态势来划分，有发展型战略、稳定型战略和紧缩型战略。按照获得竞争优势的手段来划分，可以分为成本领先战略、差异化战略、集中化战略。按照战略的性质来划分，可以分为保守型战略、可靠型战略和风险型战略。按照战略涉及的主要地区来划分，可以分为母国中心战略、多国中心战略、全球中心战略。跨文化与地理差异性具有重要的联系，因此，我们重点阐述企业国际化战略中的母国中心战略、多国中心战略和全球中心战略。

（一）母国中心战略

母国中心战略是在母公司的利益和价值判断下制定的经营战略。母国中心战略的目的在于以高度一体化的管理模式、企业形象和实力在国际竞争中占据主动并获得竞争优势。母国中心战略的特点是由母公司集中进行产品的设计、开发、生产和销售，管理模式高度集中，经营决策权绝大部分由母公司控制。这一战略的优点是通过母公司的集中管理可以强化跨国企业的品牌形象，同时节约大量的成本支出；其不足是产品和服务对东道国市场需求的适应能力有可能较差，对不同国家消费者行为和需求变化的反应较慢。

（二）多国中心战略/地区中心战略

多国中心战略/地区中心战略是在母公司统一的经营原则和战略目标的引领下，按照各东道国/地区的实际情况来组织生产和经营管理。该战略下母公司主要承担总体战略的制定和经营目标分解，对海外子公司实施经营目标控制和较为严格的财务监控；海外子公司则拥有较大的经营决策权，可以根据东道国或者所在地区市场变化做出迅速的反应，制定当地的决策。这一战略的优点是对东道国/地区市场的需求适应能力较好，市场反应速度较快；缺点是有可能导致母公司与子公司之间、子公司和子公司之间的协调难度增加，加大公司整体的运营成本。

（三）全球中心战略

全球中心战略是将全球作为一个统一市场，在全球范围内获取资源的最佳配置，在全球范围内设定经营单元，生产和销售产品。采用全球中心战略的企业通过全球决策系统把各个子公司连接起来，通过全球商务网络实现经营管理、资源获取和产品销售。这一战略既考虑到东道国的具体需求差异，又可以顾及跨国公司的整体利益，已经成为企业国际化战略的主要发展趋势。这种战略的不足是对企业国际化管理水平的要求高，管理资金投入大，管理的复杂性和难度较大。

二、企业国际化经营的主要模式

企业进行国际化经营主要有扩张、维持和收缩三类战略模式。其中，扩张是在国外设立企业单元或者进行合资合作经营等；维持即保持现有的企业规模；收缩指跨国公司基于企业战略的考虑缩小国际经营范围，减少国外投入或者撤销国外的某些经营单元。本书主要讨论扩张型战略模式。扩张型战略中的进入是一个新企业进入一个行业或市场的行为。进入战略又可以分为投资型进入和联盟型进入。跨国企业合理制定国际市场进入战略是跨国直接投资成功的前提和基础。

（一）投资型进入

投资型进入亦称生产型或实业型市场进入，它是指跨国企业通过对外直接投资在国外建立生产型或服务型子公司的国际市场进入模式。投资型进入有并购当地企业和创建新企业两种方式。两种方式的相同之处在于跨国公司以股权参与的形式来获得东道国企业的所有权与实际控制权，因此按股权参与程度的不同又分为创办独资企业和组建合资企业两种形式。

1. 投资进入方式比较

新建企业、并购、独资经营、合资经营是投资进入的主要方式，阐述如下。

（1）新建企业。到国外投资，企业往往考虑采用新建企业的方式。新建企业是指通过直接投资在国外目标市场创建新企业，形成新的生产经营单位、新的生产和服务能力。新建方式的一个突出优点是母国的投资者能较好地把握和控制风险，掌握项目策划各个方面的主动性，而且新企业的内部管理较为简单。此外，新建方式可以机器、设备、原材料、技术和知识产权等作为资本投入，弥补外汇资金的不足。新建企业方式与并购方式相比，突出的缺点就是需要做大量的筹建工作，进入的速度慢、时间长，投资风险也较大。

（2）并购。并购是指跨国公司通过购买国外其他企业的股权，取得对该企业的全部或者大部分所有权和经营管理权，把该企业纳入自己的经营组织系统。并购的优点是：跨国公司可以大大缩短设立新企业、开展新企业的建设和投资的周期，能较为迅速地进入目标市场；当被并购企业陷入困境时，跨国公司能以较低价格收购，从而使跨国公司能低成本进入新的行业；容易获得现有的经营资源；由于节省了许多时间，并购方式能比新建企业大大减少不确定性和投资风险；跨国公司通过并购能迅速扩大企业的规模，扩大产品和服务的种类和经营范围，获得被收购企业的市场份额。并购的不足主要体现在：并购需要一次性投入大量现金而不能用机器设备、原材料等资本品和技术折价投入，对资金不富裕的企业是个限制；被并购企业与进入企业在文化价值观、经营理念、管理制度和方法上存在很大差异，如果跨文化管理不当、沟通不畅，往往会导致经营失败；被并购企业的产品、服务和地理区位等可能与国际经营战略和管理模式不完全吻合，如果跨国公司缺乏经营调整能力和跨文化管理能力，则被并购企业可能妨碍跨国公司今后的发展；在具体并购过程中，东道国政府从自身角度出发往往对并购干涉与限制较多，导致并购本身存在一定的不确定性。

（3）独资经营。跨国公司在国外设立独资经营企业，是指依据东道国法律，在东道国设立全部资本由投资者投入并单独经营管理的企业。设立独资经营企业可以使母公司获得全部的所有权，全部利润归母公司所有，避免合资经营在管理理念、利益、经营管理目标等方面与合资经营方相冲突；可以有效保护跨国公司自身的知识产权和经营秘密，保护跨国公司在技术、管理、工业产权等方面的有利地位；可以确保海外子公司按母公司统一的战略目标运行，贯彻母公司的政策、管理理念。在海外设立和管理独资经营企业的主要缺点是：进入所需要的资金较多，资金投入风险大；东道国政府往往对设立独资经营企业有一些规定和限制；难以获得当地企业的合作，并有可能加剧行业内的竞争。

中国企业花西子采取独资经营模式有效地放大其优势。作为独资企业，它可以避免与合资方的理念和经营冲突，从而确保品牌的独特性和原创性，打造承载中国文化和东方美学的新品牌。花西子对待产品犹如对待艺术品，经历两三年的匠心研发，经过上千次测试，上万名体验官参与共创，确保产品在品质、服务和美感方面无瑕疵，然后才会正式推出产品。海外消费者往往被其外观吸引而试用，随后因为良好的使用体验而再次购买。如今，花西子在海外社交媒体平台上的累计粉丝数已经接近200万，吸引了一批忠实的海外粉丝。花西子之所以成功，正是因为按照母公司的战略目标运营，以弘扬中华传统文化为使命，塑造产品独特的中华文化魅力和与众不同之处。通过独资经营模式，花西子能够更好地实现品牌定位和文化传承，为海外消费者带来独特的产品体验，从而赢得了广泛的认可和支持。①

（4）合资经营。合资经营指两个或两个以上国家或地区的投资者共同投资组成一家具有法人地位的企业的跨国经营战略方式。组建合资经营企业的优点有：与东道国企业合资有利于获得东道国政府和合资伙伴的支持与合作；有利于充分利用东道国当

① 从构建品牌内容开始 花西子如何海外市场实现“破圈”？.（2023-04-18）.新浪科技.

地人、财、物的优势，更多更快地获得东道国当地市场信息及合资方的技术和管理经验；有利于利用合资方的融资渠道、合资方的市场网络和信誉、东道国的各种优惠待遇，减少企业国际经营的障碍和风险；有效利用国外合资企业资金，减轻跨国公司一次性投入的资金负担。合资经营企业的不足主要有：跨国管理的复杂性增加，与跨国独资企业相比，文化冲突可能性增大；由于合资各方均有一定的所有权和经营权，因此企业有时难以统一协调与控制，特别是当各方利益目标发生冲突时，会在日常政策和管理上产生冲突；对拥有技术优势的跨国企业来说，容易泄露商业秘密。

2. 投资进入方式的选择

选择何种投资进入方式关系到企业现实的经营效果和未来的长久发展。影响企业选择何种投资进入方式的因素有内在因素和外在因素。

从内在因素来看，影响企业选择投资进入方式进行跨国经营的因素有：（1）跨国投资的管理经验。由于并购方式比新建方式简单，风险也相对较小，因此对于缺少跨国经营管理经验的企业，更偏向于以并购方式对外直接投资。（2）跨国公司跨文化管理能力。进行国际经营，关键是要充分了解不同国家的文化，把握如何应对跨文化背景下的企业管理问题。（3）跨国公司的特有资源。跨国企业拥有的有知识产权、垄断性技术强的特有资源越多，越适合采用新建企业的方式进行直接投资；反之，并购是一个较好的选择。（4）企业跨国经营战略。如果跨国公司采取多角化经营战略，则可以采用并购方式进入国际市场，以多个国外子公司从事范围较广的经营。（5）企业的成长阶段。高速发展和成长迅速的新兴跨国公司往往比那些历史悠久而增长缓慢的跨国公司更倾向于采取并购方式，以尽快满足新兴跨国公司迅速发展对资源、信息、市场和规模的需求。

影响跨国公司选择投资进入方式的外部因素有：（1）东道国政府对跨国公司并购行为的行政管制状况。一般的情形是，政府往往比较欢迎外国公司以新建企业的方式到本国投资办企业，对跨国公司收购本国企业的方式均加以不同程度的限制。（2）东道国经济发展水平和科技发达程度。在发达国家可较多采用并购方式进入；反之，在工业化程度较低的国家或地区，则更宜采用新建方式进入。（3）母国和东道国市场的相对增长情况。在增长较快的东道国市场中采用并购现有企业的跨国进入方式更为多见。

3. 独资经营与合资经营的选择

无论是并购方式还是新建方式，都有一个资本投入的比例问题。对于跨国公司来说，面临着对国外子公司拥有多大比例的所有权与控制权的选择问题。影响股权参与形式的主要因素有：（1）跨国公司拥有的优势与实力。一般来说，拥有技术、产品、销售网络优势的大跨国公司，在市场上具有较强的垄断优势，会更多选择独资子公司。（2）母公司实施控制的紧密度。实行全球战略的跨国公司如果侧重于从整体利益最大化目标出发对子公司实施有效监控，则倾向于设立独资子公司或主要控股的合资企业。（3）成本与收益。如果未来海外企业的预期利润率高，则适合采用独资经营；如果海外企业预期效益较低且跨国公司自身克服风险的能力有限，则可考虑合资经营，以分散投资风险。（4）东道国的法律与政策限制。（5）当地合伙人的适合程度。如果跨国企业与当地合资方在经营理念和经营目标上一致，相互间的资源有较好的互补性，则选择合资方式较为有利；反之，独资经营更为可取。（6）公司最高决策者的偏好。公司最高决策者对公司治理权的偏好也影响是选择合资还是独资方式。如果公司最高决策者偏好于一股独大并对海外企业进行完全控制，则选择独资方式的可能性较大；如果公司最高决策者不太偏向于对海外企业进行完全控制，则选择合资方式的可能性较大。

（二）联盟型进入

联盟型进入即跨国公司与国外企业组建战略联盟。当跨国公司希望与国外另一家企业在不同的领域进行互利性合作，但又不想建立一家合资公司时，采取战略联盟的进入方式是一种较好的选择。联盟型进入形式有利于国内外企业之间的密切合作，通过这种合作，参与合作的国内外企业能更方便地实现各自的战略目标。在经济全球化和竞争国际化的今天，通过战略联盟方式进入国外市场是一种发展趋势，联盟合作企业之间的关系更加稳固，能有效地保证双方的利益。国际战略联盟形式也存在一些不足，战略联盟最大的不足是这种形式可能会造就一个全球竞争者。

建立战略联盟可以采取多种形式，战略联盟内部的关系种类也较多。例如，跨国企业可以与自己产品和服务的上下游企业甚至竞争者建立一种战略联盟关系。对于跨国公司来说，建立战略联盟的主要优势包括共担国际投资成本，降低竞争风险，获得不同的供应商和分销渠道，可以利用其他公司的特定优势。当然，跨国企业可通过各种措施控制自己的核心优势，限制关键合作领域，通过小心制定对合作者有约束力的合同条款等方式将风险最小化。

随着中国经济市场化、国际化的不断推进，越来越多的中国企业走出国门，进军世界。中国企业国际化经营的典型模式主要有在海外投资设厂（海尔）、自主知识产权的自有品牌产品出口（华为）、通过并购获得市场与技术（联想）三种模式。

随着中国经济的稳步发展，中国企业不断强大，中国企业通过海外并购走向国际的步伐不断加速。全球企业并购保持规模不断扩大的总体趋势，中国企业海外并购规模也在稳定提升，如今中国已成为全球企业海外并购规模最大的国家，海外并购已经成为中国企业国际化经营的引人注目的方式。

三、全球企业海外并购的新特征

（一）新冠疫情后全球企业并购市场整体低迷

2022年全球企业并购交易受到新冠疫情和国际不稳定因素的影响，交易量和交易额两项数据与2021年同比分别下降了17%和37%。这表明全球并购市场从2022年开始进入低迷状态，各个季度的并购交易持续下降，尤其是与2021年同期相比，2022年下半年的并购交易量和交易额进一步下降了25%和51%。这可能是由于经济不利因素增多，企业对并购决策持谨慎态度，交易活动受到抑制。这些数据反映了全球并购市场在2022年的整体趋势，显示出并购交易量和交易额的下降趋势，并且在2022年下半年进一步加剧。这一趋势与新冠疫情和国际不稳定因素对全球经济产生的负面影响密切相关。

（二）能源、金融服务业、消费等行业并购活动较频繁

2021 年能源、公用事业和资源行业的交易数量和交易金额分别比上年增长 8%和 67%。欧洲、中东和非洲（EMEA）的交易量出现回升，同比增长 23%，这主要是由于化学品、电力以及公用事业行业交易活跃度的恢复。金融服务行业内的交易数量和交易金额在 2021 年同比分别增长了 21%和 40%。值得注意的是，金融服务行业内私募股权基金参与的交易数量从过去五年的平均水平 20%上升至 30%，显示出私募股权基金在该行业中的重要性不断增加。至于消费市场，各个板块和地区在 2020—2021 年的交易量和交易金额都有所增加。欧洲、中东和非洲（EMEA）地区的交易量和交易额增长最为显著，分别为 31%和 94%。全球消费市场的总体交易额同比增长了 57%。总体而言，能源、公用事业和资源行业以及金融服务行业在 2021 年都表现出增长的趋势。消费市场的各个板块和地区也出现了交易量和交易额的增长。这些数据显示出不同行业和地区在 2021 年保持了较高水平的交易活动。

（三）全球三大地区并购规模缩减且重心有所偏移

在亚太地区，2022 年的并购交易量和交易额相较 2021 年分别下降了 23%和 33%。其中，中国的降幅较大，这主要是受到新冠疫情和出口需求疲软的影响，国内并购市场放缓。与此同时，印度的并购交易额超过了日本和韩国，成为亚洲第二大投资热点，仅次于中国。在欧洲、中东和非洲地区，尽管能源成本上升和投资者信心下降对并购市场产生了影响，但该地区的并购表现仍然优于亚太和美洲地区。2022 年欧洲、中东和非洲地区的并购交易量和交易额相较于 2021 年分别下降了 12%和 37%。总体而言，该地区在 2022 年实现了 2 万笔并购交易，相较于 2019 年新冠疫情前的水平仍高出 17%。在美洲地区，综合考虑宏观经济、政府监管和地缘政治因素，2022 年的并购交易量和交易额相较于 2021 年分别下降了 17%和 40%。交易额的大幅下降主要是因为美国大宗交易（交易额超过 50 亿美元）的数量几乎减半，从 2021 年的 81 笔降至 2022 年的 42 笔。特别是在 2022 年下半年，大宗交易数量进一步下降，仅有 16 笔交易达成，而上半年也仅有 26 笔交易。①

四、中国企业海外并购的新特征

（一）中国海外并购——于困境中见新机遇

2022 年中国并购交易总额下降至 4 858 亿美元，是自 2014 年以来的最低水平，较 2021 年下降了 20%。尽管国内并购交易在 2022 年持续下降，短期内大规模反弹可能性较小，但中央政府鼓励外商投资重点行业，并且各地地方政府积极推行跨境投资和贸易发展计划，这些举措从长期来看将推动中国并购市场回暖。

---

① 2022 年全球并购行业趋势回顾及 2023 年展望 . www. pwc. com/structure.

中央政府鼓励外商投资重点行业的举措可以促进外资流入，加强技术转移和产业升级。同时，地方政府积极推动跨境投资和贸易发展计划，有望增加境外投资机会和合作。这些政策和措施有助于改善投资环境，提升中国在全球并购市场的竞争力。

尽管短期内中国并购交易面临挑战，但从长期来看，各种积极的举措有望促进中国并购市场的复苏。随着政府的支持和推动，投资者信心可能会逐步恢复，市场情绪也有望改善。这将为中国并购市场带来机遇，吸引更多的投资和活动。需要注意的是，市场的复苏需要时间，并且受到多种因素的影响，包括全球经济形势、政策环境、地缘政治风险等。因此，对于中国并购市场的回暖，需要综合考虑各种因素的影响，并密切关注相关政策和市场动态的变化。

（二）消费、医药、能源等行业虽有下降，但仍高于新冠疫情前水平

2022年中国消费市场整体遇冷，消费行业的投资和融资活跃度下降，全年累计并购交易仅有1 063笔，同比减少177笔，但相较于2020年仍有所增长。随着消费市场逐渐从疫情中恢复，消费行业的投资和融资市场将会触底反弹，并迎来较大的增长。

在医药和生命科学行业，2022年交易节奏趋缓，披露的交易数量为1 225宗，交易金额约为266亿美元。医药和医疗器械板块出现了分化。医药板块的并购交易逐渐“冷静”，披露的交易金额同比下降了43%，至195亿美元，交易数量为683笔。大宗交易数量减少导致平均交易规模下降。医疗器械板块受宏观环境影响，虽然披露的交易金额下降至72亿美元，但交易数量持续增长，首次突破了542起。总体而言，在近四年的交易趋势变化中，2022年医疗健康行业的交易数量虽有回落，但仍高于2019年水平，交易活跃度保持在历史高位。

在新能源行业，2022年中国的并购交易披露金额达到3 917亿元人民币，交易数量为716笔，创下历史新高。平均交易金额约为7.2亿元人民币，较2021年大幅增长了22%。其中，有3笔交易金额超过百亿元的大型并购交易，合计金额接近680亿元人民币。并购交易以国内交易为主，出境交易持续上扬，逐步恢复至接近疫情前的水平。

这些数据反映了2022年中国不同行业的并购市场表现。消费市场整体遇冷，医药和生命科学行业呈现分化趋势，而新能源行业则保持了较高的并购活动水平。未来，随着消费市场的恢复和行业发展的推动，相信这些行业的并购市场将会迎来增长。

（三）我国并购市场仍将重心转移至欧洲地区

2018年受中美贸易摩擦的影响，中国对美国的直接投资金额从2016年的1 698亿美元峰值下降至748亿美元，直接下降了55.9%。这反映了贸易摩擦对中美两国之间的投资流动产生了明显的影响。

就中国资本海外并购项目的地区分布而言，欧洲、北美和亚洲是主要的目标地区，形成了一个“三足鼎立”的态势。欧洲占比最大，约为38%，其中英国和德国的并购交易较为突出。中国资本对北美地区的并购交易达到123起，占全球比例的32%，其中，美国占据了90%的份额。除日本以外的亚洲地区和新兴市场在并购交易方面相对较少，仅有77起交易。

从国家分布来看，中国资本海外并购项目最频繁地发生在美国，达到111起，远超其他国家。这与中国资本的投资特点保持一致。印度在股权投资方面排名第二，但并购数量较少，仅为个位数。在英国、德国等地的并购交易逐渐增多。

综上所述，中国资本在海外的并购主要集中在发达国家，对于印度等发展中国家的参与度相对较低。这可能是由于发达国家具有更丰富的市场机会、较高的投资回报和更成熟的法律体系等。不过，并不排除未来中国资本在发展中国家并购增加的可能性，特别是随着这些国家经济的不断发展和市场潜力的释放。①

小结

本章主要阐述企业国际化和管理多样化的战略及国际化经营模式问题。主要涉及文化多样性下的跨国战略倾向、企业国际化发展阶段及其特征、全球化视野下的国际化战略和国际经营模式等内容。

公司国际化进程中有民族中心主义、多中心主义、地区中心主义、全球中心主义四种战略倾向。全球中心主义是一种真正的“全球思考，地区行动”的经营理念。

一般来说，一个企业由国内企业发展为全球性企业，其间大致要经过四个阶段，即国内阶段、多国阶段、跨国阶段和全球阶段。在每一个阶段的发展过程中，公司在经营、管理及其对应的跨文化演变等方面，都有较大的差异性。

企业的国际化战略是企业在国际化经营过程中的发展规划，是跨国公司为了把企业的成长纳入有序轨道，不断增强企业的竞争实力和环境适应性而制定的一系列决策的总称。企业的国际化战略将在很大程度上影响企业国际化进程，决定企业国际化的未来发展态势。按照不同的分类方法，企业国际化战略可分为不同的类型。按照战略涉及的主要地区来划分，可以分为母国中心战略、多国中心/地区中心战略、全球中心战略。母国中心战略是在母公司的利益和价值判断下制定的经营战略。

企业进行国际化经营主要有扩张、维持和收缩三类战略模式。其中，扩张是在国外设立企业单元或者进行合资合作经营等；维持即保持现有的企业规模；收缩指跨国公司基于企业战略的考虑缩小国际化经营范围，减少国外投入或者撤销国外的某些经营单元。

关键术语

民族中心主义（ethnocentrism）　多中心主义（polycentrism）
地区中心主义（regioncentrism）　全球中心主义（geocentrism）
经营本地化（operating locally）　企业的国际化战略（internationalization strategy）

思考题

1. 阐述公司国际化进程中民族中心主义、多中心主义、地区中心主义、全球中心主

① 2022年中国企业并购市场回顾与前瞻. www. pwc. com/structure.

义四种战略倾向的含义和特征。

2. 详细阐述阿德勒等提出的企业国际化四个阶段的特征。

3. 简述企业国际化中的母国中心战略。

4. 简述企业国际化中的多国中心/地区中心战略。

5. 全球中心战略的含义是什么？如何理解“全球思考，地区行动”这一全球战略理念？

6. 什么是投资型进入？企业国际化进程中有哪几种投资型进入方式？

7. 什么是联盟型进入？其优缺点有哪些？

案例分析 2-1

字节跳动的全球化演进

2018—2023 年字节跳动的估值从 780 亿美元飙升至 2 235 亿美元，增长了 187%。这一飞跃不仅体现在市值上，更体现在其国际知名度的显著提升上。这一成就的背后是字节跳动全球化战略的深入推进和精准执行，与其 CEO 张一鸣的全球视野也密切相关。

一、全球化战略的启动

字节跳动全球化进程主要分为两个阶段，即多国阶段和跨国阶段。第一个阶段，它先推出在国内运营较为成功的产品，再着眼于新闻资讯、短视频行业，投资收购同领域协同产品；第二个阶段，利用前期海外业务发展经验，推出多款产品，坚持多元化发展。

1. 多国阶段

2017 年 11 月，字节跳动收购了 Musically——一家拥有同名视频共享应用程序的初创公司。当时，Musically 的活跃用户群主要集中在美国，交易价值在 8 亿～10 亿美元。仅一年之内，Musically 和 TikTok 合并成的一个全球应用程序就获得了约 3 000 万新用户。它与美国传统的社交媒体不同，它通过广告和向粉丝销售表情符号和贴纸等虚拟商品来赚钱；用一个易于使用的界面将点击式新闻和娱乐与强大的人工智能相结合，精确匹配用户，而不是根据他们的观看习惯和“喜欢”推荐内容，这促进了该应用程序的成功。

TikTok 专注于特定的本地受众。例如，在日本，TikTok 与一家大型艺人管理公司合作，利用当地名人制作的带水印的 TikTok 视频来增加来自 YouTube 和 Instagram 的流量。它还开展了一系列舞蹈和音乐活动，重点是克服害羞，这是许多日本年轻人面临的问题，因此 TikTok 受到日本年轻人的欢迎。

2. 跨国阶段

TikTok 使用该应用程序的算法来决定向用户展示哪些视频，这与 Facebook、Netflix、Spotify 和 YouTube 不同，它们使用人工智能推荐帖子而不是直接向用户发送提要。

截至 2018 年底，TikTok 拥有超过 5 亿活跃用户（超过 Twitter），其中约 40%来自中国境外。TikTok 取代了 YouTube、Instagram 和 Snapchat 等应用，成为 2018 年美国和欧洲 Apple 和 Android 设备下载次数最多的移动应用之一。TikTok 在美国的下载量已超过 8 000 万次，仅 10 月份就从 App Store 下载了 400 万次。它也是 Google Play 上最受欢迎的应用程序之一。

字节跳动的本土内容已经变得普遍，特别是在中国、印度和其他新兴市场的农村和贫困居民中，字节跳动在那些获得其他数字娱乐的机会有限的地方占据了很大一部分市场。张一鸣有将人工智能作为全球技术主导地位竞争的优先事项的愿望。他描述了“将人工智能的力量与移动互联网的发展相结合，彻底改变人们消费和接收信息的方式”的使命。

二、全球化的挑战和应对

TikTok 的崛起也带来了一系列监管问题。美国联邦贸易委员会对 TikTok 处以 570 万美元的罚款，因为 TikTok 在收集 13 岁以下儿童用户的姓名、电子邮箱地址和个人信息之前没有获得其父母的同意。

在印度，立法者暂时禁止在苹果和安卓上下载该应用程序。几周后，字节跳动的律师解释称，其系统会屏蔽冒犯性内容并阻止显示裸体视频，并不断升级，以识别有问题的视频并开发更个性化的内容推荐。

尽管存在监管和其他挑战，但字节跳动正在为新一代建立一个应用程序帝国，并挑战传统数字内容的边界。如果字节跳动能够继续履行其成为一家拥有改变游戏规则技术的无国界公司的使命，它可能会促进其他无国界公司的创建，并将影响来自新兴市场的其他技术创新者也去冒险。归根结底，这一趋势将在全球范围内为消费者和企业创造更全面的数字产品。

三、全球化战略的影响

字节跳动的全球化战略不仅为其带来了巨大的商业成功，而且对全球数字内容产业产生了深远的影响。它打破了传统数字内容的边界，推动了新一代应用程序的崛起，为消费者和企业创造了更全面的数字产品。同时，这一趋势也可能推动新兴市场的技术创新者去冒险。

总结起来，字节跳动的全球化演进是一个充满挑战与机遇的过程。通过精准的市场分析和创新的战略布局，字节跳动成功地跨越了国界，成为全球范围内具有影响力的科技企业。随着技术的不断进步和市场环境的变化，字节跳动的全球化战略将继续深化和完善，为全球用户带来更多创新和价值。

资料来源：Michael R. Wade, Jialu Shan. The Strategy Behind TikTok's Global Rise. Haward Bussiness Review, 2022. TikTok 深度研究 字节跳动海外业务推进的历史复盘. 广发证券，2022 - 11 - 16.

［问题］

1. 概括字节跳动国际化经营采取了哪几种模式。
2. 你认为字节跳动是否具有全球性企业的特征？说明理由。

案例分析 2 - 2

通用电气

一家跨国公司有 100 多个副总裁？很少有人能想到世界上还有这样的事。事实上，世界上真有这样的跨国公司，这家跨国公司就是通用电气（GE）。

“你不要把通用电气看成一家跨国公司，它实际上是10多家跨国公司，每家公司都有5～8个副总裁，再加上几个副总裁级别的高管，因此每家公司都有10多个副总裁级别的高管。这样算来，‘通用电气在全球有100多个副总裁’的说法并不错。”通用电气（中国）有限公司的公关部负责人这样告诉记者。

之所以产生把GE看成一家跨国公司的错觉和误解，大概与GE在中国的组织架构有很大关系。GE虽然在中国有医疗、航空等几大工业集团，但这些集团在中国的媒体公共关系、政府公共关系、人力资源运作和体育赞助业务主要由通用电气（中国）有限公司负责打理，这样，出现在媒体和社会上的形象更多的是通用电气（中国）有限公司，由此，国内的非专业人士往往会把通用电气看成一家跨国公司。

能有100多个副总裁的公司的前提是，必须是一个成功的多元化的跨国公司。在全球范围内成功的跨国公司中，GE是“少数派”的经典企业。看看近年来《财富》世界500强的榜单，可以发现，每一年上榜的成功企业绝大多数是专业化经营的公司，上榜的多元化企业只是少数。企业界多年的专业化与多元化之争，其实并不存在谁是谁非的问题，也不能得出“专业化一定成功，多元化就一定失败”的论断，专业化与多元化只是企业不同的经营战略和发展模式，其差异主要在于采用专业化经营的企业成功的概率更大一些，采用多元化经营的企业成功的概率更小一些。

在GE，多元化的真正含义是多元化投资而不是多元化经营。如今更多的企业家开始接受多元化投资而不是多元化经营的管理理念和企业战略。

那么，多元化投资和多元化经营有什么区别呢？多元化投资是指一个投资控股公司向若干公司投资，通过这若干公司间接经营若干业务，当然，该投资控股公司并不直接经营具体的业务；多元化经营是指一个公司在同一家实体内部投资，经营若干业务。

多元化投资和多元化经营的最大区别在于：前者投资中某一项或某几项业务的失败只会给投资者的投资收益带来影响，并不累及投资控股公司的现金流；后者投资中某一项或某几项业务的失败直接给投资者的投资收益带来影响的同时，还将累及公司的现金流和生存问题。

GE虽然涉及行业领域众多、并购企业种类繁杂，但凭借核心理念和统一步调，成为一个“统一多样化”的公司，在变革时代保持领先位置。自GE开始大规模收购，就被专家批评或者警告有沦为杂牌公司的危险。批评者认为，GE不顾反对意见随意出售或者购入企业，这些购入的企业与原来GE的主业差距很大，没有关联。批评者中甚至有来自著名商学院的教授。畅销书《追求卓越》的作者也认为，“GE曾经是20世纪最光彩夺目的技术类公司，现在正在变成大杂烩，变成一个杂牌公司了。”事实究竟如何呢？

“我们与杂牌公司有本质的不同，”杰克·韦尔奇曾经这样分析说，“杂牌公司是一些没有核心理念、没有统一步调的企业组合。GE的各个企业却有着一套统一的价值观，这种观念的形成和落实靠一个专门的学院——克劳顿学院，这个学院向GE不同企业的高级领导人传授观念。与此同时，GE还有一个市场研究机构，向GE所有的企业提供研究结果。这样，GE从任何一个方面看，都是一个集中领导下的公司，是一个‘统一多样化’的公司。更具有说服力的是，一个多世纪以来，GE一直有能力购入或者售出一些公司，而且有能力在变革时代保持领先位置。”

实际上，自GE的核心业务逐渐脱离电气制造而开始进入飞机发动机、金融服务等非电气业务，GE就一直有意识地将一个企业或者一项业务成功所必需的整个运转系统（诸如人力资源、技术、财务等）合理地安排在新业务和新公司中，从而确保新业务的成功。这套系统在原来的GE是成熟的，也是GE的一个最大优势。

GE在全球化的进程中也的确设想过根据不同的国家、地区形成不同的价值观和企业文化，后来GE否定了这种设想和方向，它在全球推行一套统一的核心价值观和企业文化。

那么，什么样的公司才符合GE的收购标准呢？一般情况下，GE在兼并一家企业之初就会考虑两家企业究竟是不是很匹配，更具体地说，就是在文化上是不是契合或者能不能契合。企业并购表面上收购的是资产和业务，实质上是客户和人，两家企业并购能否成功取决于并购之后能否留住客户和核心员工，企业的客户资源和内部的管理资源是并购者最看重、最想得到的。

业界人士比较关注的是，GE在接纳大量来自不同企业文化群体的人员的过程中，会不会因为对利润的追求而在企业文化上有所妥协。伊梅尔特曾经对此专门阐述过自己的看法：“GE的价值观包括无边界、必须把质量放在第一位和团队精神等，在并购企业时，我们会向所收购企业清晰地说明，这些价值观是不能妥协、让步的。尽管GE提倡和鼓励多样化，鼓励成员企业和员工按照自己的创新方法进行探索，但是无论如何，多样化的前提是GE不能放松和改变自己的核心价值观。在GE完成的企业兼并中，有很多人都非常愿意加入有优秀企业文化的企业，那些适应不了GE价值观和文化的人就不能再待下去。因为这些价值观都是广为人知的，这些东西说明GE是一家什么样的公司，我们是一群什么样的人。”

这就是说，每一家被购入的企业都必须向GE的价值观和文化靠拢，通用电气（中国）有限公司公关负责人在接受记者采访时把这种文化上的整合称为“GE化”。具体来说，被购入的企业必须遵循GE共同的严格制度，比如报告财务状况等；同时，被并购公司通常能够保留原来的名称、营销策略和首席执行官。当然，被并购公司人事的稳定要建立在该企业高管层愿意合作、乐意接受GE价值观和文化的前提下。

针对文化上的整合，通用电气（中国）有限公司总经理刘波坦言，在企业并购过程中，两家公司的文化是一种需要真正磨合的东西，因为文化并不是虚无缥缈的东西，它是一家企业的生意方式、工作方式和行为方式的指南针。在一些兼并案中，也出现过这样的情况，往往开始时认为双方能够互补、能够相互融合，但兼并之后才发现两种文化不是互补而是互相排斥甚至是互相拆台。这显然是因为文化对接不上，就只好再整合，最后整合能否成功，就要看能否达到目标、期望值，对股东的回报能否实现。因此，在兼并之前，必须对文化方面充分考量，把并购成本降到最低，一旦在文化上有所轻视、忽略，结果就是在整合上花的时间更长，甚至得不偿失。

GE照明事业部门与中国一家企业进行合资项目时，出现了人员整合的问题，这花了很长的时间。有了这次经历，现在GE在中国并不乐意去建立一个合资企业，更倾向于自己独资开办一家企业，然后去挖掘能够认同GE文化的本土人才。

资料来源：张哲诚，王方剑．通用电气：多元化的成功逻辑．经济观察报，2004-05-13.

［问题］

1. 为什么GE要强调统一的核心价值观？这样做的优势何在？可能存在哪些问题？
2. 从文化的角度分析GE不乐意在中国成立合资企业的原因。

第3章

理解文化间的差异

学习目标

- 了解霍夫斯泰德和川普纳斯等学者提出的文化维度理论
- 理解东西方在集体主义和个体主义的文化维度上的差别
- 理解跨文化认知和跨文化认知率
- 理解跨文化认知障碍以及跨文化震颤和冲突来源

引　例

如何管理好你的异国员工

2010年，荷兰酿酒公司喜力（Heineken）收购了一家位于墨西哥蒙特雷市的大型啤酒公司Dos Equis，因此大量墨西哥员工被迁至阿姆斯特丹总部，Dos Equis的营销总监卡洛斯也在其中，他坦言自己到荷兰工作的第一年困难重重。

“荷兰人实在太难管理，和我在墨西哥时完全两回事。比如，我想开会定新流程，一开会，团队成员就开始质疑新流程、打乱会议进程、无视我的流程，完全忘记他们是在打工。有时候我只是目瞪口呆地望着这帮人，疑惑他们对我的尊重都去哪儿了？”卡洛斯说，“我知道荷兰人注重平等理念，所以我努力耐着性子，也不抱怨。但有时我都想下跪求他们，‘各位，给你们提个醒，我是你们的上司。’”

这种抱怨没有持续太久，很快卡洛斯就意识到他之前10年在墨西哥积累起来的管理经验对荷兰人不管用。服从权威是墨西哥的文化，但荷兰人不遵循这套。要想成功转型，卡洛斯必须采用全新方法，从长远出发不断做出调整。“我发现必须抛弃墨西哥的管理技巧，重新积攒管理经验。”他说。

当他的想法发生变化之后，他开始欣赏荷兰同事间更为平等的共事风格。他发现，当员工毫无顾忌地质疑他的观点时，会迸发出很多创意思路，并避免一些问题的发生。从这里我们可以看出，当领导者充分了解不同文化的做事风格后，更有利于将文化多元性转为巨大优势。

这个例子表明，跨越文化差异需要从零开始学习，找到适合不同地区和群体的管理风格。有时候领导者需要改变自己原有的做事方式，练习采用不同的领导方式来更好地激励和鼓舞不同文化背景的团队。通过理解和尊重不同文化的工作风格，领导者可以更好地适应和引导多元文化团队，发挥更好的效果。总而言之，跨文化管理是一个复杂而重要的领域，需要领导者具备开放的心态、敏锐的观察力和灵活的适应能力。

该引例清晰地表明，跨文化差异需要深入地学习和探索，以找到适合不同地区和群体的管理方式。中国政府不仅鼓励企业“走出去”，还积极构建全球合作伙伴网络，促进构建新型国际关系，这为跨国企业提供了更广阔的发展平台。跨国企业的领导者在面对文化差异时，改变原有的领导方式，灵活运用不同的领导风格来激励和鼓舞来自不同文化背景的团队成员。理解和尊重不同文化的工作习惯，领导者可以更好地适应和引导多元文化的团队，从而取得更好的业绩。

总而言之，跨文化管理是一个既复杂又重要的领域。在面对文化差异时，领导者需要以开放的心态对待，通过学习和适应来应对挑战。通过积极应对文化差异，跨国企业可以建立强大的多元团队，实现全球化发展的目标。

第1节　跨文化维度理论

文化维度是用来描述某种具体文化的心理维度或价值观构念。“文化维度”一词是荷兰心理学家、管理学家吉尔特·霍夫斯泰德在对文化因素进行定量研究时提出的概念。此外，川普纳斯的文化维度理论也是具有重要影响的跨文化维度理论。

一、霍夫斯泰德的文化维度理论

20世纪70年代末，霍夫斯泰德对分布在全球40个国家和地区的11.6万名IBM员工进行了文化价值观调查。霍夫斯泰德的基本假设是，在IBM工作的员工大多有相似的教育背景和智力水平，个性特征也会比较相似，因此，他们对同一问题做出不同的回答反映的不应是其他方面的差异，更多的是文化对他们的影响。例如，来自一个国家的员工对“我总是比我们重要”这句话非常赞同，来自另一个国家的员工对这句话极不赞同，那么这种不同反映的可能就是文化的差异。霍夫斯泰德通过对在各国工作的IBM员工对于样本问卷中大量问题的回答进行因子分析，发现可以从四个维度帮助人们区分（国家（民族））文化对雇员的工作价值观和工作态度的影响。他在1980年出版的《文化的效应》一书中发表了这项研究的成果。这四个跨文化维度分别是：

- 个体主义/集体主义：着眼于个体还是集体的利益；
- 权力距离：对社会或组织中权力分配不平等的接受程度；
- 不确定性规避：对事物不确定性的容忍程度；
- 男性化/女性化导向：追求物质还是强调人际和谐。

20 世纪 80 年代后期，霍夫斯泰德又重做了十年前的研究，但这次加入了更多的国家和地区，总数超过 60 个。这次的研究不仅证实了这四个维度的存在，还发现了一个新的维度，即"长期导向/短期导向"——着眼于现在还是放眼未来。他于 1991 年出版的第二部著作《文化与组织》中加入最新研究的成果。再后来，又加入了第六个维度，即放纵与克制。下面详细介绍霍夫斯泰德的文化维度理论，对每一个维度作详细说明。

(一) 个体主义/集体主义

个体主义（individualism）/集体主义（collectivism）被霍夫斯泰德定义为"人们关心群体成员和群体目标（集体主义）或者自己和个人目标（个体主义）的程度"。他在研究中发现，美国在个体主义上得分最高（92 分），居世界之首；中国在个体主义上得分较低，中国香港、中国台湾在个体主义上得分为 29 分，中国大陆在 1993 的调查中得分为 20 分。在个体主义得分较高的国家，人们关心自己和家庭胜过关心他人。人们重视个体的成绩和表现，也重视个体的权利。例如，在英国这个崇尚个体主义的国家，组织中个体的积极性非常重要，即使属于同一小组，员工也是通过个体成绩来得到认可的。在这些国家的组织中，管理往往围绕满足个体的偏好和选择，员工的个人价值和报酬基于个体的业绩。在韩国、日本、中国、墨西哥等集体主义得分较高的国家和社会中，同一家公司的员工可能会有统一的工作服，有自己的"专门语言"，如海尔的"日清日高"，这些都被认为是集体认同感的体现。更深层的表现便是人们往往重视群体的整体利益，期望人们的个体利益服从集体利益，有"大家庭"的思想。因此在这些国家中，个人的薪酬待遇差距不大，更强调对团队的绩效评估，在做决策时往往也是集体决策方式。值得注意的是，日本一直被认为是一个集体主义极其显著的国家，但实际上其个体主义的得分并不太低。受日本传统价值观念影响，日本人在交际中注意保持适当的距离，注重维护自己与他人的边界，不会轻易涉足对方的私生活。想必很多读者会好奇为何从外观上，日本人从服装打扮到言行举止，会如同模板般个个如出一辙呢？其中最主要的原因并不是集体主义，更应该归因于日本的严谨文化。日本人具有相当害怕自己被群体排除在外的民族性，换言之，因为害怕被排除在外，所以大至日本整体社会，小至公司、村落，人们即使遇到与自己思想相左的情形，多数人也会选择违心地赞成，抑或是保持沉默，内心也会趋于封闭。如此一来，站在第三者的角度看日本，就会让人认为日本社会有特别强烈的集体主义特征，但实际上，并非如此。

(二) 权力距离

在霍夫斯泰德的研究中，权力距离（power distance）被认为是一个国家或者民族的人们对权力分配不平等这一事实的接受程度。在那些权力距离接受程度高的国家，社会层级显著，权力距离大。在那些权力距离接受程度低的国家和民族，人们之间比较注重平等，权力距离小，人们更加喜欢扁平化的组织和与领导之间平等沟通，有更多的人参与决策。权力距离大小在组织结构中也会有较明显的表现。权力距离大的文化中的组织一般层级鲜明，“金字塔”比较陡峭，如日本、韩国的企业。在这种文化的企业里，召开会议时，与会人员的座位安排是非常重要的，要求一眼就看出来谁是地位更高的，突出领导者的权威。权力距离小的文化中的组织结构一般比较扁平，如美国、北欧的公司。例如，北欧国家的公司开会，会发现董事会成员随意乱坐，发言时也是七嘴八舌，很难看出谁是权威人物。英国的下议院议事时很能体现这点。议员们质询首相时，想发言的就站起来，由议长从中挑一个，点到的，就站在原地发言。提出问题之后，首相就站起来回答。对于不熟悉他们身份的人来说，很难直接看出谁是权威人物。值得注意的是，虽然美国的权力距离小于中国，但在座位排次、发言中还是能推测出人员的地位高低。

（三）不确定性规避

不确定性规避（uncertainty avoidance）指人们忍受模糊（低不确定性规避）或者感到模糊和不确定性的威胁（高不确定性规避）的程度。在高不确定性规避的文化中，人们更倾向于避免风险和保持稳定，更注重规则、秩序和预测性。这可能导致人们对未来的忧虑，采取保守的行为策略，如在财务方面进行储蓄和投资保守，以降低可能的不确定性带来的风险。相反，在低不确定性规避的文化中，人们更愿意冒险和承担风险，更加开放和适应变化。人们可能更容易接受组织的变革和创新，更注重个人的自由和追求个人目标。比如，中国人普遍接受“未雨绸缪”的理念，人们倾向于提前做好准备以应对未来可能出现的困难和挑战。表现为在财务方面采取保守的态度，如注重存款和社会保险等。人们追求稳定和安全，追求能够提供稳定收入和福利的工作，以增强自己的安全感并降低未来的不确定性。相比之下，在美国的文化中，人们更注重个人自由和追求个人梦想。美国的价值观强调个人的成就和自我实现，鼓励人们在职业生涯中寻求更好的机会和发展。这导致了较高的工作流动性和较低的储蓄率。人们倾向于将资金用于消费和个人投资，追求个人满足和享受。需要指出的是，这些倾向并不是绝对的，而是一种普遍的倾向。

根据不确定性规避的情况，不同文化背景下的组织有不同的表现。比如，在像希腊这样不确定性规避程度高的国家里，许多组织成员不赞同冒险，喜欢在一个组织中工作很长时间。相反，在不确定性规避程度低的国家（如美国）中，人们更喜欢自由，流动性更大，组织变革往往被人们理解并接受，几乎每个人都会有一种强烈的竞争压力，人们乐于各种创新。

（四）男性化/女性化导向

男性化导向（masculinity）/女性化导向（femininity）的维度也称为事业成功导向/生活质量导向。它指的是人们强调自信、竞争、物质主义（男性化导向/事业成功导向）还是强调人际关系和他人利益（女性化导向/生活质量导向）。在男性化的社会中，通常强调自信、竞争、成就和追求金钱。这种文化倾向与社会中男性地位的提升相关联。例如，在男性化的社会中，强调收入、认可、升迁和挑战，这反映了男性在社会中的重要地位。相比之下，在女性化的社会中，人们更注重人际关系、关心他人、生活质量和服务，这种文化倾向强调合作、友善的氛围、工作的稳定性和团体决策。比如，在芬兰这一重视生活质量的国度，人们往往重视合作、友好的氛围、工作的稳定性以及决策的群体性。与此相反，日本是一个男性化的社会，强调工作中心主义、社会地位和身份的重要性。在这种文化中，大公司具有吸引力，强调性别差异、金钱和事业取向，而生活往往为了工作而存在。在中国，一些企业开始强调女性化导向的文化。胖东来作为一个中国本土企业，在其文化理念中强调自由和爱，这表明了其女性化导向的特点。它注重员工的福利和关心员工的需求，这在一定程度上符合女性化文化中关注他人和生活质量的价值观。①②

（五）长期/短期导向

霍夫斯泰德等提出的长期/短期导向维度指的是一种文化对传统的重视程度。长期导向（long-term orientation）的文化强调未来的观念，重视节俭、毅力和长远规划。在这种文化中，人们更倾向于考虑当前行为对未来的影响。中国是一个典型的长期导向文化，中国人通常习惯于长期思考和行动，这已经深入人心。在商务合作中，中国人普遍更注重双方的相互了解，愿意花费大量时间去了解对方的情况。近年来，中国企业越来越重视对员工的长期投资。例如，中国在尼日利亚的水业集团，在“一带一路”建设中，注重从长远的角度对员工进行投资，更加关注逐步的进步和长期目标，而不仅仅关注每年的利润。公司建立了完善的员工安置制度，提供当地出差补助和商业保险，为员工家人提供资助探望等。这些措施满足了员工的需求，提高了员工的稳定性，使他们更长期地为企业工作。③ 相比之下，短期导向（short-term orientation）的文化更注重短期成果，如季度或年度的利润。在这种文化中，管理者更倾向于短期内的绩效评估。这种导向下的企业更注重短期利益的实现。

霍夫斯泰德的研究发现，长期导向与国家经济发展速度之间存在高达 0.5 的相关系数。换句话说，在他研究的 20 多个国家中，长期导向这一因素可以解释将近 50%的国家经济发展差异。这表明长期导向的文化倾向与国家的经济发展密切相关。

（六）放纵/克制

放纵（indulgence）是指一个国家或社会的人们倾向于满足自己的欲望和需求，具有相对的自由去享受生活和乐趣。克制（restraint）是指一个国家或社会的人们倾向于压制自己的欲望和需求，也受到较为严格的社会规范限制。从表 3－1 可以看出，拉美地区（如委内瑞拉、墨西哥、哥伦比亚）的放纵得分最高，尤其是委内瑞拉。其次是英语地区（如新西兰、澳大利亚、美国、英国等）。东亚和东南亚地区在放纵上的得分普遍偏低，马来西亚除外，得分低的是中国、俄罗斯等。

---

① 《觉醒胖东来》：一本书看懂胖东来商业觉醒之路．（2023－08－17）．新华网．

② 重大突发事件频发，不发“国难财”的胖东来，如何履行社会责任．（2022－08－28）．欣橙子同学．

③ 一带一路人才案例｜赴非投资中企如何招聘中国精英？走出去智库，2018－09－10.

霍夫斯泰德的文化维度理论提出之后，在管理学界和企业界引起了较大的反响，掀起了跨文化研究和跨文化管理实践的热潮。霍夫斯泰德用实证研究方法将许多国家（地区）在其设定的每个维度上统计出相应的得分，用量化的方式显示了国家（地区）文化的定量差异。表 3-1 列出了各个国家（地区）在霍夫斯泰德的文化模型中的得分。

表 3-1　霍夫斯泰德的国家（地区）文化模型

国家（地区）	个体主义	权力距离	不确定性规避	男性化	长期导向	放纵
英语地区						
澳大利亚	90	38	51	61	21	71
新西兰	79	22	49	58	33	75
加拿大	80	39	48	52	36	68
英国	89	35	35	66	51	69
美国	91	40	46	62	26	68
阿拉伯语地区						
阿拉伯国家	38	80	68	53	23	34
东亚和东南亚地区						
中国	20	80	30	66	87	24
新加坡	20	74	8	48	72	46
韩国	18	60	85	39	100	29
日本	46	54	92	95	88	42
越南	20	70	30	40	57	35
泰国	20	64	64	34	32	45
马来西亚	26	104	36	50	41	57
菲律宾	32	94	44	64	27	42
日耳曼语地区						
奥地利	55	11	70	79	60	63
德国	67	35	65	66	83	40
瑞士德语区	69	26	56	72	—	—
瑞士	68	34	58	70	74	66
拉丁美洲						
阿根廷	46	49	86	56	20	62
哥伦比亚	13	67	80	64	13	83
墨西哥	30	81	82	69	24	97
委内瑞拉	12	81	76	73	16	100
巴西	38	69	76	49	44	59
西欧						
比利时	75	65	94	54	82	57

续表

国家（地区）	个体主义	权力距离	不确定性规避	男性化	长期导向	放纵
法国	71	68	86	43	63	48
瑞士法语区	64	70	70	58	—	—
意大利	76	50	75	70	61	30
荷兰	80	38	53	14	67	68
葡萄牙	27	63	104	31	28	33
西班牙	51	57	86	42	48	44
北欧						
丹麦	74	18	23	16	35	70
芬兰	63	33	59	26	38	57
挪威	69	31	50	8	35	55
瑞典	71	31	29	5	53	78
近东地区						
希腊	35	60	112	57	45	50
保加利亚	30	70	85	40	69	16
土耳其	37	66	85	45	46	49
以色列	54	13	81	47	38	
撒哈拉以南非洲						
尼日利亚	—	—	—	—	13	84
南非	—	—	—	—	34	63
赞比亚	—	—	—	—	30	42
其他						
印度	48	77	40	56	51	26
俄罗斯	39	93	95	36	81	20

资料来源：唐宁玉，王玉梅．跨文化管理：理论和实践．北京：科学出版社，2016：187－188.

二、川普纳斯的文化维度理论

如前所述，霍夫斯泰德的文化维度一直以来都是跨文化研究分析的标准分类模式。另一位荷兰研究者川普纳斯通过对47个国家的文化、大约15 000名员工的调查研究，提出一套从七个方面检验文化差异的文化维度理论。在川普纳斯描述国家文化的七个方面中，有五个方面是关于人与人之间关系的，这五个方面分别是普遍化/特殊化、个体主义/集体主义、中性化/情感化、特定/扩散性关系以及成就/归因取向。该文化维度理论的第六个维度是时间关系（过去、当前和未来，以及顺序性和同步性），第七个方面是与外界的关系（外向型和内向型）。①

① Trompenaars F ，Hampden-Turner C. Riding the Waves of Culture. New York：McGraw-Hill，1998.

（一）普遍化/特殊化

在一个普遍化（universal）的社会中，人们倾向于将真、善、美等价值观念作为普遍适用的准则，不受具体环境和关系的影响。在这种社会中，规则和法律被视为普遍适用的标准，人们普遍认同以规则为基础的契约和合同。例如，在得分较高的普遍化国家（如美国），劳动合同被认为是员工与企业之间经济关系的明确规定。当发生矛盾时，双方会依据劳动合同进行处理，合同被视为信任和约束的基础。然而，在特殊化的社会中，人们更注重具体的环境和相互关系对决定是非对错的重要性。在这种社会中，道德和行为准则会因为具体情境和关系而有所不同。例如，在特殊化维度得分较高的国家里，合法的劳动合同所起的作用有限，员工与企业关系受具体情况影响较大。例如，一些企业模糊了员工的生活和工作边界，要求员工通过社交媒体等工具处理工作事务，从而避免超过劳动法规定的工作时长，规避违反劳动法的风险，这被称为“隐性加班”。①②③ 在特殊化的社会中，人们更倾向于根据具体情况和关系来判断合适的行为。

（二）个体主义/集体主义

这一维度与霍夫斯泰德研究中提到的维度非常相似。在个体主义得分较高的社会里，社会制定规章制度、法律来保障个人的权利，鼓励个人发展和取得成就，员工通过在工作中的个人贡献和个人成就来得到他人的认同。集体主义至上的社会则强调集体的利益，个人属于集体并应该为集体作出贡献是这一文化的基本取向。

（三）中性化/情感化

中性化/情感化维度是指人们对关系情感的表达是中性化还是情感化的。在一个情感化（affective）维度得分较高的文化中，人们能自然地表达情感，通常认为不把真实情感表达出来就意味着不诚实。美国就是情感化得分比较高的国家，美剧《生活大爆炸》里有这样的表达：“有时候，我感觉我可以控制我身体自带的大猩猩的兽性，但我一看到那些香蕉，就想先吃了香蕉再发狂。”这种表达无疑是情绪化的、夸张的，符合情绪文化的特征。相反，在那些中性化（neutral）的文化里，人们则试图控制情感。比如，代表中性取向文化的新加坡人认为情感的自然表露是非职业的或不妥当的，他们更注重人与人之间保持舒适的空间距离，也不喜欢太多身体接触，情绪表达更加含蓄。

（四）特定/扩散性关系

特定/扩散性关系维度主要涉及人们如何对待隐私问题。在一个特定关系（specific relationships）取向的国家里，人们的公共空间相对较大，私人空间较小，且二者有相对明确的分隔。在这种文化中，人们注重个人隐私，私人空间受到较多的保护。例如，在美国这样的特定关系取向的社会中，人们倾向于将私人生活和公共生活分隔开来。经理

---

① 周五“邮件门”：马斯克计划裁员 50% 推特据称已被员工告上法庭．(2022－11－04)．财联社．

② 马斯克又挨告 推特前员工控未付 155 亿遣散费．太报，2023－07－16．

③ 24 小时待命，半夜还有微信工作会议！男子要求前公司支付 8 万加班费，法院判了．(2023－10－09)．光明网．

们很少将工作和私人生活联系在一起。

相反，在扩散性关系取向的文化中，公共空间相对较小，私人空间较大，且私人空间受到更仔细的保护。在这种文化中，人们更注重人际关系和私人生活，通常需要在建立良好的关系之后才进行商务洽谈。在西班牙等扩散性关系的文化中，进入经理们的圈子可能会比较困难，但一旦成功进入，就很容易接触到他们的隐私或个人生活，更容易进行相关业务的洽谈。

沃尔玛是一个很好的例子，它意识到不同文化对待隐私空间的差异，沃尔玛在美国推行民主化的工作环境，但在德国并没有完全效仿美国的模式，而是进行了一些调整以适应当地文化。例如，德国的沃尔玛商店没有实施美国的“10英尺规则”（10英尺等于大约3米），该规则要求员工必须在与顾客距离不超过10英尺时与其交谈。相反，德国的沃尔玛鼓励员工友善待客。①

（五）成就/归因取向

高成就取向（achievement orientation）的社会强调通过知识、技能和天赋获得地位和影响力。在这种文化中，人们认为那些在高位的人之所以能够达到这个位置，是因为他们具备了相关的能力和才华。与此相反，在归因取向（ascriptive orientation）的文化中，人们往往认为地位是天生赋予的，而人们获得高职位更多地依赖于家庭背景和个人资历。

在成就取向得分较高的国家（如美国），人们通过在职位上的表现和能力来获得尊重，而年龄、性别和家庭情况对雇用、薪酬和晋升没有太大的影响。相比之下，在归因取向得分较高的国家（如印度尼西亚），人们的职务和待遇通常是由其来历决定的，家庭背景、年龄和性别非常重要。在这样的国家里，高级人员因为他们的年龄、家庭背景、性别和任职时间而受到尊重。

近几十年来，中国一直努力消除归因取向导致的雇用和待遇上的差异对待，特别是性别导致的职业不平等。以中国为例，2014年中国女性的劳动参与率达到74%，全球排名第一。2016年，中国普通本专科和研究生女生比例均超过50%。2018年，女性就业人数占全国就业总人数的44%，女性企业家约占企业家总数的30%，互联网领域女性创业者占比高达55%。这些成就离不开制度保障和全社会的努力。中国政府和社会各界一直致力于促进性别平等和打破性别壁垒，确保每个人在职业发展中享有平等的机会和待遇。这些努力的结果体现了中国社会对于消除归因取向所带来的不平等对待的承诺，证明了中国在促进性别平等方面取得的进展。②

（六）时间关系

在时间关系（relationship to time）维度中，川普纳斯阐述了文化与时间关系中的两个方面。第一个方面是社会对过去、当前或未来以及相互间关系的关注。在一个过去取向的社会里，传统和历史非常重要，重大的历史事件和历史名人表现往往引起人们极大

---

① 零售业的一个奇迹：沃尔玛公司.（2023-04-10）.百度文库.

② 萨尔瓦多《今日报》整版报道中国妇女事业成就.中华人民共和国驻萨尔瓦多大使馆，2019-06-20.

的尊重。在一个当前取向的社会中则关注现在进展如何，这些社会中的人们认为现在比过去或将来都重要。未来取向的社会往往利用过去和现在为未来获取优势，在这方面得分较高的国家中，人们往往非常关心计划、预期和未来的成就。

有关时间关系的第二个方面是时间的顺序性和同步性。在注重顺序性的社会中，人们总是在一段时间做一件事情，准时预约、赴约，守时，这些国家的组织一般会制订详细的计划，每半年或一年根据员工到期是否完成一定的目标来对员工进行绩效考评并给予相应的奖励。在那些注重同步性的社会中，人们会同时做几件事情，人情显得比时间表更重要。在这一维度得分较高的社会中，组织往往基于个体在组织的历史、当前的业绩以及将来的潜力来进行绩效评估并给予报酬。

（七）内向型/外向型

川普纳斯的文化维度中最后一个维度是内向型/外向型导向（internal/external-oriented），这个维度关注的是个体或社会与外界的关系。内向型导向的文化中，人们通常认为环境是可以被掌控和塑造的，他们相信个人或群体可以通过改变自然环境来实现自己的创意和目标。这种文化强调人的主观能动性，认为人们可以通过努力和智慧去改变周围的世界。相比之下，外向型导向的社会中，人们更倾向于寻求与外部环境的和谐。他们通常认为，人与外部环境是相互关联、相互影响的，人们应该尽力去适应和融入外部环境而不是试图去改变它。这种文化强调的是与外部环境的协调与平衡，以及在适应和融入外部环境的过程中实现个人的价值和目标。

在实践中，内向型导向的文化通常鼓励人们通过创新和创造来实现自己的目标，这种文化更加强调个人的能力和智慧。外向型导向的文化则更注重在群体中寻求共识和合作，强调人与人之间的相互依赖和协作。这两种文化维度并没有优劣之分，它们只是代表了不同的人与外界的关系模式，反映了不同的社会文化和价值观念。

霍夫斯泰德和川普纳斯的文化维度理论中都包含了个体主义/集体主义维度。后来美国学者蔡安迪斯对个体主义/集体主义做了进一步的研究和发展，逐渐成为跨文化研究领域中关于东西方差异的一个重要理论。

蔡安迪斯经过30年对文化差异的研究，提出个体主义与集体主义理论。与霍夫斯泰德不同，他认为个体主义和集体主义不是同一维度的两极而是两个不同的维度。在进一步的研究中，他发现仅仅将个体主义和集体主义区分为两个独立的维度还不能解释一些现象，例如，同为个体主义文化，美国与澳大利亚并不相同——美国人强调竞争而澳大利亚人更加悠闲自在。蔡安迪斯在后来的论著中又提出了“水平-垂直个体主义”和“水平-垂直集体主义”的概念。水平个体主义指的是该文化中的个体追求个人利益的最大化，但他们并不在乎自己是否比别人得到的更多，并不追求自己高于别人；垂直个体主义不仅追求个人利益最大化，而且要求自己好过他人。水平集体主义指该文化中的个体追求内群体利益最大化，但并不太关心自己的群体是否高过其他群体；垂直集体主义者既关心内群体利益最大化，又追求自己的群体好过他人的群体。①

① 陈晓萍．跨文化管理．北京：清华大学出版社，2005：43.

三、霍尔的高情境文化和低情境文化理论

霍尔（E. T. Hall）认为，在不同的文化背景下个体对待沟通的“内容因素”和“情境因素”方面存在明显的差异。在这里，“情境”是围绕一个事件的信息，“内容”则是沟通所要表达的具体内容。在沟通过程中，“内容”与“情境”是不能分开的，它们之间的组合方式反映了文化的特征。霍尔根据对“情境”与“内容”的不同组合将文化分为高情境文化（high-context culture）和低情境文化（low-context culture）两类。图 3－1 列举了一些高情境文化与低情境文化的国家（地区）。

高情境文化国家（地区）　　日本

中国

阿拉伯国家

拉美国家

希腊

西班牙

意大利

英国

法国

美国

北欧国家

德国

瑞士　　低情境文化国家（地区）

图 3－1　高/低情境文化的国家（地区）

资料来源：Hall E T. Beyond Culture. New York：Doubleday，1976.

高/低情境文化的特征比较如表 3－2 所示。

表 3－2　高/低情境文化特征比较

项目	高情境文化	低情境文化
沟通中的信息	沟通过程中经过编码后发出的信息只有很少一部分是清晰的	沟通过程中经过编码后发出的信息大部分是清晰的
对沟通信息的理解	重视“情境”信息	重视“内容”信息
上下级关系	上级对下级行为负责	下级自身承担相应的责任
协议主要形式	口头	书面
人际信任	信任是人们履行协议的基础，有“圈内人”和“圈外人”之分	法律是人们履行协议的基础，“圈内人”和“圈外人”的界限并不十分清楚
时间观念	人们不太重视时间，但拘泥于形式	人们重视时间，但不拘泥于形式

第2节　跨文化认知

跨文化管理的一个重要问题是来自不同文化背景的企业人员对自身文化和其他文化的理解与态度。在跨国公司管理中，来自不同文化背景的各方人员由于各自价值观念、思维方式和习惯作风等的差异，在企业经营的一些基本问题上，如经营目标、市场选择、原材料的选用、管理方式、处事作风、作业安排、变革要求等，往往会有不同的理解，产生不同的态度，给国际企业的经营埋下了危机。以文化为导向的管理侧重于人的认知，是建立在个体跨文化认知基础之上的管理，了解跨文化认知的各种特征有助于企业跨文化管理。

一、跨文化认知

认知是个体认识事物的方法和途径，是个体对外界信息刺激进行收集、组合、评价、接收的过程。认知模式是个体对事物的认识过程以及通过加工活动而形成的结构，这一结构反过来又对外部世界进行进一步加工，并制约着个体的行为模式。跨文化认知是个体对其他文化信息的收集整合、评价和接收的过程。个体已有的认知结构决定了个体对外界信息的选择和加工方式，也决定了个体对其他文化的态度偏好，从而成为跨文化冲突产生的个体基础。跨国公司是跨文化认知发生的环境，在这一环境中，随着个体对环境的熟悉和适应及认知水平不断提高，个体认知过程经历从一般感知、文化震颤、文化认识到文化认同/否认的过程。这里涉及的与跨文化认知有关的概念包括：跨文化识别、跨文化震颤、跨文化冲突和跨文化融合。

（一）跨文化识别

在多元文化背景下，管理首先是对文化的识别。跨文化识别（cross-cultural recognition）是把自身文化作为参照系去衡量其他文化的特征。全球化管理的文化差异认知总是基于自身文化，这种差异认知首先可能导致语言和行为等的沟通障碍，进而深入到经营理念、管理哲学和价值观念等深层次的问题。文化对个人来说是一种背景，在同一种背景下生活的人往往忽视它的存在。只有在其他文化的反衬下，自身文化的特点才容易被识别出来并加以研究。例如，A和B是两种不同的文化，在各种文化参量（维度）的衡量下，A文化和B文化具有不同的特征，并且显示出差异程度，这种差异程度是在互相比较下发现的，是一种反衬。通过反衬，人们可以识别不同文化的特点和差异。

中国在“一带一路”沿线国家投资运营的企业对企业社会责任的认知偏传统，将公益活动的重心放在助贫扶贫、环境保护和教育等传统领域，但对当地更关注的参与关爱弱势群体类型的公益慈善活动（如关爱老人、残疾人、罕见病患者等）和文化艺术类、社会创新类与社区发展类公益慈善活动参与较少，这对中资企业在当地的发展无疑是不利的。文化差异是导致企业在不同国家和地区的社会责任认知和行动存在差异的一个重要因素。不同文化对于公益慈善活动的侧重点和关注领域可能存在差异。在跨文化环境中，了解并尊重当地文化的价值观和需求，与当地社会和文化融合，是企业在履行社会责任方面取得成功的关键。孤立地考察文化维度没有意义，要将不同文化作对比才行。通过对比发现双方差异后，要增强融入当地社会和文化的自觉性，更加重视企业社会责任。[①]

（二）跨文化震颤

在跨文化环境中，企业员工经常会发生心理上的跨文化震颤（cross-cultural shock）。跨文化震颤是由于失去了自己熟悉的社会交往信号或符号以及对于对方的社会符号不熟悉而在心理上产生的深度焦虑。[②] 跨国经营中员工对所感受到的跨文化震颤在不同阶段有不同的反应。例如，当母国公司外派人员进入新环境时，如果新环境的文化多元性和差异性较大，个体对文化的可接受性较低，那么他所经历的跨文化震颤就较大；相反，如果文化差异小，自身对文化的可容纳度较高，那么跨文化震颤就较小。随着时间的推移，当外派人员习惯了新的文化，对新环境逐渐适应，他所经历的跨文化震颤会逐渐变小乃至消失，达到文化认同阶段。跨文化震颤主要由以下四个因素导致：

（1）失控感：自己无法驾驭环境和自己的行为，也无法预测他人的行为和反应。

（2）期望悬殊：自己原来对某一文化的认识和期待与经历的真实文化之间的距离很大，难以消化。

（3）社会角色模糊：丧失了自己在本国环境中原有社会角色的某些特点，造成社会角色模糊，情绪不稳定。例如，本来有很多亲朋好友在身边，但是在异国，与以前的社会关系有关的社会角色均不再存在。

（4）价值观的矛盾和冲突：长期形成的母国文化价值观与异国文化中的一些价值观不和谐、相抵触，造成认知上的无所适从。

跨文化震颤现象在跨国企业中的普遍性需要引起重视。以中资承包商在老挝签订的某大型水电站项目为例，项目初期中方外派人员与老挝当地人之间沟通较少，工作和生活环境相对封闭，这种情况会导致外派人员最初的好奇和兴奋逐渐转变为失落、烦恼和焦虑，对自身的价值观念和未来发展前景产生怀疑。在工作方面，由于缺乏对当地思维习惯和工作方式的了解，外派人员经常会遇到事倍功半甚至适得其反的情况。在生活方面，外派人员每天都要面对当地风俗人情和生活方式的差异，还要应对语言沟通的障碍。此外，由于项目组聘用了大量当地人员，不同文化背景的员工之间的跨文化冲突也经常发生。[③]

（三）跨文化冲突

在经济全球化浪潮中，一方面人们趋向全球化的共性越来越多；另一方面人们保留

---

① “一带一路”沿线中国民营企业现状调查研究报告．（2019－08－07）．北京零点有数．

② Oberg K. Cultural Shock：Adjustment to New Cultural Environments. Practical Anthropology，1960，7（3）：177－182.

③ 胡浩．研究｜从文化冲突视角，以项目案例看懂国际工程如何做好跨文化管理．（2018－06－01）．项目管理．

各自原有文明的个性也越来越明显。在这种情况下，跨文化冲突的发生屡见不鲜。跨文化冲突（cross-cultural conflict）是文化多元性、文化差异性和个体对文化的可接受性的产物。当人们到另一种文化环境里工作或居住时，会体验到不同程度的心理反应、冲击和震动，并作出判断，考虑是否接受新文化。如果既不理解也不接受，会引起跨文化冲突。因此，跨文化震颤对跨文化冲突有重大作用。一般来说，文化多元性和文化差异性越显著，个体对不同文化可接受性越低，跨文化冲突的可能性越大；反之，则跨文化冲突的可能性越小。

（四）跨文化融合

跨文化融合（cross-cultural acculturation）的概念与跨文化适应密切相连。跨文化融合是指与其他文化群体成员持续接触所体验到的心理和行为上的变化。跨文化适应（cross-cultural adaptation）可以分为心理适应（psychological adaptation）和社会文化适应（sociocultural adaptation）两个维度。其中，心理适应是以个体的情感反应为基础，指向在跨文化接触中个体的心理健康和生活满意度。在跨文化接触的过程中，个体如果没有或较少产生抑郁、焦虑、孤独、失望、想家等负面情绪，就视为达到心理适应。社会文化适应是指适应当地社会文化环境并与当地人进行有效交流。① 跨文化适应主要涉及跨文化环境下个体的行为与心理的变化；跨文化融合主要涉及个体的认知、态度、价值观念的变化。

跨文化融合是实现有效的全球化经营管理的基础。跨文化融合的基本前提有三个：一是规则的确认。规则的确认是指多元文化相互作用过程中各方对应遵守规则的确认，确定哪些应该改进，哪些应该保留，哪些应该提倡，哪些应该废除。规则的确认是跨文化融合的基础。二是理解。在规则确认之后需要相互理解。在跨文化融合过程中不应强调所谓对与错、先进与落后，应把重点放在是否符合企业文化和企业规则，是否有利于企业发展上。如果强调强势文化和弱势文化之分，在弱势文化背景下的员工可能会产生挫折感，并由此产生一些非理性行为，从而破坏融合。三是顺应。即对不符合企业发展、不符合跨文化融合的思维方式进行变革。顺应虽然指的是改变各方跨文化认知的模式，但强调的是不论本土文化还是外来文化，不论强势文化还是弱势文化，都不能强加于人，应通过沟通、学习、理解和改革达到文化融合。

综上，跨文化识别、跨文化震颤、跨文化冲突和跨文化融合反映了跨文化认知过程中的不同阶段。对于跨文化认知的效果，有学者提出根据跨文化认知率来衡量。跨文化认知率指个体对其他文化了解掌握的程度，通过计算企业跨文化管理中存在的相关文化知识的数量和员工对相关文化知识所掌握的数量之间的比例得到②：

$$\text{跨文化认知率}=\frac{\text{个体对跨文化知识认知数}}{\text{跨文化相关知识数量}}\times 100\%$$

了解和掌握员工对其他文化的掌握程度是开展跨文化管理的基础，也是衡量跨文化

---

① Ward C, Kennedy A. Locus of Control, Mood Disturbance and Social Difficulty During Cross-Cultural Transitions. International Journal of Intercultural Relations, 1992, 16 (3): 175-194.

② 余建年．跨文化人力资源管理．武汉：武汉大学出版社，2007：37.

管理水平的指标。跨文化认知率有助于了解企业员工在跨文化环境中认知的水平。例如，外派管理人员所掌握的东道国企业的组织结构层次、职务薪酬情况等，这可以反映外派管理人员的跨文化认知水平。跨文化认知率越高，说明外派管理人员对跨文化信息的掌握水平越高，越有利于外派人员在实际管理工作中改善态度和行为，从而提高工作业绩。

二、跨文化认知障碍

在跨文化环境中，人们相互之间常常发生误解，这种误解主要是跨文化认知障碍造成的。跨文化认知障碍是指对不同文化认知的偏差。产生跨文化认知障碍主要有以下两个方面的原因。

（一）归类引起的认知偏差

归类是我们简单地认识周围环境的一种方式。由于生存环境的复杂和多样，我们需要对周围的环境进行各种各样的归类。我们可能将所有人按不同种族或国家归类。如果我们知道一个人的团体归属，就很容易推测这个人可能具有这一团体的共同特性。与按文化背景的归类有关的一个概念是社会分类（social categorization），借助社会分类，人们把自己和他人分成不同群体，包括根据年龄、性别、家庭、种族、国籍、职业、朋友圈等分类。最简单的分类形式如判断别人是否与自己相像。这种分类是从“我与非我”到“我们与他们”的导向发展而来的。人们把世界分成内群体（in-groups）和外群体（out-groups），对前者而言，个体把自己看作其中的成员，对外群体则相反。在做这种分类时，我们可能倾向于夸大群体内的相同性。这种认识可能导致群体内偏见（in-group bias）——一种认为自己的群体比其他群体好的评价。举例来说，日本人就习惯于做这种归类，愿意和同一群体中的其他人保持同一特性。日本人相当害怕自己被群体排除在外，所以常在服装打扮与言行举止上保持一致。日本跨国企业采用母国中心主义，区别对待本国与他国员工。

体育迷群体同样展现了强烈的群体内偏见，他们对球队的忠诚不仅体现在情感上的依附，更在行为上表现为对自己球队及其支持者的高度认同和偏爱。研究表明，在篮球比赛等竞技场合，观众在评价比赛时往往倾向于给予自己支持的球队及其球迷更高的评价，尤其在球队失利或主场作战时，这种偏见更为显著。这是因为主场环境进一步强化了群体内成员的归属感，促使他们更加一致地对外展示其群体特性。

综上所述，归类引发的认知偏差，特别是群体内偏见，是一个值得深入研究和关注的社会心理现象。它揭示了人类认知过程中的局限性与复杂性，也为我们理解群体行为、促进跨文化交流提供了重要的视角。通过增强对这一现象的认识与理解，我们可以更好地促进个体间的相互尊重与理解，减少偏见与冲突，共同构建一个更加和谐与包容的社会。①

---

① Wann D L，Grieve F G. Biased Evaluations of In-group and Out-group Spectator Behavior at Sporting Events：The Importance of Team Identification and Threats to Social Identity. The Journal of Social Psychology，2005，145（5）：531－546.

（二）不恰当的模式化（定式）

模式化是个体接收信息后形成的思维模式，即一种思维定式。这种思维定式一旦形成，就会自动地对外部信息分类、归纳、判断。具有不恰当的模式化的个体容易对其他文化产生偏见。刻板印象（stereotypes）是这种模式化思维的一个代表，是一种泛化的、对外部群体成员的概括。我们经常泛化对外部群体成员的印象，比如英国人的绅士风度、法国人的浪漫、美国人的外向以及德国人的严谨。这种刻板印象的存在很大程度上是因为我们不太愿意为获得某种信息而花费过多的时间和精力。刻板印象的影响比我们想象的要更为强大。

研究表明，人们很难减少偏见和消除刻板印象，因为人天生具有一种贬低与其观点相矛盾的信息的倾向性。刻板印象不仅会造成信息偏差，而且可能伤害那些被印象化的人，这就是刻板印象威胁（stereotype threat effect）。受到刻板印象威胁的人，有时会产生某种焦虑，甚至影响自己的行为。有一项心理学研究发现，成绩优秀的女生，如果相信男生和女生在数学天分上有差异，那么她们在做数学测验时会产生一种焦虑，这种焦虑增加了她们的心理负担，往往影响她们的考试成绩。①

与跨文化认知有关的刻板印象包括国籍刻板印象和种族刻板印象。国籍刻板印象包括异质刻板印象和自我刻板印象。皮博迪让英国、法国、意大利、德国、俄罗斯和美国的学生对这六个国家的人的特质分别予以评价，他发现了很大程度上的一致性，特别是异质刻板印象，即对其他国家的、非本国人的评价。例如，被试都同意美国人自信、英国人自律、德国人工作勤奋。了解特定国家的异质刻板印象是有价值的。② 对于大多数人来说，其他国家的刻板印象能够提供一个与自己国家的刻板印象的对比。当一个人从自己的国家出发作评价时，会把自己的国家和国民界定得更为积极，这种自我刻板印象是同质刻板印象。种族刻板印象与国籍刻板印象有所不同，它在很大程度上属于异质刻板印象。

第3节　文化差异对全球化管理的影响

一、文化差异对跨国企业经营战略的影响

跨国公司是在不同的文化地域进行经营的国际企业，作为“一种多文化的机构”，公司内部必然会面临不同的文化体系和文化领域的摩擦与碰撞。因此，企业在跨文化区域的经营要比在国内经营复杂得多。在这个区域中，不同的文化体系以及相关联的经济、政治和社会等因素，是形成文化差异的根本原因。由于文化的演变是一个漫长而缓慢的过程，这种文化差异对企业来讲，在一段时间内是不会消失的，并可保持稳定。它的作

---

① Steel，C. M. A Threat in the Air：How Stereotypes Shape Intellectual Identity and Performance. American Psychologist，1997（6）：613－629.

② 史密斯，彭迈克，库查巴莎．跨文化社会心理学．北京：人民邮电出版社，2009：280.

用类似于空气和水，以一种微妙的方式影响着跨国企业的商务行为，并且只有在经营受到威胁时才会使人想起它的存在。因此，文化差异为跨国公司的全球化经营带来了挑战，如何应对文化差异已经成为跨国公司全球化经营成败的关键因素之一。下面我们来看一些这样的例子。

日产汽车公司结合美国人的偏好来设计SUV汽车；可口可乐为了在日本销售，完全改变自己原来在美国的营销手段。星巴克跨国经营阶段的“总部心态”被“以客户为中心”的经营理念取代，甚至改变了称谓，它在西雅图的公司总部并不称作总部而称作“客户服务中心”，星巴克还成立了另外两个客户服务中心（一个在荷兰阿姆斯特丹，一个在中国香港），以便把西雅图的地位降到与其他客服中心同样的地位。既然是为客户服务，就得充分了解客户的需求，要了解客户就必须了解客户生活所处的文化环境，因此，尊重当地文化、融合当地文化已变成全球公司经营战略的一个重要组成部分，文化对企业经营管理的影响渗透到各个层面。①

日产、可口可乐和星巴克都充分理解了文化差异的重要性，并将这一理解应用于企业经营的各个方面，以此为基础设计产品、推销产品、管理员工和进行客户服务。文化差异对跨国企业经营战略的影响集中体现在如何处理全球化和本土化这一对矛盾上。表3-3总结了一些学者提出的跨国公司经营战略，从中可以发现虽然分类标准不同，但是这些理论均围绕着全球化和本土化展开。

表3-3 关于跨国经营战略的分类标准及战略类型

理论提出者	分类标准或前提	战略类型
Prahalad，Doz（1987）	一体化的需要和反映的需要	企业应根据情况选择一种战略，当情况改变时变成另一种战略
Perlmutter（1988）	以母国为中心还是以东道国为中心	民族中心观，多中心观，区域中心观，全球中心观
Bartlett（1987）	成本压力和地区差别的压力	国际战略，多国战略，全球战略，跨国战略
Levitt（1983）	各国需求趋于标准化	全球标准化
Cullen（1990）	顾及全球需要还是当地需要	多地战略，跨国战略，国际战略，地区战略
Bartlett，Ghoshal（1995）	—	中心-全球管理，地区-地区管理，全球纽带式，地区杠杆式
Schneider（1997）	集中管理和适应性管理	控制模型，适应模型
Moran（1998）	组织结构的角度	思考放眼全球，心系本土，行动恰如其分
Daft，Douglas（2000）	—	思考本土化，行动本土化
Kotler（2001）	从营销的角度认识到顾客的需求是有差异的	全球本土化

资料来源：范徽．跨文化管理：全球化与地方化的平衡．北京：上海外语教育出版社，2004：122.

① 范徽．跨文化管理：全球化与地方化的平衡．北京：上海外语教育出版社，2004：122.

全球化和本土化是一对互为矛盾的概念。全球化指跨国公司在全球范围内生产与销售同质性产品和服务，即跨国公司将全球视为一个同质性市场，坚持全球范围内的标准化，追求规模经济的竞争优势；本土化指跨国公司需要了解细分地区市场上的消费者的不同品位与偏好，对不同地区或国家的标准与规则作出反应，亦即将全球视为异质性市场，根据不同地区或国家的细分市场特征与消费者需求，为不同市场生产不同的产品或提供不同的服务。这一对概念本身是互相矛盾的，全球化概念讲求全球一致行动、统一的经营方式、标准化的产品和服务；本土化概念的重心是尊重地区差异，根据不同地区的不同需求，提供标准不一的产品和服务。对于跨国企业而言，不可能只依靠全球化或本土化在国际市场上顺利发展，跨国企业在绝大多数情况下都会采用以上两种基本战略相结合的方式，即采用全球本土化战略。

中国电建市政建设集团（STECOL Corporation）在全球化进程中坚持国际优先发展战略，持续完善国际经营管理体系，以属地化建设和STECOL品牌建设为重点。为了不断向具备国际一流竞标和履约管理能力的国际承包商迈进，集团积极加强技术、商业模式和管理创新，以保持可持续发展势头。

虽然集团的核心价值观保持不变，但在各个细分市场上，集团积极针对当地的标准和规则作出反应，以满足当地消费者的需求。以东非区域为例，这是集团传统的海外市场之一，也是未来深耕的重点海外市场。东非各国正在推行各具特色的国家发展战略，如肯尼亚的2020远景规划、坦桑尼亚的“二五发展规划”、布隆迪投资署提出的经济特区建立规划、卢旺达的2020远景规划等，这为集团在基础设施建设领域提供了更多机会。中国电建市政建设集团结合东非各国的发展战略，推行海外业务的“多品牌”发展战略，助力公司自主品牌的推广，拓展光伏、风电、BRT等海外业务新领域以及推动海外业务结构多元化。

除了在大战略上适应东非各国的需求，中国电建市政建设集团在小细节上也与东非各国建立有机联系。例如，卢旺达山多，修建平坦的足球场对当地人来说很困难，但对中国电建市政建设集团来说相对简单。中国电建市政建设集团应尼亚加塔雷市一所学校的请求，帮助他们平整了足球场地，为学生提供更宽敞的活动场所。这样的善举也得到了善意的回报。2018年6月，来自卢旺达东部省尼亚卡塔莱市市长姆本兹·乔治的感谢信寄到了中国电建市政建设集团卢旺达卡吉图巴公路项目经理手中，他在信中诚挚感谢中国企业伸出援助之手，并转达了当地人民的谢意。

这只是中国电建市政建设集团在卢旺达活动的一个缩影。通过一系列公益活动满足卢旺达人民的生活需求，集团拉近了中卢两国人民之间的距离。在坚持自身核心价值观的同时，中国电建市政建设集团尊重地区差异和当地需求，提供更适合的服务和产品，在国际市场上实现了顺利发展。①②

---

① 专访中国电建市政建设集团董事长何占颂：成绩属于过去，奋进赢得未来．（2019-06-28）．见道网．

② 周晨亮．建品质工程 交各方朋友——中国电建市政集团在卢旺达．人民画报，2019-05-08.

二、文化差异对全球化组织管理的影响

文化差异给全球化组织管理带来的挑战，首先是管理理念的差异。这种差异是无所不在的，从组织结构的设置、决策流程到具体的管理政策都有体现。比较一下，我们会发现美国企业比韩国等东亚企业的组织结构扁平一些，层次更少。在北欧国家，内部层级更少，组织结构更扁平，决策程序也受到这种理念和价值观的影响。亚洲企业决策通常是自上而下的，一般都是上面做好决策之后往下传达贯彻，很少有听取下面意见的习惯；欧美企业的管理越来越趋向于组织的扁平化和决策的民主化，比如，使用各种各样的团队，以自我管理小组、项目小组和跨职能团队等方式来取代原来的层级架构，这反映了各自文化的管理理念。扁平化管理之所以能形成潮流，是与文化价值系统紧密联系的，符合文化追求的发展方向。

跨国企业如何应对文化差异对全球化组织管理带来的挑战呢？仍然是平衡全球化和本土化的矛盾。具体地讲，跨国企业需要经历从全球标准化→地方本土化→全球本土化的历程。全球标准化指跨国企业具备一些基本的价值观和准则，不受东道国当地价值观和文化标准的影响。地方本土化指的是当母公司的基本价值观和准则与地方习俗和文化产生冲突时，应该因地制宜地设置一些针对特殊情况的处理办法。全球本土化指的是根据地方习俗和文化设置的管理政策，可以推广到全球并影响母公司的文化。

下面以星巴克公司为例来说明全球本土化管理模式的应用。

星巴克咖啡公司是世界上最大的咖啡连锁企业，它在咖啡品质、环境布置、格调定位等方面，匠心独运，力求给顾客带去更好的体验。星巴克对全球所有门店的员工都进行了严格的培训，要求员工在服务过程中注重和顾客的眼神交流，在5秒内欢迎顾客，记住每个顾客的名字和口味，在顾客情绪波动时认真倾听并送去温暖的关怀……通过一系列的交流，与顾客奠定良好的感情基础，进而让新客成为老客，增强客户黏性。

追求标准化不等于不懂得变通。在进入中国时，星巴克了解到中国悠久的茶文化与茶在中国人心中的重要地位，于是在中国首先推出茶瓦纳，希望为顾客、特别是年轻一代，带来令人惊喜的茶文化体验。茶瓦纳系列支持红茶、绿茶、乌龙茶、花草茶茶底互换，可以搭配出多种不同风味特调冰摇茶。传统茶饮在星巴克最擅长的时尚路线的包装下，焕发出了新的生机。

星巴克见新推出的茶饮大受欢迎，便在日本等11个有饮茶习惯的国家和地区推出茶瓦纳，成果也非常显著。自星巴克推出茶瓦纳以来，星巴克全球的茶饮销售额已经增长超过40%，其中亚太区的中国和日本市场的增幅更突破了60%。统计也显示，星巴克亚太区内共11个市场茶的饮用比例大于咖啡。如此看来，茶瓦纳的成功就是星巴克全球本土化的最好实践。①②③

全球标准化、地方本土化、全球本土化管理模式的差异还体现在行业因素、供应链

---

① 星巴克抢攻茶饮市场，成为2019新黑金．(2018-12-26)．时报资讯．

② 跨国企业星巴克咖啡文化在华跨文化营销策略的成功．(2018-01-27)．早检测网．

③ 星巴克的茶品牌进中国了！为什么中国茶馆不是对手．(2016-09-03)．搜狐．

优势环节、职能内容、文化整合、能力要求和企业特质等方面。表3-4比较了它们的差别。

表3-4 地方本土化、全球标准化和全球本土化三种管理模式的比较

项目	地方本土化	全球标准化	全球本土化
行业因素	用品牌包装产品、个人情感性产品	功能性产品	介于功能性与情感性之间的产品
供应链优势环节	下游	上游	上游或下游
职能内容	人力资源、产品销售、市场营销	品牌、研发、产品设计、质量体系	母子公司文化平衡
文化整合	母公司不占统治地位	母公司占统治地位	母子公司文化平衡
能力要求	适应性程度的把握	战略性文化差异的把握	第三种文化把握
企业特质	文化差异较大的企业间的合作，海外业务占较大比例，非参与管理式，非100%收购或合资，非参与管理式控股	全球标准化企业一方为主合资，独资兴建，参与式100%收购	母子公司文化协作性较高，参与式非100%收购或合资，其他联盟企业

资料来源：范徵．跨文化管理：全球化与地方化的平衡．北京：上海外语教育出版社，2004：222.

文化差异对人力资源管理的影响也是全球化组织管理中不可忽视的内容。跨文化人力资源管理指企业在全球环境中通过影响人力资源管理过程去增加包括投资者、客户、员工、合作伙伴、供应商、环境和社会等的价值和体验。随着全球化的到来，跨国公司更多地采用全球中心法（geocentric）的人力资源管理模式，即采取全球性方法去管理其运作，并认识到每一个部分（分部和总部）都以其独特的优势对公司整体做出贡献。公司有全球整合的商业模型，不注重个体的国籍但重视个体的能力。比如，瑞典的全球公司伊莱克斯没有一定要从瑞典招聘管理人员的传统，也不一定招聘当地人做管理人员，而是寻求最合适的人员任职。因此，在公司每一个层面的重要位置上都有来自总部、当地或外地的管理人员，甚至在总部的高管层和董事会都是如此。通过采取全球中心法，有才华的管理人员不仅集中在总部，分支机构中也不乏人才，具有高管潜力的管理人员随时需要准备从一个国家调任到另一个国家。通过全球中心法，管理人员的开放心态和文化适应能力得到进一步培养。

在跨国企业实施全球中心法人力资源管理的同时，人力资源本地化也被普遍接受，以应对文化差异所带来的问题以及降低成本的要求。首先，人力资源本地化可以减少文化差异所带来的经营困难。不同文化背景下的员工不仅在沟通上可能存在障碍，而且在绩效考核、提拔升迁、管理方式等诸多方面存在差异，给经营管理带来困难。跨国公司采用人力资源本地化策略就是由于本地员工深受本地文化影响，使用本地员工更容易与当地情况相结合，顺利地与东道国政府、居民、其他公司和组织相处。其次，人力资源本地化可以降低劳动力成本。以中高端人才为例，在全球化的过程中，由于外派经理多从经济水平较高的国家向经济水平较低的国家外派，他们的薪酬水平不仅不会比在母国低，而且通常会加上公司支出的生活补贴、回国探亲费用和子女入学费用等。有数据显示，雇用一个外派经理和本地经理的费用差异竟高达 4 倍①，即使这么高的成本也不能保证外派任职的成功（指不能在东道国有效工作而解职或回国）。一项调查显示，有 7% 的美资公司表示有 20%～40%的失败率，69%的美资公司表示有 10%～20%的失败率，其余 24%的美资公司则表示有低于 10%的失败率。②

三、培养全球化经理人

作为企业全球化的支撑和保障，全球化领导人或全球化经理人的开发和培养已成为最重要的组织实践之一。现在，在不少报纸、杂志、电视和互联网网页上都可以看到与全球化经理人有关的内容。那么究竟什么是全球化经理人呢？让我们首先来看麦考尔和豪伦所做的研究。他们从 2000 年开始把目光转向全球化经理人，采访了 101 位目前在世界各地 16 家全球公司担任管理职位的全球化经理人，他们中包括 92 位男性和 9 位女性，来自 36 个国家。他们来自丰田、壳牌、爱立信、施乐、惠普和 IBM 等知名公司。在整个采访过程中，他们一共询问了 11 个问题，问题包括：什么是管理全球性工作与管理国内任务之间最重要的差别？在选择全球化经理人时你最看重的特殊品质是什么？有哪些陷阱需要避免？研究者对受访者所提供的答案进行整理，共获得 952 条与全球化工作有关的经验教训，15%以上都与文化的学习有关，其余的则是一般运作企业的能力，与一般经理人没有太大差异。正是应对文化这一条成为区分一个经理人是不是全球化经理人的最重要指标。我们可以将全球化经理人定义为：首先，全球化经理人应该具有一般企业领导和管理者所必备的能力和素质；其次，需要具有对文化的敏感性以及处理跨文化管理问题的基本能力和素质。

麦考尔和豪伦在采访了 101 位从事全球化管理工作的经理人之后，总结出七大素质③：

- 开放的心态和思维的灵活性。能够在各种不同的情境中生活和工作，能与不同类型的人和睦相处，乐意倾听别人的观点和建议。
- 对文化本身的兴趣和敏感性。尊重其他文化、民族和不同观点；不傲慢、不刚愎自用；对其他文化中的人们的生活工作方式感到好奇；对差异感兴趣；喜欢社交；具同理心。
- 能够处理复杂事务。考虑问题十分周到；能够容忍不确定性并有耐心对待不断出现的新问题；能够面对模糊情境做决策；能够抓住事物的规律和关联，敢于承担风险。
- 充满活力、乐观向上、不屈不挠。敢于面对挑战，遇到挫折不气馁，自立有创意，总是看到事物积极的一面，浑身充满活力，能够应对压力。
- 诚实正直。具有真性情、一致性（不反复无常），容易赢得别人的信任。
- 稳定的个人生活。建立了能够抵御压力的生活习惯，建立了稳定的家庭，能够支持其对工作的承诺。
- 有价值的技术和经商技能。具有足够的技术、管理或其他技能以获得荣誉。

---

① 陈凌宇，魏立群．跨国公司人力资源本地化策略．中国人力资源开发．2001（5）：58－60，63.

② 黄荣斌．论跨国公司人力资源“本地化”．广东经济．2001（3）：21－22，2.

③ 陈晓萍．跨文化管理．北京：清华大学出版社，2005：278－279.

此外，全球化经理人的全球心智（Global Mindset）近年来也备受关注。全球心智被认为是帮助个体最佳理解和影响来自不同社会和文化体系的组织、群体和个体的认知能力。在众多关于全球心智的阐述中，Bouquet（2005）① 认为全球心智由三种能力构成：第一，分析和处理全球商业信息的能力；第二，与世界各地的主要利益相关者发展关系的能力；第三，充分利用全球相关信息进行决策的能力。他以全球业务导向和文化智力为坐标，提出了区域心智、跨国心智、国际心智和全球心智四种心智模式。他对全球心智的理解是将全球业务导向和文化智力结合起来。Javidan 等（2007）② 将其概括为知识资本、心理资本和社会资本的总和。知识资本包括国际商业见识、敏锐感知国际商业机会的能力、全球化视野和认知复杂性能力；心理资本包括对多元化的热衷、冒险精神和自信；社会资本包括跨文化同理心、人际影响力和社交能力。

陈晓萍总结了优秀经理人和全球化经理人所需具备的知识能力。从表3－5中我们可以看到全球化经理人需要有更开阔的视野，对公司的整体规划和战略要有更全面的了解，对他人和自我有更多的认识，在不确定性环境下更有勇气和决策能力。他们不仅需要处理公司内部的人际关系，更需要学会与外部打交道。

表3－5　优秀经理人和全球化经理人在知识能力上的比较

项目	优秀经理人	全球化经理人
如何运作企业	将企业视为多维系统 掌握具体的技术知识 如何将企业运作成功 如何建设并使用结构和控制系统	学习经营企业的战略 学习运作企业的细节
如何领导与管理他人	具备基本的管理价值理念 用权的技术 不能事无巨细全部都管 学会变得坚强 需要对员工的绩效问题采取措施 直截了当的激励方式 培养下属	学习如何建立自己的信誉 学习如何选拔合适的人才 学习建设并维持有效的团队 学习处理与人有关的难题 学习静心专注：目标明确、简单明了 学会激励员工，使员工对组织有承诺 知道哪些地方该放权，哪些地方不该放权 学习如何培养人以及培养人的重要性
如何处理关系问题	如何与执行层管理人员相处 学习高管人员的基本特征 谈判的策略和技巧 政治是企业生活中的一部分	学习与顶头上司和其他上司相处 学习处理与总部和整个公司的关系 学习处理自己在公众场合和媒体中的形象 学习与当地政府和政界要员打交道 学习与工会和其他组织谈判 学习企业内部的复杂关系

① Bouquet C A. Building Global Mindsets: An Attention-based Perspective. New York: Palgrave Macmillan, 2005.

② Javidan M, Steers R M, Hitt M A. The Global Mindset. Emerald Group Publishing Limited, 2007.

续表

项目	优秀经理人	全球化经理人
当领导需要的个人品质	与人相处的能力 管理工作不同于技术工作 人的基本价值观 坦然面对压力和不确定性 寻找不同方法来定义和解决问题 随时抓住机会 目标专一，在恶劣环境下能镇定自若 应付不在自己掌控中的情况 自信 自立 处理冲突的能力	学会倾听、提问，从别人的角度看问题 学会开放、真诚、公平，尊重他人、信任他人 学会灵活，适应不断变化的环境 学会同时处理多项事情和复杂的关系，能够快速思考问题作决策 学习对风险的估计，敢于冒风险，在有不确定性因素的情况下采取行动 学会有原则地办事，在困境中依然镇定自若 学会乐观，自信，相信自己的直觉 学会捍卫自己坚信的东西，敢于为自己的行为后果承担责任
了解个人的兴趣爱好和职业导向	认识自己的弱点和局限 发现自己的深层志趣 看待工作和生活的眼光 掌握自己的职业道路	认识自己的喜好，长处与短处 认识到自己需要从家庭和其他人那里得到支持，以及如何在国外工作的压力下处理好家庭的问题 认识自己的职业发展道路

资料来源：陈晓萍．跨文化管理．2版．北京：清华大学出版社，2009：272－275.

小 结

本章主要介绍了有关理解跨文化差异的内容。

霍夫斯泰德的文化维度理论和川普纳斯的文化维度理论是理解文化差异较为经典的理论。在霍夫斯泰德的文化维度理论中，包括个体主义/集体主义、权力距离、不确定性规避、男性化/女性化、长期导向/短期导向五个维度。在川普纳斯的文化维度理论中，包括普遍化/特殊化、个体主义/集体主义、中性化/情感化、特定/扩散性关系、成就/归因取向、时间关系、内向型/外向型导向。在这两种文化维度理论中，都提到了个体主义/集体主义这对概念，美国学者蔡安迪斯将这对概念进一步拓展为个体主义/集体主义理论。

跨文化认知是个体对其他文化信息的收集整合、评价和接收的过程。跨文化认知障碍来自归类和模式化所引起的认知偏差。社会归类会引起人们倾向于高估内群体的人而不是外群体的人。刻板印象是模式化的重要现象，与文化有关的刻板印象包括国籍刻板印象和种族刻板印象。

文化差异会对跨国企业的经营战略产生影响，主要表现在全球化和本土化的平衡上；文化差异还会对跨国企业的组织管理产生影响，跨国企业通常会经历全球标准化→地方本土化→全球本土化的历程；在全球化的人力资源管理中，越来越多的企业采取全球化中心的管理方式，但是在人力资源的供给上更多采取本土化的策略。随着全球化的到来，对全球化经理人的需求越来越大。

关键术语

个体主义（individualism）　集体主义（collectivism）
权力距离（power distance）　不确定性规避（uncertainty avoidance）
男性化/女性化（masculinity/femininity）
长期导向/短期导向（long-term/short-term orientation）
普遍化/特殊化（universal/particularist）　中性化/情感化（neutral/affective）
特定/扩散性关系（specific/diffuse relationships）
成就/归因取向（achievement/ascriptive orientation）
内向型/外向型导向（internal/external-oriented）　时间关系（relationship to time）
跨文化震颤（cross-cultural shock）　跨文化冲突（cross-cultural conflict）
跨文化融合（cross-cultural acculturation）

思考题

1. 比较霍夫斯泰德的文化维度理论和川普纳斯的文化维度理论。
2. 论述跨文化认知的过程。
3. 分析跨文化认知障碍产生的原因。
4. 与文化有关的刻板印象包括哪几种？与一般意义上的刻板印象有什么区别？
5. 分析一家跨国公司从全球标准化到地方本土化再到全球本土化管理模式的转变。
6. 什么是全球化中心的人力资源管理方式？
7. 人力资源本土化的原因是什么？
8. 全球化经理人与一般优秀经理人有什么区别？

案例分析

福耀美国：既然来了就要天天吃比萨

2019年上映的影片《美国工厂》讲述了这样一个中国企业在美国发展的故事：原本汽车制造业发达的俄亥俄州代顿市，由于经济危机的冲击，当地通用汽车工厂倒闭，使当地政府减少了高达50%的税收，还导致20 000多人失业。在美国政府为了去“产业空心化”，热火朝天地招商引资的同时，我国的“玻璃大师”曹德旺先生瞄准了这个扩大海外市场、使我国制造企业“走出去”的大好时机。因此，福耀在俄亥俄州原通用汽车工厂投资建厂，并招收了大批美国工人。但是福耀在美国的发展并不是一帆风顺的，在初期也经受了不少的舆论压力。让我们看看福耀在美国都遇到了什么样的阻碍。

2017年《纽约时报》发表的一篇题为《俄亥俄州一家中国工厂的文化冲突》的文章，直指福耀在美设厂遭遇用工、生产安全和文化冲突等问题，让福耀玻璃因为遭遇文化冲突而成为各界焦点。文章称福耀在美工厂遭工人抵制，正面临激烈的工会运动，一些工人质疑福耀是否真的想按照美国监管标准在当地生产经营。福耀玻璃进入美国市场的进程可谓一波三折，但也能次次逢凶化吉，甚至仅用18个月成功投产全球最大汽车玻璃单体工厂，福耀玻璃在美国设厂，完全可以写成一本出海教科书。随着企业不断发展壮大，中国“玻璃大王”不可避免地遭遇了各种跨文化挑战。福耀玻璃在美国建厂的跨国战略究竟是否正确？面临什么样的文化差异？公司又是如何应对这些差异的？《中外管理》通过走访俄亥俄州代顿市的福耀玻璃美国工厂并与福耀玻璃北美区总裁刘道川和福耀集团副总裁孙依群对话后，对上述问题作出了一些回答。

第一个问题是：在美建厂的跨国战略决策正确吗？对于这个问题，刘道川认为，未来全球大的趋势就是由美中两国共治。为什么很多中国公司不管花多少钱都扎堆去硅谷？没别的，就是收集信息，摸清方向，以便做出重大决定。现在大家都在观望未来中美的政策，政策将决定未来的走向。中国企业的脚一定要踏进来才能知道是怎么回事。他相信，福耀来美国是没错的。孙依群也认为，要占有全球更多市场，不来美国是不可能的。首先，能更好地满足客户需求。美国的整车厂希望福耀玻璃能在美国建立工厂，这样才能对不断变化的需求做出快速反应。汽车现在已走向个性化，这就要求配套商的设计生产随时跟得上。其次，国内的市场已经饱和。福耀在国内市场的份额已达到70%，要再往上涨已经很难了，可它在美国的份额还有很大的上涨空间。他们的曹老板经常说，投资不是说你有钱就可以，你一定要想好你是来投什么。如果你没有准备好美国正缺的东西，你就不用来。事实上，汽车玻璃行业在美国是比较缺的，所以才会有这么多整车厂要求他们来。再次，美国政府给的政策就相当于中国吸引外商投资给的相应政策，比如在道路基建、员工培训方面的政策，再比如个人所得税的政策。与国内不同的是，美国收税是按人头，因此政府给企业的税收政策优惠就是你每年要增加多少个工作岗位，根据你交的个人所得税总数再返还给企业一部分。美国政府最关心就业率，2 000人一个门槛，3 000人一个门槛。如果你只雇100个人就算挣很多钱也不行，必须要保证就业人数，这是中美很大的不同。老美的竞争意识非常强，你做100片，他就想做105片，他爱比较的。还是那句话，只要给他空间，他就一定会这么做。

孙依群还提到，他们在决策投资时，曹老板提出了三个关键词：第一个就是定位。你要把自己的定位找准，包括你自己的定位、公司的定位、行业的定位、区域的定位。第二个就是要尊重。包括尊重所投地区的文化和政策。第三个就是要负责。你出去往小里说是代表你自己，往大里说是代表福耀，再大一点你作为中国人代表的就是中国，因此要有责任感。尽管曹老板投资美国的决策是很快做出的，但真要投时，可行性报告一定要认真做好，不能像有些企业在国内那样有水分。因为你不认真做，你就会遭遇在国内不可能想到的事，比如，美国有很多成本和风险在国内是没有或没那么高的，例如环保成本、法律成本、失信成本等，你要去就要准备付出这些代价，否则就很危险。

第二个问题是在美建厂需要面临什么文化差异以及如何应对？一是语言。刘道川认为，现在他们高管唯一的障碍就是语言问题，能讲英文的不多。因为语言问题，来自中国的主管与员工经常需要通过手机翻译软件来沟通，整体意思的表达打了折扣。要知道，英文的意义不仅仅是对付日常生活，要讲到背景、文化时仍可以谈到一起，这就需要持久地下功夫。为此，由公司出资为公司高管和专家办了绿卡。办绿卡是公司对他们能力的认可，也是给他们融入美国文化的压力。融合是双向的，他们也给老美都起个中国名字，现在他们见面都可以说简单的中文了。

二是沟通和谈判方式。刘道川认为沟通是企业最大的成本。比如开会时，中国员工的口气往往都是“I want，I need（我想要，我需要）”，都带有命令色彩，每当这个时候老美都板着脸。在美国，命令人没有用，骂人也没有用。这种会开了后效果都极差，老美觉得我跟你是同事也没法多说什么，但对你是不屑一顾的。其实你以前不如人家，现在以老板或有钱人自居，人家就很不舒服。这种心理你要明白，所以你要做得更优秀，你才能管人家。美国员工喜欢看图，中国员工则重逻辑，如何将指令转化成示意图，也颇费心思。为解决沟通问题，公司总裁每个月都要抽出一天时间，向员工介绍公司的政策、剖析存在的问题、提出解决对策并听取员工建议。再比如谈判，老美会在谈判桌上观察你的每个动作来决定跟你合不合作。比如谈判讲英文时你突然想讲句中文，你要问：对不起，我能不能讲中文？你再讲中文。如果你不事先说，讲着英文突然蹦中文，他就会认为你有些信息是故意不想让他知道，会对谈判有负面影响。

三是行为习惯差异。首先，美国人非常看重公众形象，他们非常忌讳在公众场合剪指甲、向洗脸池吐痰等。美国人的公共形象意识是从小训练的，这种训练代表了一种文化。你必须尊重他们并这样去做。其次，美国人认实力。你有本事，你以身作则，别光说，他就会信服。他对你信服以后，你哪怕只会蹦单词都没关系。但如果你没本事，光讲不干，他们两天就不理你了。美国人有一句俚语：“骗我一次是你厉害，骗我两次是我傻瓜。”美国人没有第二次。信誉、执行力在美国人心目中非常重要。我们应采取积极向美国人学习这些优点的方式来克服差异。再比如交规，美国人是最守规矩的人，因为他们的警察执法非常严，绝对没有任何通融。你给警察点一根烟，他马上把你抓起来，这是行贿！他们从小就养成了这种习惯。一些小地方都会影响你的企业在美国该怎么做。

四是工作方式差异。刘道川认为，如果你能让美国人发挥能动性，他们都是多面手。美国人动手能力非常强，你给他一个设备，两天他就能学会。为什么？美国男人从小就会拆东西，基本都能把车拆了。美国人非常看重公众形象，我们中国人往往更看重爱岗拼搏。比如，熬夜加班间隙，为了便于一会儿接着干，中国员工往往就会在工作现场打个盹，但这在美国是绝对不行的，他们就是认为在工作场合不可以睡觉。如果你很累，可以申请到车里去打盹，但不能在机器旁边打盹。孙依群也认为，照搬我们在中国的管理方式是不行的。举一个简单的例子，在中国往往采用计件制，但在美国你不能实行计件制，只能计时。计时制就意味着八小时后下班走人，你管我今天做了多少片（玻璃）。

五是法律风险问题。在美国的法律条款下什么能做什么不能做是很明白的。刘道川认为尤其有两个底线不能碰：一是种族歧视；一是性骚扰。比如，代顿所处的俄亥俄州白人占比更多，高端基本垄断。他参加州务卿竞选第一次会议，发现会场全是白人，没一个黑人，中国人也就他一个。为什么呢？因为福耀解决了他们2 000人就业。公司在这两方面都很谨慎，他们有自己的法律专家，会同时研究代顿、周边城市以及全美的法律。在招聘上，他们还要尽可能去满足当地各类人种的求职需求，实现平衡。当然公司这么大，难免会有人戴有色眼镜，但先要把自己的工作做好。性骚扰更是美国所有企业都了解的敏感红线，是必须严格遵守的基本原则。总之，用曹老板的话说：选择美国，一定要好好看清楚美国的法律。如果企业做不好法律和市场、文化研究，就算你再有钱，甚至有超越当地的精湛技术，一样会被老美说“NO”！

六是劳工关系。可以开除不合格的美国员工吗？孙依群认为美国法律在用工上比较自由，公司可以无理由开除员工，而且可以不赔偿。但是你绝对不能因为可能涉及人权的原因（比如：种族、性别、胖瘦、高矮，或是工会成员）而开除他。俄亥俄州招商机构高级董事总经理克丽丝蒂·坦纳在接受记者采访时表示，任何工厂在快速扩张过程中都会遇到一些挑战。“福耀在两年时间内，就迅速扩张到2 000多名员工。我认为福耀在应对快速扩张过程中的挑战相当出色。他们一直在与工人沟通解决问题，我有信心福耀能够应对快速扩张过程中面临的挑战。”坦纳说，在美国投资都需要面临工人是否可以组建工会的问题，企业投资时需要彻底了解工会在美国的情况及工会的规章制度。“有没有工会，企业最终都需要与员工保持良性关系，企业对工人好，最终工人也会回馈企业。”曹德旺在接受采访时也表示，“福耀美国工厂生产环境非常漂亮，外面像花园，里面像酒店。我们对待员工就跟对待家人一样，工资高出当地行业5%～10%。公司还专门成立了基金，一年给基金会100万美元做社会救济、员工特困救济，帮助员工。我们跟员工的沟通没有问题，跟员工的关系非常好。”福耀对所有人都关心，很会替员工着想。比如前一阵子公交车司机罢工，有一些员工是坐公交的，公司就组织专车接送这些员工。另外，他们会关心员工的纪念日，比如给他们弄一些小活动，送一点小礼物，只要你能想到对方就可以了。一家企业在海外能够凝聚人，靠什么？除了钱，就是大家在一起干活的氛围舒服。

最后，刘道川总结道，对于文化差异，他在美国学到三件事。第一个要学会尊重。尊重是挣来的。你想被人尊重，要先尊重别人。第二个是懂得感恩。第三个就是妥协。美国人心中有一个底线，一旦超过底线他会反抗，但是底线定了以后他不会变。

要彻底解决文化差异的问题，唯一的办法是成为一个地道的美国公司。中国企业到美国来投资成功的很少。为什么？实际上就看你能不能用美国人的思维去想各种事。用老祖宗的话就是“以夷制夷”。中国企业怎么能够在这里真正落地生根？就是整个公司变成美国公司才能落地生根。福耀现在特别努力，注意倾听员工的声音。刘道川每个月都做一次宣讲会，所有高管都去。有一个月他给全体员工从早上讲到了夜里，就是讲怎么变成一家美国企业！既然到美国来，你就要天天吃比萨，别想着吃炸酱面。这个过程要永无止境，文化的底蕴是一辈一辈积累的，不是一蹴而就的。比如说，曹老板来美国以后，他就天天吃西餐。他就说西餐比中餐好吃。他说我们到美国投资，首先，要爱上美国。那么爱上美国的第一个表现，就是爱上他们的食物。福耀没有给中方员工提供专门的中餐食堂。如果有差别待遇，美国人嘴上不说，但心里是介意的，而且美国公司基本没有食堂。其次，福耀这三年一直在改变。接下来还会弄棒球，因为老美喜欢棒球。办聚会都是按美国人的方式弄而不能像在中国那样办个卡拉OK。他们就是让美国人知道，这些中国人和以往其他的中国人不太一样。当美国员工通过隧道看到前面的希望之光了，他们就会跟着你。

在用人方面，关于管理层中美人员比例问题，曹德旺说，福耀一开始就是本土化运营，所有行政职务都是美国人，没有中国人当一把手。中国人仅作为技术专家和顾问来进行技术指导。关键岗位招的必须是美国人，而且是有业内经验的人，同时也需要很多跨界人才。这就很困难，特别是再吸引到代顿这种小地方，你得有本事。因此，除了薪酬，企业文化很重要。刘道川提到美国人也会看对曹老板的一些报道评价，包括俄亥俄州州长都会关注他们做过多少慈善。福耀制定了为期三年的“国产化计划”，即用三年时间让更多的美国员工走上管理和技术骨干岗位。目前已经实施师徒计划，三个月为一期，让技术骨干带徒弟。

福耀的一系列举措让美国员工真心接受和喜欢。一个对手企业的美国高管慕名而来，说他以前在日本公司干过，懂丰田管理，可以帮助福耀。他不仅毛遂自荐，要求的薪酬还没现在多。为什么呢？一是他以前上班很远，他愿意回到家门口来，老美非常在意家庭。二是他需要挑战。《人民日报》记者走访福耀的美国工厂，采访了一些美国员工，见到负责后勤运输事务的尼基时，她说前一天晚上因为处理紧急事件凌晨3点半才睡。“加班加点是常有的事，但都是我自愿的。”尼基说，福耀公司对她家庭的关心，对她个人的信任，对她工作态度的肯定，都让她感动。对彼得·费恩来说，拿到福耀的这份工作，是要实现自己的梦想。他出身于“汽车工人世家”，曾在通用汽车公司干了11年。2008年圣诞节前，通用汽车关闭莫瑞恩工厂，让这座城市凋敝。“我们对汽车业有一份独特的爱。我相信福耀会续写这里的产业历史，我也很荣幸成为其中一员。福耀来了，如今的莫瑞恩天空蔚蓝，阳光明媚。”希克斯笑着说，“我们需要的就是福耀这样的企业！”

资料来源：根据已有资料改编。江宇娟，李洁．《纽约时报》报道福耀在美遭抵制 曹德旺称这是不真实的．人民日报海外版，2017-06-19；章念生．我们需要的就是福耀这样的企业．人民日报，2017-06-29；朱冬，杨光．福耀美国：既然来了，就要天天吃披萨．中外管理，2017（7）．

［问题］

1. 你如何评价福耀玻璃在美国投资建厂的举措？

2. 你如何评价福耀玻璃高层对在美建厂文化差异的理解及应对方式？还有案例中没有提到的文化差异吗？你认为最重要的是什么？

技能练习

跨文化敏感性

目的：体验和了解文化价值如何影响行为和人际关系。

群体规模：任意数量的小组，每个小组5～7人。

时间要求：50分钟或者更长。

预习要求：在课前会议中，需要分配好角色：每组3个A国人和2个B国人。规模较大的班级可以每组有1个或2名观察者。A国人一定在课前会面大约1小时以便扮演他们的角色。B国人在角色扮演开始前只需会面15分钟。

房间安排要求：在教室内的不同地方用五把椅子围成一个圈。

练习进度

1. 预习（课前）

分派A国人、B国人和观察者的角色。A国人阅读他们在附录1中的角色描述，B国人阅读附录2中的角色描述。只阅读自己的角色描述，观察者两者都阅读。

2. 角色扮演，第1部分

A国人坐在他们小组的椅子上，等待一对B国人的到来。然后，谈话开始。

3. 过一段时间

教师发出信号，表示时间到，那对B国人离开房间，A国人仍坐在那里。

4. 角色扮演，第2部分

B国人返回，并开始他们的提问。A国人给出“行”或“不行”的回答。

5. 全班讨论

教师将引导下面的讨论：

a. 哪些小组得到了“行”的回答？哪些小组得到了“不行”的回答？

b. “成功”或“失败”的原因是什么？

c. B国人怎样理解A国的文化？

d. 这个练习与刻板印象有怎样的关系？

附录1

跨文化敏感性——对A国人的角色描述

你是A国的一员，你的国家拥有高度文明，几个世纪以来，倾向于沿着有点孤立主义的路线发展。多年来，A国人深刻和彻底地接受了一种生活方式，不以任何方式接受外界的影响，因为每一个A国人对源于A国的文化有一种完美感与和谐感。

在A国，女性是天然的领导者，是行政长官、家长，是主要的艺术创造者，是财富的所有者和遗产的继承者，是国家的统治者。男性很少在户外工作——他们做家务、做饭、照顾孩子等，以及在需要重体力时扮演仆人的角色。在A国的女性中，教育是重要的，相当比例的女性的受教育程度达到了大学水平，男性几乎没有兴趣和动力去学习以超过基本的识字水平。在几乎所有方面，女性知道自己优于男性，并且在个人态度和制度表达中被男性承认是优越的。例如，存在一种有名的说法：“不要让男人做女人的差事。”

了解了外部世界后，他们被其他国家的男女关系弄得多少有点不安了，而A国人倾向于坚守他们自己的文化。在A国，结婚是两个女性之间的事情，形成所谓的联姻(bond)。这两个女性（联姻）可能希望联合找一个男性进入她们的家庭，目的是生孩子、照顾家庭等。联姻中两个女性在各方面都是平等的：一起做出所有决定，并且对一个男性负有责任，他应该隶属于她们。男性在法律上被认为属于联姻的一部分，受到联姻的保护。男性被认为是联姻所“拥有”的。被“拥有”是男性非常渴望的事情。

A国女性的艺术才能是出名的，尤其是将花园的设计和照管发展成一种独特的艺术。在A国，为了庆祝生长的自然过程，在每年王后生日时，她的花园对全国的女性开放一次（不允许男性进入）。迄今为止，没有外国人能够参观这个王后的花园——尽管没有法律阻止外国人参观。

A国人的一些文化与其他国家是共通的，其中一个便是长时间的目光接触是不礼貌的。当然，他们在谈话时可以用短暂、有礼貌的目光看着另一个人，但是不要长时间盯着。在A国，一个人非常在意不被“盯视”，因为这是非常不礼貌的，并且被认为是一种最坏的攻击。

你们是A国的一个联姻家庭——阿列芙女士、贝女士以及你们拥有的男人裴。阿列芙女士在外交部担任重要的职务，她是文化事务的管理者。贝也在外交部担任职务，是部长的特别助理。你们两位和王后是远亲。你们两个联姻的妇女带着所拥有的男人裴，正在国外进行一次公务旅行。你们三个人正在雅典的一家餐馆里吃饭，并且已经被一对B国夫妇发现，你们以前见过面，但不是很了解。

这对B国夫妇想得到你们的帮助，允许他们参加下一届的王后花园节。你们讨论了大约15分钟。其间，这对B国夫妇将找借口离开几分钟，然后返回到你们中间，他们将请求你们的帮助。

你必须做出决定，说“行”或“不行”。如果根据你的判断，B国人已经对A国人喜欢的方式表现出了文化敏感性，基本上你应该说“行”。这意味着考虑三个主要的事情：

（1）一定是B国的女性提出请求，并且她一定是问A国人的联姻（而不是裴）。在角色扮演中一定不要把男性卷入到请求中。

（2）你一定要决定B国人在多大程度上考虑了你的外语水平。当根据你的谈话明显发现你不可能很好地理解他们时，他们不应该喋喋不休。如果他们在这方面表现敏感，这将是影响说“行”的一个因素。

（3）B国人一定也对你们在目光接触上的习俗表现出敏感。如果他们在谈话（和请求）过程中持续地“盯着”你们，你的回答将是“不行”。

附录2

跨文化敏感性——对B国人的角色描述

你们是两个B国人，一男一女，你们两个都是著名的记者。

你们两个都从著名学府获得了新闻学硕士学位，已经有数年的国际旅行经历，报道主题涉及许多国家的政治、文化和艺术。

这天你们很高兴地在雅典的一家餐馆碰到三个人，这三个人以前和你们有过照面。你们记不起他们的名字，但是确实记得他们来自A国，这是一个相当奇异并且不太经常被外国人参观的与众不同的地方。A国是这个世界上神话多于事实的地方之一。它很有名，有着高水平的艺术、文学和园艺（这明显是某种艺术形式），不愿意被人接近，并且对进入世界旅游业不感兴趣。一个让人感兴趣的事情是A国人的王后花园节，关于它举办的消息有时出现在星期天报纸的增刊上，这个花园节显然一年举办一次，并且没有外国人参观过或者拍摄过。

在这个练习中，你们将接近他们。和他们交谈大约15分钟，然后，你们找一个借口离开餐桌几分钟，并且一起决定什么是接近你们真正主题的最好方式：你们能否得到允许参加下一届王后花园节，并且做一个图片报道？

尽量不要让你们的谈话拖得过长。在你们协商几分钟返回后，向A国人提出你们的请求。你们会得到一个“行”或“不行”的回答，此时练习结束，你们再次找借口离开。

资料来源：Gochenour, Theodore. “The Owl.” In Beyond Experience: An Experiential Approach to Cross-Cultural Education, 2nd Edition. Edited by Theodore Gochenour. Intercultural Press, Inc., 1993: 128-133.

第4章 跨文化沟通

学习目标

- 理解和掌握跨文化沟通的概念、类型和特征
- 理解和掌握影响跨文化沟通的变量
- 理解和掌握跨文化沟通中存在的障碍
- 理解和掌握跨文化沟通的技巧

引 例

中国石油在哈萨克斯坦的跨文化沟通策略

1993年，中国石油（CNPC）开始走出国门，实施国际化经营。经过30年的国际化努力，中国石油实现了从无到有、从小到大、从弱到强的跨越式发展。特别是2019、2020年中国石油海外油气权益产量连续突破1亿吨，约占我国企业海外权益产量的50%，成为我国跨国公司的领头羊，有效保障了国家能源供应安全。

哈萨克斯坦M项目是中国石油在2009年收购的海外大型在产油田，总交易金额近30亿美元。项目由中国石油和哈萨克斯坦国家石油公司派出人员实行50∶50等权管理、等权决策，文件双签。项目建设和运营整合的高峰时期，M项目共有员工近6 000人，其中，中方员工只有40人左右，员工本地化比例超过99%。

这样的比例导致中国石油在管理上陷入困境：作为等权管理项目，经常会面临管理双方讨价还价，影响项目决策和正常运转，最终导致双方不欢而散。对于M项目，中国石油没有绝对的话语权，处于跨文化管理中的被动地位。那么，如何不卑不亢地完成跨文化整合，需要中国石油合理地将不同的文化特性、价值观念和文化传统与先进的管理方法有机

融为一体，使双方的文化充分发挥协同效应。让我们看看中国石油是如何做的。

一是整合多元文化，培育共同价值观。中国坚持集体主义，以集体荣誉为先；哈萨克斯坦文化以个人愿望和利益为中心。针对这种文化差异，M 项目倡导相互尊重、相互理解、相互信任、相互支持的工作氛围，着力在中哈方员工中培育团结一致、和谐共赢、拼搏创新的企业精神和共同价值观。同时，也充分尊重哈方股东和管理人员，要求中方员工多了解哈方文化习俗、多学习哈方语言、多结交哈方朋友。通过平等交流，努力消除语言、文化的隔阂和障碍，实现本土化，在合作中增进理解和信任。这些举措实现了中哈双方员工间的文化融合，增强了员工对企业的归属感、荣誉感和忠诚度。

二是整合当地利益相关者关系，塑造良好的文化融合外部环境。在完成并购后，M 项目主动积极与国家相关部门、州区政府沟通交流，并与工会保持良好关系，这大大减少了跨国企业实践中的阻力。同时，中国石油结合社会公益和赞助活动，适度安排油田周边社区贫困家庭成员和毕业大学生就业，在追求企业利益最大化的同时，兼顾社会整体利益和长远发展，最大限度地取得各利益相关方的支持，为 M 项目运营打造良好的外部环境。经过以上努力，管理层处理多起重大法律纠纷时，都得到利益相关方的积极支持，M 项目全部获得胜诉，使得公司避免大量权益损失，也为文化融合塑造了良好的外部环境。

三是构建共同的组织愿景，塑造理念先进的企业文化。M 项目聘请专业管理咨询公司，在对文化共性认识的基础上建立起共同的组织愿景。推行平衡计分卡战略管理体系，明确实现愿景的计划和步骤，通过各种方式在双方员工中不断地宣传和沟通这一计划，得到大家的认同。最终 M 项目中外方达成了一致，使 M 公司成为哈萨克斯坦领先的、财务盈利能力强、经济效益最大化，并具有良好社会形象的石油公司。

许多著名的并购案例，最终失败的最根本原因在于双方未能有效达成对未来共同的期望。M 项目新的愿景既体现了中国石油的企业宗旨、企业精神和企业理念等，又吸收了哈国文化满足个人愿望和利益的价值观念以及哈国政府和社会对公司的期望，具有很强的包容性、激励性和先进性。

中哈两国山水相连，世代友好，哈萨克斯坦是中国最重要的邻国之一，无论对中国的西部边陲安全，还是对国家的能源安全，对推动“一带一路”发展，哈萨克斯坦都起着非常重要的作用。中国石油也将继续秉承国家“一带一路”共商共建共享合作理念，进一步深化油气合作，让中哈油气合作高质量发展，迈向更高水平、更深层次和更宽领域。

资料来源：李永红. 中国石油在哈萨克斯坦践行“一带一路”倡议的实践与思考. 北京石油管理干部学院学报，2018 - 12 - 19. 全球化遭遇逆流、偏见无所不在，但这家石油央企的跨文化管理却做得有声有色. 北京大学区域与国别研究院，2021 - 06 - 27.

在跨国公司中，员工来自不同国家和地区，语言和文化背景各异，这给有效沟通带来了困难。在跨文化沟通中，同一句话和词汇可能会被来自不同国家的员工理解成不同的意思，更不用说语言和非语言线索的差异。我们需要意识到跨文化沟通的重要性、障碍和挑战。正如章首引例所示，随着全球化的到来，中国作为深受欢迎的国际公共产品和国际合作平台，已成为许多国家和地区的主要贸易伙伴，要加强与其他国家的交往，对于跨文化沟通的分析和理解变得非常重要。

本章将介绍跨文化沟通的概念和特点，强调跨文化沟通的重要性，并探讨影响跨文化沟通的变量以及面临的障碍。我们还将分析跨文化沟通的技巧和手段，以帮助个人和企业更好地应对跨文化沟通挑战。

跨文化沟通不仅仅是一种挑战，更是一种必要的能力。只有增强跨文化意识、学习不同文化背景下的沟通方式，我们才能更好地与国际伙伴合作、开展国际业务。我们应该不断提升自身的跨文化沟通技巧，并将其纳入国际化战略之中，以实现更广阔的发展和合作。

第1节 跨文化沟通的概念、类型和特点

一、跨文化沟通的概念

沟通（communication）一词描述了一个交换信息的过程，即通过诸如语言、行为或重要的物品等媒介将信息传递出来。管理者利用沟通来协调活动、发布信息、激励员工和协商公司未来规划。沟通将信息发送者与信息接收者相联系：信息发送者有意识地建立了一座通往信息接收者生活空间的桥梁；在信息接收者对信息进行解释并了解了信息发送者的意图之后，通常要进行编码并反馈，使得沟通成为一个循环过程。因此，对于信息接收者来讲，按照信息发送者希望的方式来解释特定沟通的含义至关重要。

沟通有两种方式，即语言的沟通和非语言的沟通。在日常生活中，思想、情感和信息的沟通大多是通过非语言的方式进行。根据心理学家的研究，一个信息对信息接收者的影响中，7%是由使用的词汇决定的；38%是由语言线索决定的，包括说话的语调、音量、语速以及其他的语言相关特性；其他55%是由非语言的线索，包括面部表情、手势、身体的姿态等来决定的。

当一种文化背景的人向另一种文化背景的人发送信息时，就是跨文化沟通（intercultural communication）。跨文化沟通与一般的沟通有所不同，当信息被接收者解码时，信息接收者自身的文化背景也会成为信息含义的一部分。因此，在跨文化沟通中，信息发送者和信息接收者的不同的文化背景会导致沟通方式、过程和结果的差异。这种差异可能造成误解、猜忌、迷惑甚至敌意等一系列问题。例如，东方人比较含蓄、重面子，因此他们在传递信息尤其是负面信息时往往比较委婉。如果沟通的双方是有相似文化背景的人，包括中国人、日本人和韩国人，可能可以了解对方想要表达的意思，但是如果一方是东方人，另一方是直截了当的欧美人，双方沟通有可能不顺畅，也就起不到沟通的效果。跨文化沟通问题与外语水平无关，而是取决于对对方的思维方式、生活方式和价值观念是否足够了解。例如，在英语国家，人们通常会欣然接受赞扬，并表达谢意和高兴之情。他们认为赞扬是对自己所做之事的认同和认可，因此会直接回应，例如说“Thank you”（谢谢你）或者“I'm glad to hear that”（很高兴听到这样的话）。在受到儒家文化影响的东亚地区，人们更倾向于表现出谦逊和虚心。当受到赞赏时，他们可能会

感到不好意思和受之有愧，常常使用“哪里，哪里”“过奖，过奖”“还差得很远”等回答。这种回应是出于谦虚的文化价值观，表达了对他人的尊重，并避免显得自负。这种文化差异可能导致交流上的误解和困惑。英语国家的人可能会感到迷惑，因为他们期望得到直接的、肯定的回应而非模棱两可的回答。类似地，在东亚地区的人可能会觉得英语国家的人过于直接和自大。①

跨文化沟通的过程也不同于一般沟通。跨文化沟通是一个不断分析、判断和决策的过程，人们需要随时随地评估沟通的过程和结果，并决定所期望的和能够实现的双方关系。因此，跨文化沟通的过程和效果决定了双方之间的关系是合作还是竞争，是关注解决问题还是双方之间的感情联系，是等级有序的还是平等一致的，是正式的还是非正式的。对于跨文化沟通，双方的关系要依赖于沟通的过程和结果，这一特点决定了跨文化沟通的难度。

二、跨文化沟通的类型

跨文化沟通存在时间性和卷入方式的差别，这会影响到如何选择合适的跨文化沟通方式。首先，从时间性来看，双方是稳定的长期来往还是短期来往，会影响到双方对沟通的期望以及对沟通方式的选择。例如，是在国外长期工作、学习和生活，还是偶尔到国外出差或旅游，会影响到沟通方式的选择。在前一种情况下，沟通方式往往是长久而多样的，以对对方语言和文化的深入了解为基础，旨在建立长期关系；在后一种情况下，沟通方式则是短期的、单一的和浅显的，旨在解决问题。例如，去法国的老佛爷百货商店或者美国的梅西百货商店买东西，与售货员是一种短期的跨文化沟通，人们仅关注所购买物品的价格、质量和服务保障，不会关注销售人员和管理人员的个人特性和风格。

其次，从卷入方式来看，跨文化沟通可以分为四种类型。

（1）参与型的跨文化沟通。一般发生在商务或其他形式的合作中，沟通双方需要建立一种互相依赖的关系，彼此都对对方有所期望和依靠，在此过程中需要保证双方的利益均衡，符合社会交换原则和互惠原则。一般来说，沟通的一方会策略性地作出一定的妥协，以期另一方在其他方面给予回报；或者沟通的一方给另一方提供某种回报以期得到另一方的承诺，通常是以交换的方式来影响对方的行为。

（2）利用型的跨文化沟通。一般通过跨文化沟通的机会对对方提出要求和期望。例如，跨国公司的老板对外籍员工发布命令和提出任务要求等。在利用型的跨文化沟通中，一方处于主导地位，另一方往往处于依附地位。

（3）贡献型的跨文化沟通。这种跨文化沟通通常没有商业利益的驱使，沟通的一方能够为另一方提供帮助、咨询、教育和激励。例如，中国向联合国妇女署提供1 000万美元资金支持，同时邀请3万名发展中国家女性赴华参训，并在当地培训10万名女性职业技术人员②；一位知名教授去国外的高校为学生作学术报告。在贡献型的跨文化沟通

① 全球化遭遇逆流、偏见无所不在，但这家石油央企的跨文化管理却做得有声有色．北京大学区域与国别研究院，2021－06－27.

② 萨尔瓦多《今日报》整版报道中国妇女事业成就．中华人民共和国驻萨尔瓦多大使馆，2019－06－20.

中，沟通方所表达出来的信息、知识和意见应该能够对拥有不同文化背景的听众有所助益。

（4）观察型的跨文化沟通。一般用于沟通一方对另一方的了解。一方会在另一方的文化环境和条件下了解、观察和分析对方的行为、心态和特性。比如，很多情况下旅游者所进行的都是观察型的跨文化沟通，提出的问题和参与的讨论多是为了满足自己的需求。另外，国与国政府或组织之间的文化交流和考察，也可以归为这种类型。

四种不同卷入方式的沟通也可能存在时间性的差别。一般来说，参与型的跨文化沟通更可能是长期的，观察型的跨文化沟通更可能是短期的，利用型和贡献型的跨文化沟通既可能是短期的，也可能是长期的。

三、跨文化沟通的特点

由于信息发出者和信息接收者的文化背景不同，跨文化沟通不同于一般沟通。具体来说，跨文化沟通具备一般沟通所没有的特点。

第一，跨文化沟通是沟通双方寻求共同点的过程。沟通实际上是建立共同语言的一个过程，在此过程中，双方谈论一致经历，共享知识和信息。在跨文化沟通中，由于沟通双方所共享的知识背景、信念体系和假定都存在不同，共同点的建立就变得尤为困难。因此，不断寻求双方的共同点是跨文化沟通的第一个特点。由于生活在不同的文化背景中，人们的意识形态、生活经历都有很大的差别，在很多话题上可能都会有不同的看法。例如，2010 年中国铁建在沙特阿拉伯的轻轨项目，在投标前缺乏详细实地勘探，对当地地质、土壤、水文环境以及施工要求等不熟悉，中标后又遭遇了拆迁难度大、要求多等问题。① 因此，从某种程度上，沟通的双方应该积极地去寻求共同点。在沟通过程中，存在一种相似吸引原则（similarity principle），即沟通双方的话语越相似，对听话人就越具有吸引力，越容易理解。这也是为什么我们即使生活在都讲普通话的大都市，但碰到老乡时还是喜欢用家乡的方言交谈。

第二，跨文化沟通是一个高度投入的过程。在跨文化沟通中，人们需要随时随地评估沟通的过程和结果，沟通的效果依赖于双方之间的互动程度。沟通双方需要对彼此的思想、感情和行为高度敏感，在此过程中还涉及不同语言的互相转化，因此可以认为是一个智商和情商高度投入的过程，需要沟通者具备较高的心理素质、智商和情商，往往也需要沟通者刻意去做一些事前的准备工作。因此，跨文化沟通过程往往使得沟通双方都高度紧张。来自同一文化背景的人的沟通往往不需要太多的投入，但如果换到跨文化背景下进行，人们会高度投入精力，为此感到疲惫不堪。

第三，跨文化沟通的过程往往伴随着对沟通中断的焦虑。由于缺少共同点，跨文化沟通不像拥有同样文化背景的人之间的沟通那样顺畅，人们常常感觉双方之间无话可说或者交谈合不上拍。例如，美国人对话的理想形式是你一句我一句，一旦停下就希望另一方立刻接上，中间不留空歇；中国人之间的对话形式比较悠缓，讲完一句之后往往还

① 李自国．“一带一路”：成果、问题与思路．中国国际问题研究院，2017－08－12.

有停顿，也不希望另一方立刻接上。这种情况下中国人和美国人的对话不是合不上拍，就是出现接不上的尴尬，造成“无话可说”，从而影响沟通质量。

更常见的情况是，在跨文化沟通中，沟通双方不知道对方的信息以及信息所产生的效果，因此非常担心沟通中断，这时沟通者会尽量去发现对方的理解程度，或者寻找能够使沟通继续下去的主题，或者干脆放弃继续沟通，这些都会让他们焦虑、紧张，对沟通产生反感和敌意。对沟通中断的焦虑，往往还会导致沟通双方显得过于关切和过分关心。例如，沟通者非常急切地提出问题，发表评论，不管对方有何反应。在这种情况下，沟通双方都争着传递信息，双方的沟通就会产生重叠、重合而且没有反馈的问题，这会对双方沟通的质量产生负面影响。

第 2 节　影响跨文化沟通的文化变量

跨文化沟通中所涉及的人有着不同的文化背景，因此沟通效果会受到一些明显的文化变量的影响，包括价值观、思维方式、自我建构、社会认同、时间观念和归因方式。

一、价值观

价值观是指一个人对周围的客观事物（包括人、事、物）的意义、重要性的总评价和总看法。像这种对诸事物的看法和评价在心目中的主次和轻重的排列次序，就是价值观体系。价值观会导致行为方式的差异。比如，亚洲人更看重家庭、国家和朋友等，对国家有很强的认同感；西方人认为个人更重要，个人的自由、独立和权利是他们崇尚的价值观。

亚洲人更加看重集体的价值观取向，表现在生活中的各个方面，例如，中国人强调尊老爱幼和乐于助人。美国人更加看重个体的独立性，不轻易接受帮助，在他们的观念中，只有弱者才需要照顾，他们也不会轻易向他人提供帮助和照顾，除非别人需要。这与中国人的理解有所不同，当中国人想向背着沉甸甸的包裹的美国老人或儿童提供帮助时，通常会遭到拒绝，并引起尴尬。中国人对于自己所敬重的人，很少直呼其名，除非双方有非常深厚亲密的关系，中国人习惯根据职务、身份来称呼对方，比如某某经理、某某老师、某某主任等。在西方一些国家，如果在相似的人群之间不直呼其名，就意味着你不愿意与他交朋友，会使对方大失所望且很不高兴。即使对自己最尊敬的教授，学生们也喜欢直呼其名，他们认为只有这样才能表达对老师的敬爱，这些都体现了中西方的差异，并可能在跨文化沟通中造成误解。

在业绩导向型的社会中如美国，通常以直接、清晰的方式传递重要信息，这是主要的沟通方式。与此形成对比的是非业绩导向型的社会，如俄罗斯或希腊，这些国家的人们并不很重视确切的事实或数据，人们倾向于间接形式的沟通。在低不确定性国家，如瑞典，人们倾向于和谐的交谈以及维持友好的关系。对于人本导向型的国家，如爱尔兰和菲律宾，那里的人们倾向于避免冲突，沟通的目的是给予他人支持而非实现具体的目标。法国人或西班牙人的沟通则具有明显的目的性。这些说明在不同的文化背景下，应选择合适的沟通方式。国际化管理者在了解了文化与沟通的复杂关系后，便做好了进行跨文化沟通的准备。应仔细观察并了解东道国人们的沟通方式，遵照其原则进行沟通活动。

二、思维方式

由于文化背景不同，人的思维方式也会存在差异，这对沟通的影响很大。目前学术界普遍认同的观点是：东方文化的思维方式强调全面、整体，即整体思维（holistic thinking）；西方文化则强调具体和个别的分析思维（analytic thinking）。思维方式的差别会影响人们的判断和态度。这种差别在东西方媒体的报道中可见一斑。对于同一件事，东方的媒体更强调环境的影响，西方的媒体更强调内因。

研究者分别从美国和日本的新闻报纸（《纽约时报》和《朝日新闻》）中选择了一些报道巴林银行1995年倒闭的新闻，一名不清楚研究目的的研究助手研读每篇文章，提取其中提供原因说明的部分。对于每份原因说明，另一名不知情的研究助手判断所给出的解释是倾向性的（内因）还是情境性的，即归咎于个人还是归咎于环境，两种来源的文章归因模式有巨大的差别。美国的报道倾向于做出强烈的倾向性归因，日本的报道倾向于情境性归因。①

我们知道态度是行为处事和沟通的基础，也是我们从别人那里获得信息进行解释的基础。如果思维方式导致我们对事件的判断和态度不同，自然也会造成沟通障碍。此外，思维方式还会引起沟通方式的差异：东方文化注重人际关系和面子，因此在沟通时往往更加委婉和注重保持和谐，人们可能不愿意在公共场合反驳上级，通过间接的方式表达意见。相比之下，西方文化更加直接和开放，人们在沟通中更习惯于公开讨论问题，并进行向上管理，包括指出领导者的问题。这种沟通风格的差异会引起心理预期的差异，从而影响沟通的过程和效果。

在跨文化沟通中，意识到文化差异的存在，并努力理解和尊重对方的文化背景，是建立有效沟通和成功合作的关键。这种跨文化意识和能力对于在全球化背景下的商务活动和国际合作至关重要。例如，当美国康尼格拉食品公司进军中国市场时，聘请了多伦多汉语学校的创始人柯颖丽对公司高管们进行跨文化商务培训，帮助公司管理层理解中国人的思维方式，包括时间观念、人际关系和“面子”问题等。由此，公司管理层清楚地认识到中美之间的差异，并在与中国员工的沟通中更加耐心。这种积极的态度和努力有助于促进跨文化沟通和合作，使管理工作更顺利地进行。②

三、自我建构

自我建构这一概念的诞生，深刻植根于马库斯（Markus）及其团队对文化因素如何

---

① 彭凯平，王伊兰．跨文化沟通心理学．北京：北京师范大学出版社，2009：125.

② 丹·列文．跨越全球化进程中的东西方文化冲突．中国青年报，2010-12-31.

微妙地塑造个体社会化进程的洞见之中。在西方个体主义文化的背景下，个体的独特性与自主性被赋予了至高无上的价值，每一个个体均被视为独立存在的意义单元，其内在世界与外部行为均彰显个人主义的光辉。相对而言，东方文化则以其深厚的人际和谐哲学为基石，强调人际关系网络的深远意义，倡导个体间相互依存、紧密相连的生活哲学，这一理念深深植根于社会结构与个体行为的方方面面。

第3章介绍文化维度时，提到东方文化是提倡集体主义的文化，西方文化是提倡个体主义的文化。这两种不同的文化对自我认识会产生很大的影响。基于上述文化差异的深刻洞察，马库斯等人开创性地界定了两种在东西方文化中分别占据主导地位的自我建构模式：独立型自我建构（independent self-construal）与依存型自我建构（interdependent self-construal）。独立型自我建构，作为西方文化的典型映射，其核心在于对个人独特性、自主性的不懈追求与珍视，其自我认知的框架中，个人的特质、能力与偏好构成了鲜明的自我标识，引导着个体的行为与决策。依存型自我建构，则是东方文化精髓的生动体现，它强调个体与周遭世界的紧密联系，将和谐的人际关系视为生命价值的重要组成部分。在此模式下，个体的自我表征往往嵌入广泛的人际交往网络之中，通过与他人的互动关系来定义与展现自我，追求的是在社会群体中的归属感与营造良好的人际氛围。

在一项研究中，当询问美国学生和日本学生学校里有多少学生的学术能力比自己强，结果发现美国学生的普遍回答是只有30%的其他学生比自己的学术能力强，在日本学生中这个比例接近50%。因为对依存型自我的人来讲，个体的独特性会伤害与他人的关系，从而影响他们对自己的评价。独立型自我和依存型自我还会对选择和决策产生影响。①

在另一项研究中，当美国人在公开场合按顺序点饮料时，后点的人总是倾向于选择与前面的人不同的饮料，但是在中国香港出现了相反结果，人们倾向于选择与其他人相同的饮料。②

这一结果的差异是由美国人强调独立型自我而亚洲人强调依存型自我所造成的——独立型自我强的被试，喜欢自己的选择与众不同，依存型自我强的被试，在选择时容易考虑到其他人和事物。以上自我建构的文化差异会影响人们对沟通中的线索的认知评价。例如，在与西方人的沟通中，东方人的谦虚可能会被视为虚伪或低自尊的表现；在与东方人的沟通中，西方人的直率又可能被视为傲慢和狂妄，从而引起沟通障碍。事实上，这里的沟通差异是由自我建构的差异引起的：在集体主义文化下，东方人倾向于对自己及与自己有关的事物评价较低，他们认为对自我的较低评价更有利于与周围环境的融合；在个体主义文化下的西方人正好相反，他们倾向于对自己有更高的评价。如果双方在沟通时没有考虑到彼此在文化和自我建构上存在的差异，那么误会不可避免地产生了。

---

① 彭凯平，王伊兰．跨文化沟通心理学．北京：北京师范大学出版社，2009：186.

② 丹·艾瑞里．怪诞行为学．北京：中信出版社，2008：244.

四、社会认同

奥地利心理学家特纳提出社会认同的理论，该理论包括几个重要观点：

第一，我们有分类的需要，也就是说我们容易把人分为不同的类别，而且这种分类往往是以自己的团队作为参照点。

第二，我们倾向于认同我们所归属的团体，容易把自己与自己的团体紧密地结合起来，用这种联系获得自尊，感到骄傲。特纳的社会认同理论为我们解释了人们在群体认同方面的心理倾向，并为企业在跨文化管理中采取相应的策略提供了一定的启示。了解和尊重目标市场的文化和价值观，以及与消费者建立联系，是实现成功的本土化和获得认同的关键。

例如，宝洁公司在进入中国市场时运用了特纳的社会认同理论的相关原则。宝洁公司采取了一系列策略来融入中国市场并得到消费者的认同。其中之一是通过在中国市场推出多个品牌和产品系列，满足不同消费群体的需求。这种策略与特纳理论中的分类需求相对应，即将消费者划分为不同的群体，并提供与他们的需求和偏好相符的产品。此外，宝洁公司还重视本土化，通过让中国消费者参与和合作，确保产品名称和广告与当地文化相契合。避免在广告中强调产品的“美国”身份，宝洁公司能够更好地引起中国消费者的共鸣和认同。通过这些策略，宝洁公司成功地建立了与中国消费者之间的有机联系，并在中国市场获得了认可。这种消费者的认同感有助于宝洁公司在中国市场的发展和壮大。①

第三，我们有将自己的群体与其他群体进行比较的冲动，从而产生对自己所在的群体的偏好以及对其他群体的蔑视甚至敌视。

第四，我们有自我评价的需求，即通过群体成员的身份来评价自己。社会认同的存在使得我们身为群体的成员会为自己的群体感到骄傲和自豪，甚至可以为自己的群体作出牺牲。同时，我们也会很容易地区分出内群体和外群体，对前者而言，个体把自己看作其中的成员，对外群体则相反，从而导致群体偏见。

前文中提到在体育迷群体中显现了强烈的群体内偏见，在跨文化沟通中出现这种偏见毫不奇怪。文化优越感是社会认同感在跨文化沟通中产生的更为负面的表现，意指文化成员所拥有的卓越感。例如，很多国家的人都抱怨美国人自认为在任何领域都是最好的，甚至美国人使用“American”也反映了他们的文化优越感，因为“American”实际上包括北美、南美和中美等所有美洲国家的人。虽然美国是最明显的例子，但是实际上所有的国家都会通过它们的价值观鼓励文化优越感。因此，毫不奇怪的是，很多人到了另外一个国家，会很快地将当地人做事的方式标定为奇怪的、无效的而不尝试理解背后的原因，更愿意组成自己的俱乐部去抱怨面临的困难，而不是通过与当地人交往去发现文化究竟是什么。

---

① 2021年度企业公民责任报告．宝洁历年企业公民报告，2021.

与社会认同感有关的另外一种负面表现是刻板印象，即一方假设另一国家或亚文化中的所有人都具有相同的特点或特征。斯蒂芬等在六个国家的学生中发现共同点：日本人工作勤奋而传统，俄罗斯人坚强而被动，美国人好胜、现实、情绪化。在这些研究中，调查获得的异质刻板印象与经验研究的结果高度一致。①

刻板印象是一种泛化的对外界群体成员的概括。由于它往往带有一种感情、行为和观念的歧视和敌意，因此在跨文化沟通中是引起误解的重要原因。刻板印象会让人们表现出歧视其他文化和文化成员的行为，认为对方的意图很危险，人格也有缺陷，甚至不如自己聪明，不如自己高尚。在实际生活中，这样的判断可能与现实大相径庭，刻板印象的产生是因为人们不愿意为了获得某种信息而花费过多的时间和精力。

五、时间观念

时间是传递文化的又一变量。不同文化背景中的人有着不同的时间观念，我们将这种时间观念的跨文化差异总结为以下三个方面。

第一，时间观念的差异体现在资源的有限性上，即将时间看作一种稀有资源，还是一种无穷尽的资源。有的文化将时间看作一种无穷尽资源，也就是说我们不需要刻意地控制和掌握时间，把自己的生活交付于命运，同时在命运中随意地生活。有的文化将时间看作一种稀有资源，而且是瞬间即逝的。在时间资源上的观念差异影响了不同文化背景中人的行为。这种差异与经济发展水平有很大的关系，经济发展水平较高的文化，强调时间的固定意义，强调时间是稀有资源；经济发展较为落后的国家，强调时间是一种无穷尽资源，并且可以随着人的心理体验而伸展变化。

虽然中国人和美国人都将时间看作一种稀缺资源，但在长期/短期导向上存在差异。中国文化倾向于长期导向，注重长期的稳定和持久的关系，而美国文化则更注重短期目标的实现和即时效果。例如，对于康尼格拉食品公司这样一个西方跨国企业来说，意识到这种差异非常重要。威廉姆斯女士经过跨文化管理的相关培训后意识到，在招募中国人才时，不能仅仅采用北美式的招聘方式和时间框架，她认识到在前期建立关系时需要投入更多的时间和精力，以建立信任和理解。中国文化中，建立信任需要时间和努力。在招募中国本土人才时，康尼格拉食品公司可以采取一些策略，例如通过社交活动、面谈和交流等方式与候选人建立更紧密的关系。这种关系建立阶段的投入可以帮助康尼格拉食品公司更好地了解中国候选人的背景和价值观，并为双方建立起信任基础。由于意识到长期/短期导向上的差异，在招募中国本土人才时采取相应的策略，康尼格拉食品公司可以提高招募到合适管理者的成功率。这种跨文化管理的认识和调整对于跨国企业在不同文化背景下的运营和人才管理至关重要。②

第二，时间观念的文化差异体现在时间的宽度上，即是一种长期的时间观念还是一种短期的时间观念。不同文化背景的人对时间知觉的框架是不同的：东方的儒家文化强

---

① 史密斯，彭迈克，库查巴莎．跨文化社会心理学．北京：人民邮电出版社，2009：280.

② 丹・列文．跨越全球化进程中的东西方文化冲突．中国青年报，2010－12－31.

调长期的时间观念，认为人的生活是为了远大的目标，因此工作态度和工作精神都体现坚韧不拔的原则；西方文化强调短期的时间观念，即看重近期目标的实现。如果分别询问一位印度人和一位美国人，未来的时间有多长？美国人把未来定义为5年之后，印度人把未来定义为20多年以后，这正是因为他们的时间观念不一致。有研究表明，让被试讲未来的故事时，具有短期观念的人更愿意讲将来的事情，具有长期观念的人更愿意讲现在的事，这可能是因为具有长期时间观念的人认为未来太远，反而不愿去想未来发生的事情，具有短期时间观念的人认为未来不是特别远，反而容易去想未来的事情。

第三，时间观念的差异体现在单时制与多时制上。在单时制文化中，如瑞士、德国和美国，时间是以线性方式推进的，有明确的过去、现在与未来。人们通常认为时间可以被花费、节约、创造或者浪费；在做了分类及划分之后，时间也可以用于安排人生。这种对待时间的态度是西方文化中通过长期实践得到的，最早可以追溯到工业革命时期。遵循单时制的人们通常也属于个体主义文化，在一个时间点上只关注一件事，遵守时间约定，习惯保持短期联系。相对而言，在多时制文化中，通常容许发生多件事并强调人们的参与。例如，两个拉丁美洲朋友，相约在开会前进行一次重要谈话，这就传递出私人关系胜于公司事务。像拉丁美洲人、阿拉伯人以及其他来自集体主义文化的人，可以同时关注几件事情，注意力高度分散，故而经常改变计划。

六、归因方式

不同文化下的个体在沟通中的归因方式有差异。传递的信息中包含着发送者想要表达的意思，但是当信息被接收后并进行信息解码时，信息接收者的文化背景因素将融入信息之中。需要注意的是，在沟通过程中不同参与者的行为归因是不同的。归因是指对他人行为寻找合理解释的过程。研究者指出，当人们不理解他人行为时便会进行归因，并责怪对方对信息的混淆或者认为他人“愚蠢、荒唐或者不诚实”。在沟通过程中管理者及员工往往试图将自己的价值观和体系强加给不同文化背景的同事，文化对管理方式的影响将非常显著（海伦·德雷斯凯，2008）。如果管理者和员工总是基于自己的文化背景去理解及与对方交流，往往会陷入“自我认可准则”中。

在美国文化中，人们普遍认为行为是个人选择的结果，更加强调个人的意愿和决定。这种观念反映在文化中，人们倾向于将行为归因于个人的特质、价值观和人格倾向，而忽视了环境因素的影响。相比之下，亚洲文化更强调环境因素和社会关系对行为的影响。在解释犯罪行为和异常行为时，亚洲人更倾向于归因于人与环境之间的不平衡和不良的人际关系。他们更关注社会和环境因素，认为这些因素对个人行为产生重要影响。例如，当美国人解释谋杀事件时，他们更倾向于用个人特质作为解释的基础，而亚洲人则更注重环境因素的影响。以一个关于凶杀案的故事为例，当被试被询问如何解释这个凶杀案时，美国被试更多地相信是杀人者的个人特质和人格倾向导致了悲剧的发生，而亚洲被试则认为是由于不良的人际关系和环境条件所造成的。不同的文化背景和信仰在很大程度上影响人们对犯罪行为和异常行为的解释方式，这种差异也凸显了跨文化研究的重要性。①

第3节 跨文化沟通障碍

一、语言障碍

跨文化沟通中一个显而易见的障碍就是语言障碍，即口语或书面语中出现的障碍。如果你来到一个国家，不会讲当地的语言，无法表达自己的意思，就如同丧失语言能力一样。更有意思的是，即便你学习了对方的语言，知道对方语言中的词汇与你的母语中的词汇如何对应，也不一定能明白对方的意思。例如，百事的广告语“Come alive with Pepsi”，进入德国之后，公司才知道按照德语的含义，“Come alive”有“坟墓”的意思。②

学习一个国家的语言，绝不仅仅是掌握词汇。很多外教在中国教学时，经常发现读不懂中国学生的英语作文，其中很重要的原因就是这些学生在一字一句地机械翻译而没有真正考虑如何准确表达，有些表达仅仅是在中国才有的说法，按照字面意思翻译，外国人自然无法明白。语言障碍不仅体现在使用不同语言的国家之间，对于讲同种语言的国家，语言使用中的微妙差别也会产生问题。例如，英国人与美国人都说英语，但很多词汇存在不同，例如“football”在英式英语里代表足球，但是在美式英语里则代表橄榄球。如果美国人和英国人以“football”为主题进行谈论，那么很快会发现根本无法理解对方的意思。

语言不仅用于传递信息，而且使文化代代相传。语言可以反映在一个国家什么东西是重要的。在阿拉伯语中，有5 000多个词汇用于描述骆驼及与骆驼有关的事物；因纽特人对雪的表达有50多个词汇。语言也促成了亚文化的产生及延续。在印度，22种官方语言及许多非官方语言并存；在非洲大陆，有2 000多种语言。这些不同的语言反映的是亚文化的差异。在中国，我们使用的是同一种母语——汉语，但是方言的差异反映了亚文化的存在，例如，粤语和上海话中有很多不同于普通话的表达方式，你到了广东或上海，如果不懂当地人的方言，在很大程度上这会影响你对当地文化的了解。

随着全球化的到来，跨国公司的管理者需要面对多种语言。福特公司设在德国科隆的工厂里装配线上的员工有的说德语，还有的说土耳其语、西班牙语。在突尼斯和黎巴嫩，除了当地语言之外，法语是商业语言。目前，中国不仅成为世界工厂，也成为吸引很多跨国企业投资的重要消费品市场，学习汉语成为全球的一大热潮。

---

① 刘邦惠，彭凯平．跨文化的实证法学研究：文化心理学的挑战与贡献．心理学报，2012，Vol.44，No.3：413-426.

② 海伦·德雷斯凯．国际管理．北京：机械工业出版社，2008：85.

二、非语言障碍

不借助语言（尽管通常也使用一些词语）而是通过行动来进行沟通，就是非语言沟通（nonverbal communication），包括肢体语言、空间关系和辅助语言等。非语言障碍即使用这些语言时所产生的障碍，例如，肢体语言的细微变化和说话节奏及其停顿都可能在不同国家的人中间引起误解和不信任。

（一）肢体语言

肢体语言指通过身体的活动进行沟通，包括姿势、手势、眼部行为和面部表情等。尽管这些举动司空见惯，但是含义大有不同。肢体语言可以认为是特定文化与认知的产物，如果不了解其文化背景，就可能在沟通中形成障碍。

美国人往往在沟通中喜欢摆出休闲的姿势，但是这种姿势在与欧洲人或亚洲人的商业会议中出现，会被认为非常无理或者缺乏教养；在韩国对肢体语言也有要求：会谈者应该坐直挺胸，语速缓慢，身体稍微前倾且精神饱满。再来看看中国人和美国人的姿势和手势的异同点：在两种文化中，男性相逢时，都以握手问候对方，皱眉表示不高兴，噘嘴表示不满意，咬牙表示愤怒，拍肩膀表示赞扬、鼓励等，但有一些动作的意思不尽相同，例如跺脚在中国文化中代表气愤、后悔，在美国文化中则代表不耐烦。在不同的文化中，相同的姿势可能表示不同的意思。例如，在美国，用食指和大拇指作出一个圆圈的形状，表示某件事情“OK”，在日本，这个手势所表达的意思却是“金钱”，在法国，这个手势代表“0”或“毫无疑义”，在澳大利亚、西班牙、德国、中东和拉丁美洲，这个手势会被人认为是辱骂。即便在比较接近的英美文化中，也存在差别：在美国伸出两个手指朝上，无论手心朝向哪面都是胜利的标志，但在英国，同样的手势如果手心朝内则是具有冒犯性的。

眼部行为（也叫“目光语”）的细微差别，如果不能被正确理解，也会造成歧义。日本人往往对美国人的双目对视很不适应，因为他们认为在沟通中应该谦卑而低下头，但是个性更加坦率的美国人接受的教育则是“当我对你说话时，请看着我”。类似地，目不转睛地盯着别人看，在中国文化里意味着让人发窘和不自在。在使用同一种语言的英国和美国也存在眼部行为的差异。英国人与美国人在目光接触上有不同含义：美国人在说话时会直视着你，英国人保持注意力的方法则是看着别的地方。当英国人结束说话看着你时，意思就是该你说了，这暗示着当他不看你时，请不要打断他说话。

对于面部表情，虽然全世界大部分人都可以识别出基本情绪的表达方式，如生气、厌恶、恐惧、害怕、快乐、悲伤、惊讶及轻蔑，但是不同文化背景下的人们对面部表情的理解仍然存在差异。让美国人和日本人看微笑的和无表情的脸部照片，微笑的面孔都传递了社交性，但美国人还认为微笑的面孔更聪明。如果比较中国人和美国人对面部表情的判断，两者都认为微笑的面孔更具有社交性，但中国人还认为其缺乏自我控制和冷静。在对微笑的反应及对微笑含义的理解方面，证明了既存在普遍性，又存在文化差异性。

（二）空间关系

空间关系是通过空间布局、距离调整来影响沟通的。空间既可指个人空间，又可指办公空间或布局。空间的距离会对两个人之间的感觉产生微妙的影响。当一个人在很近的距离对着你说话时，你是否感觉隐隐不快并开始逐步后退呢？这是由于那个人侵犯了你的“领域”——你的私人空间。空间距离也可能加深双方的情感。如果对方在自己的私人空间中存在很长时间，我们会渐渐对其产生好感，这在心理学上称为“单纯接触原理”。如果对方与自己比较靠近，时间长了我们会对其产生好感，这叫做“靠近的因素”。

私人空间是带有文化烙印的，如果不了解这一点，我们常常会在跨文化沟通中误解外国人的空间暗示行为。如果一个人看起来冷漠或是过于热心，这可能与人格特质无关，只是意味着他遵循的是不同的空间规则。总体说来，存在高接触文化（high-contact culture）和低接触文化（low-contact culture）的差别。南美、欧洲南部与东部、印度尼西亚和阿拉伯地区属于高接触文化，人们喜欢站在一起，密切接触，体会亲密的感觉；北美、亚洲与北欧则属于低接触文化，人们更喜欢敬而远之，站远些，少接触。美国人属于相对少接触，他们选择站立的位置标准是伸直一只胳膊的距离。如果站得更近，则被视为侵犯他人空间。然而，对于密友，美国人与加拿大人会热情地握手或者拍拍后背以示亲密，但不会像西班牙人那样热情地用双手来握手（或用左手抓着对方的前臂）。高接触文化和低接触文化的差别还与个体主义和集体主义文化有关：在个体主义文化下，人们倾向于保持距离；集体主义文化下的人喜欢互相信赖，无论是工作、玩乐、生活还是睡觉都喜欢在一起。例如，美国人希望办公室布局能保持私人空间，在升迁后，往往会得到一个更大更私密的空间。在亚洲大部分地区，人们不习惯开放办公——各种职级的人混在一起密切接触。有意思的是，对空间距离的舒适感觉与对话时使用的语言也有关系。

（三）辅助语言

辅助语言是与说话方式有关的内容，如语速、声调、大笑或者打呵欠。拉美人和东方人在说话的语音语调上显著不同。拉美人说话语调很高，保持亢奋状态，情绪激昂。东方人则语调平缓单一，很少起伏，不紧不慢。欧美国家的人说话的语调则处于这两者之间。

通晓文化的管理者应该学习如何解释辅助语言的细微不同，包括沉默。沉默是有力的沟通手段，它可能是表达“不”的一种方式，也可能是在等待更多的信息以做决策。美国人不习惯超过10秒或15秒的沉默，中国人在说话前习惯沉默30秒来考虑处境。在商务会谈中，如果不理解沉默在各自文化中的意义，就可能引起很大的冲突。美国人常常不耐烦地打破沉默，这恰恰冒犯了日本人，因为这打断了他的思维，即对话题的舒适度。片山（Katayama）分析了504条日语中与语言价值有关的谚语，发现其中63%对语言持否定态度，认为沉默或不开口更好；25%持肯定态度；12%持中立态度。稻垣（Inagaki）对3 600名日本人进行了调查，发现82%的人同意“祸从口出”。[①] 沉默文化的另一个典型代表是芬兰，芬兰人甚至比日本人还要沉默，日本人至少还会用点头的方式显

① 严文华．跨文化沟通心理学．上海：上海社会科学院出版社，2008：71.

示自己的礼貌或满意，芬兰人则可能一点反应也没有。如果在会谈中美国人问芬兰人“你们怎么想?”他们就真的开始“想”，用沉默来想；如果这么问美国人，他可能马上就说“我告诉你我是怎么想的”，并且不加停顿。

三、沟通风格的障碍

在很多情况下，文化差异比语言差异更会影响沟通的方式和效果。例如，有些文化强调直截了当的沟通，有些文化则强调含蓄、间接的表达；有的文化倾向于以自我的体验和喜好作为沟通的起点和基础，有的文化则倾向于用他人的经历和看法作为沟通的基础。沟通风格的障碍可以从高情境文化和低情境的沟通文化的差异角度来理解。高情境文化（high-context culture）强调在很多情况下沟通的情境、信息和意义的交换不是由你说的语句和内容来决定的，而是由你表达的方式、手势、语调和语速等情境性的因素来决定的。在高情境文化中，沟通的意义在很大程度上是间接的，表达所使用的词汇和语句往往比较间接，很大程度上只是所要传递信息的很小一部分，其余的部分必须依靠听众的理解和意会来加以补充。“此时无声胜有声”指的就是高情境文化，中国文化就是一个高情境沟通的文化，类似的文化还包括日本文化、西班牙文化。低情境文化（low-context culture）强调沟通的方式是直接的、明确的，意思应该是直接由字面表达的。听众不需要对背景和情境进行再加工，因为他们可以直截了当地从沟通者所说的、所用的词汇中理解对方的意思，美国、加拿大及很多欧洲国家都是明显的低情境文化。

高/低情境文化沟通所引起的跨文化沟通障碍是显而易见的。如果采用高情境文化沟通方式，往往会被认为太含蓄、太委婉，不能被对方很好地理解；如果采用低情境文化沟通方式，与来自高情境文化中的人沟通时，往往会被认为表达太直白、太霸道。具体来说，两种沟通风格的差异表现在如下三个方面。

第一，表达方式不同。高情境文化常使用礼貌、委婉和间接的表达方式，低情境文化常使用直接、坦率和评价的表达方式。例如，日本管理者很少会对提出要求的人直截了当地说“不”。他们回避“不”的方式是：先说“是”，再给出意味着“不”的详细解释的确定答复。美国管理者给出的回答更加直接。此外，低情境文化的人更倾向于使用一些戏剧化的表达方式，这与他们更欣赏直接的沟通方式有关，他们往往喜欢用一些夸张的词汇来强化要表达的意思；高情境文化中的人对双方的关系和要表达的隐藏意思相对比较敏感，因此不需要以过分戏剧化的方式来表达要传递的信息。例如，在中国，上级表扬自己的下属或是父母夸奖自己的子女时，一个简单的点头和微笑，或是一种赞许的姿态，往往就把意思表达得非常清楚；如果换成美国人，他们会毫不犹豫地用热烈的词汇来夸奖自己的下属和孩子。东方人的委婉表达方式往往会使西方人感到困惑不解，因为他们需要直接和夸张的表达方法。

第二，对人际关系的敏感程度不同。高情境文化中的人敏感程度很高，能够非常快地从双方交流的方式和结果中判断出关系的亲疏程度，并从对方沟通时的态度、表情、姿态来判断双方关系的亲密程度。相对而言，低情境文化中的人不太能够从沟通的方式中判断双方的亲密程度，他们更多地依赖直接的语言。我们前面所说的沉默文化的差异也是这种敏感程度差异的重要表现。高情境文化中的人往往更会运用沉默，根据情境的不同，沉默可以表示为对你的意见默许、不认同你的意见、对你的意见深入思考，或者对你的意见毫无兴趣。对沉默的准确把握依赖于你对双方关系、沟通背景、沟通议题的了解。在低情境文化中，沉默往往代表对你的不满和否决。

第三，对辩论和对话的兴趣也是区分高/低情境文化的指标。低情境文化强调对话和争论，因为需要对所讨论的意义有比较直接的理解、比较详细的分析和区别；高情境文化则厌恶争辩，强调双方之间的和谐、礼貌。因此，对于高情境文化中的人而言，低情境文化中的人往往好斗而且霸道；对于低情境文化的人而言，高情境文化中的人往往比较虚伪和懦弱。这些印象实际上是沟通风格的差异造成的，并不是双方真正的人格差异。

来自不同情境文化的人在沟通时常常会发生错误理解对方的情况，尤其是来自低情境文化的人对来自高情境文化的人的表达常常感到莫名其妙，不知所云。

第4节　跨文化沟通的技巧

一、培养文化敏感性

跨文化沟通不同于一般沟通，不仅涉及沟通的技巧，而且涉及沟通者的文化背景。当存在文化背景差异时，很多在一般沟通中不是问题的问题在跨文化沟通中都会变得棘手。接收信息是沟通过程的第一步，在跨文化沟通中往往会出现信息无法被接收的现象。根据传播心理学，人们往往选择性地接收信息，即通常只接收已经认同的信息。这种选择性接收与我们生活和社会结构中的信息过滤系统有关系，包括我们所受的教育、社会体制、生活方式、语言等都决定我们所能接收的信息，这就决定了跨文化沟通的难度。因此，培养文化敏感性（cultural sensitivity）是提高跨文化沟通技巧的第一步。文化敏感性指了解母文化和异文化的区别以及这些文化特点对自己和他人言行举止的影响。一般来说，文化敏感性包括三个层面：第一，认可文化差异是客观的，无法凭个人喜好来消除或拒绝；第二，欣赏这种差异，从被动接受或带着情绪看待这种差异，转变为以主动和积极的态度来看待这种差异；第三，利用文化差异，让差异成为解决问题的源泉或资源。

现在有些跨国公司开发了“文化同化器”的培训方案，以促进跨文化沟通。在这个培训方案中，要求参加者先阅读一段有关某情境的文字描述，然后从备选行动方案和使用的语言类型中进行选择。参加者作出选择之后，会立刻知道选择是正确的还是错误的，并被告知原因。在这个培训中，他们经历了在国外可能会遇到的上百种情境，渐渐对那个国家的文化产生了敏感，从而能够更有效地进行沟通。①

① 弗雷德·鲁森斯．组织行为学．北京：人民邮电出版社，2003：253.

二、有效地传递信息

从本质上讲，沟通是一个信息传递的过程。在跨文化沟通中，尤其要注意我们给对方什么样的内容、传递什么样的信息。以下是五项评价跨文化沟通中所传递信息的技术标准。

第一，传递的信息必须是具体的。高情境文化下人们讲究意会，有节有度，习惯于不把话讲透而希望对方能够理会。低情境文化不习惯含蓄、委婉的表达方式，因此，人们的信息选择就要比平时更加具体和细致。

第二，应该尽量选择中立的第三方信息。特别是在敏感问题上，中立的信息更容易起到说服对方的作用。即使对方的看法有很大的偏差，我们也最好针对对方的具体观点作出批驳和辩论，不要过分地揪住对方的目的、动机和背景不放，虽然这些可能是对方产生偏见的根本原因，但是在具体的沟通过程中纠缠这些不能很明确说清的问题，对沟通不一定有效。

第三，信息的选择最好强调广泛性和民主性。我们要多引用普通老百姓的观点和看法，多采用民意调查的结果，往往能起到很好的效果。

第四，信息的选择要注意实用性。应该多引用一些于对方有利的分析和信息。如果能够适当地体现互惠双赢的精神，就会起到说服别人的作用。

第五，信息应该具有自我攸关性。心理学家早就发现，人类的心理活动具有明显的自我参照效应：自己做过的事情往往记得更深刻，自己拥有的物品往往更有价值，自己的成就往往更有意义，等等。我们应该利用人性的特点进行沟通。

三、提高影响的技巧

跨文化沟通是一种人与人之间相互影响的过程，提高影响的技巧对于跨文化沟通至关重要。一般来说，影响的过程包括接收信息、注意信息、理解信息、同意和接受结论、态度的保持和改变几个步骤。在这一过程中，除了信息选择的有效性外，决定影响效果的关键因素在于如何影响沟通对象的态度。那么如何影响沟通对象的态度呢？这里先介绍两个心理学原则，分别是熟悉原则和一致性原则。一个事物在我们面前曝光的次数越多，我们越倾向于喜欢它，这就是熟悉原则（principle of similarity）。

罗伯特·赛因曾经做过实验，他把一些平淡的、新颖的、复杂的刺激短暂地呈现给被试，其中一些刺激只呈现一次，一些刺激呈现几次，一些刺激呈现多次，每次呈现时间为两秒钟。给美国被试所呈现的刺激，有些是美国人不熟悉的中文词汇，有些是毫无意义的、生编乱造的音节或者一些无意义的符号。在一个实验中，他把不同的汉字分别呈现1次、2次、10次和20次。呈现结束后，要求被试在贬义、褒义中选择。结果发现，呈现次数越多的汉字，被试将它评为褒义的概率越大。对于很多不同的刺激来说，这种评价结果都是存在的。此外，还存在激化现象，即重复呈现人们先前比较喜欢的事物可以导致更加积极的评价；反之，重复呈现人们先前比较不喜欢的事物可以导致更加消极的评价。实验中，研究者把一些抽象画分别呈现给被试1次、2次、5次和10次。在抽象画首次曝光时，要求被试报告是否喜欢这幅画。随着观看次数的增多，研究者发现被试对喜欢的抽象画更加喜欢，对不喜欢的抽象画更加不喜欢。①

事实上，在对一个问题进行简单的思考后，大多数被试的态度都会出现激化的现象。最初的赞同者在思考后变得更加赞同，最初的反对者在思考后变得更加反对。由此可以看出，思考可以让人产生激化的态度。在跨文化沟通中，我们如果希望利用熟悉原则影响对方的态度，应该遵循客观规律，选择合适的信息进行重复，这样才能做到有的放矢。

在运用熟悉原则时，还要注意信息呈现的频率问题。信息呈现过于频繁，人们也会产生消极情绪。那么重复多少次才算过度呢？这没有标准，取决于信息本身。通常情况下信息越复杂，所需曝光的次数越多，因为在信息中有更多的东西需要进行评价和反应。通过呈现一些略微不同的信息，就可以避免积极反应向消极反应转变。我们接收信息的一些方式也可能会促使我们用自己的知识、信念和经验来建立新的联系。

根据一致性原则（consistency principle），不论刺激是否呈现，对信息的思考都有两种情况：一种是与已有的态度相一致；另一种是使已有的认识变得更加一致。产生的原因是每一种态度都部分地反映我们为理解态度客体形成的一个心理图式，对于态度客体的思考在很大程度上是在已存在的图式引导下完成的，这一思考过程引发了知识所能带动的记忆和联想，这些记忆和联想又与心理图式相匹配。因此，我们思考和联想得越多，一致性的思维就积累得越多，态度也会愈加极端化。这种一致性原则为引入极端态度提供了有用的策略，这一策略的诀窍在于首先引发被试对某一观点或客体产生略微喜欢的反应，再想办法努力使被试对这一客体进一步反思。如果这个客体是一个社会问题，可以用包含论据的信息来取得被试的初步正面反应，再激励被试作进一步的思考和联系，通过这种方式使被试的态度更加强烈。

如何说服别人接受你的观点是影响过程的重点。精细可能性模型（elaboration likelihood model）是一种重要的说服理论，它区分了两种说服路径：中心路径和外周路径。根据中心路径，人们仔细思考说服性的沟通意见，因此态度改变与否取决于论点的强弱。一旦有人说服你1加仑汽油值5美元，那么你可能会以此标准来处理信息。根据外周路径，人们不怎么集中精力关注信息，而是对情境中的表面线索作出反应。当有人想让你购买某种产品，如果产品前站着一位性感的模特，那么卖方正是希望你的思维能避开要害。人们是采用中心路径还是外周路径，在很大程度上取决于他们是否愿意并且能够仔细地思考说服性内容？这是由情境与个人的关联性所决定的。

在一项研究中，来自普林斯顿大学和耶鲁大学的学生中一半的人阅读了一个发生在普林斯顿的故事，另一半的人阅读了同一个故事，只是故事的地点变成了耶鲁，结果表明，只有当故事发生在别的学校时，学生们的态度才会受到故事观点的影响，也就是说，当信息和个人没有什么关联时，学生们没有采用中心路径去发现故事信息的漏洞。因为没有中心路径的加工，学生们被故事说服了。②

---

① 彭凯平，王伊兰．跨文化沟通心理学．北京：北京师范大学出版社，2009：136.

② Prentice D A，Gerrig R J，Bailis D S. What Readers Bring to the Experience of Fictional Texts?．Psychonomic Bulletin & Review，1997 (4)：416-420.

精细可能性模型对跨文化沟通有什么启示呢？在跨文化沟通中，当我们希望说服西方人接受我们的观点时，需要先判断我们希望说服他们接受的观点与他们的相关性有多大。如果相关性很大，那么根据精细可能性模型，应该提供有力的证据和论点；如果相关性很小，信息的包装可能更重要。

四、对话的艺术

跨文化沟通的背后有很多有待我们了解的问题和障碍，对话仍然是实现跨文化沟通最根本的途径。对话的艺术也是心灵沟通的艺术。

（一）真诚的注视和微笑

我们前面提到了很多非语言沟通的文化差异，但是毋庸置疑，在任何文化背景中，有些非语言的表达是共同的，尤其是在初次见面时，真诚的注视和微笑能够立刻拉近沟通双方的心理距离。我们常说“眼睛是心灵的窗户”，大部分西方文化都鼓励注视和眼神接触；在东方文化中，虽然不提倡总是盯着别人说话，但真诚的注视仍然是必要的。如果在沟通或演讲中，只是照本宣科，不注视对方，会被认为是害怕对方、轻视对方、漠不关心或感到内疚等，更可能被认为不尊重对方。尤其在沟通最初的自我介绍阶段，真诚的注视显得尤为重要。在跨文化沟通时，要尽量微笑。当你发自内心地愿意与对方进行沟通或对话时，你就应该尽可能微笑。如果你觉得实在很难做到，那么不妨在与对方沟通前回想一些令人高兴的事情，让内心先快乐起来，这样微笑自然而然会显露在你的脸上，对方也会作出积极回应，这标志着一次积极沟通的开始。

（二）问候

来自不同文化的人初次见面时，人们通常会互致问候。英语中的常用问候语是“哈罗/嘿”“你好吗”“早上好/晚上好”等。过去中国人之间很少使用这样的问候语，人们打招呼时常用“你吃了吗”，但是在英语里这句话所表示的不是打招呼而是邀请对方共同进餐。中国人在见面时往往会使用“你去哪里”或者“你去干吗”这样的话表示问候或关心，但他们并不是真的想了解人家到底要去哪里和要去干什么事情。在另一些文化中，若这样去问候对方，往往会让对方不高兴，因为他们认为这样的问题涉及个人隐私。在这些文化中，人们很注意隐私和个人空间，因此，在跨文化沟通中，应该回避婚恋、年龄、宗教信仰和经济状况等敏感话题，这样才能使谈话顺利进行。

一般来说，在跨文化沟通中最好知道对方的名字，准确地称呼对方，这通常会让人觉得你对他很感兴趣、很重视。然后是介绍自己，告诉对方你的名字、工作单位及相关背景。千万不要一见面就开门见山地询问别人一个待解决的问题或对别人提出要求，这会引起反感和敌意。可以在介绍自己时，点出自己在这次对话中的身份和角色，简单阐述对话的目的，告知对方自己就是其对话的对象。还可以在介绍完自己之后，作出一种有意义的提示。例如，当别人问候你时，除了简单地回答“我很好，谢谢你!”还可以加上你想让对方关注的要点，比如“我很好，希望今天能够很好地合作”，或者“我很好，我有一个想法想跟你交流”。

伴随着问候语，最好有一个有力的握手。有力而积极的握手传递了你对别人的态度，表达了你的可信度以及对别人的尊重和重视；无力、漫不经心的握手所表达的就是不利于你的信息及非常糟糕的印象，让对方觉得你是傲慢、冷淡的人，你是在拒绝、排斥对方，这在跨文化沟通伊始便严重地破坏了自己的形象。需要注意的是，在有些文化中，初次见面时的问候动作可能不是握手而是亲吻、鞠躬、拥抱等。在东方文化中，鞠躬是很正式的一种问候动作，而且有很多讲究。西方文化中拥抱和亲吻则是比较常见的问候动作。如果你不知道如何做，最好先观察别人。与此同时，你必须了解对方的社会关系及地位，因为不同的社会关系及地位决定了问候行为该由谁启动，以什么样的方式进行。

（三）开场白

万事开头难。跨文化沟通最难的也许就是第一句话如何开头，如何延续，如何完成。这是每一个从事跨文化沟通的人都必须思考的问题。从某种意义上讲，跨文化沟通的最初几分钟就决定了跨文化沟通的过程和结果。可以用一些容易回答的问题来开始一场跨文化沟通，有一个比较好的策略，即先问两三个有明确答案的问题，然后问一些比较简单的问题，再问一个开放式的问题，这能让对话的气氛更为轻松。需要注意的是，即使是开放式的问题，也应该是相对容易的问题，对方回答问题时一定要表现出对这些问题和对方的回答感兴趣。不要太在意对方回答问题的质量，因为这只是启动沟通的一个开端。那么哪些问题是容易的开场问题呢？比如天气，在天气多变的地方，询问对方天气是最保险的开场白；最近的新闻，问问对方是否观看过奥运会，观看之后有什么感受；也可关心一下对方的家庭情况，如居住地、子女、学习经历、节日生活等；还可以在对话环境中寻找合适的话题，观察一下周围，看看有什么事物、景观能够作为开场白。如果是在户外和他人进行对话，可以谈论天气、建筑物、植物、云、天空等；如果是在一个社交场所，可以谈论音乐、着装、饮食等；也可以将对方作为开场白，比如，称赞他们的发型和着装等。总之，开场白要注意以下问题：首先，以容易的问题开头，难的问题放在后面；其次，让对方多谈谈自己，使他们感觉受到关注；最后，最好有一系列问题，而且对这些问题的答案有或多或少的预期。如果用幽默的方式开始对话，效果或许更好。

（四）倾听的技巧

倾听是实现有效沟通的一个重要方面。不同的文化在倾听上存在差异。有的文化更加看重倾听，会根据情境去回答对方的问题，并在表达自己的意思时常常只说一半而让倾听者去填补其余，以表示对对方的赞赏。日本、中国、新加坡、芬兰、韩国、土耳其、越南、柬埔寨、老挝、马来西亚、印度尼西亚、瑞典和英国等都属于高倾听文化。对于低倾听文化的人，首先应该了解高倾听文化的人的沟通顺序：认真倾听，理解对方的意图，沉默片刻以作判断，进一步提问澄清，提供建设性反应，保留一定的模糊性，模仿对方的长处，加以改善，再改善，并达到完美。

倾听在不同文化间也存在一些共同的传达信息的功能，倾听旨在建立起沟通双方信任与合作的关系。因此，理解倾听的基本功能和策略，即使存在倾听文化和习惯的差异，仍然能够达到促进跨文化沟通的效果。具体来说，倾听具有以下作用。

第一，反映理解程度。通过积极倾听，对方能够知道你对他的看法的理解。有一种简单的积极倾听方法就是重复对方的话，以表示你理解了对方。

第二，共建话题。将对方的话用你自己的语言表达出来，这样不仅告诉对方你理解了他的话，同时也表明你在很积极地参与到沟通之中。这样，你的表达可能比最初的发言更有创造力，或者说更准确，更能激起双方的沟通兴趣，并使双方对沟通结果产生共同的成就感。

第三，建立关系。将对方的发言反馈回去，与对方进行有来有往的对话和沟通，以建立紧密的联系。只有发言的一方感觉到对方参与了沟通，双方才能建立起真正的关系。没有任何反馈的单方面的发言，不能称为有效的沟通。从某种意义上讲，跨文化沟通只有在积极倾听的条件下才存在。

我们可以采取以下五个积极倾听的策略：

第一，评价。对对方的发言做出判断，并将这个判断告诉对方。值得注意的是，我们要评价的是对方的发言而不是发言者本身。例如，“你的这个观点有偏差”，这是一种对他人行为的评价；“你怎么能想到这么弱智的观点”，这就是负面的个人评价。负面的个人评价容易引起对方的反感和敌意；对行为的负面评价，对方则相对容易接受。当然，如果可能，尽量给对方正面的积极评价，因为人们通常都喜欢听恭维话。

第二，解释。解释有三种促进沟通的作用：（1）你在尽量地理解他们发言的中心意思；（2）表明你对对方的发言非常感兴趣；（3）一般来说，人们都乐于得到反馈。用自己的话来解释对方的发言有一个简单的方法：通过询问对方一个问题来给对方一个正面的反馈。例如，“看来你很喜欢我们国家，对吗?”通过这样的解释，不仅提供反馈，而且给对方提供了进一步阐述自己观点的机会。

第三，支持。不仅要做出评价性的反应，而且要做出支持性的反应，即告诉对方在某方面你们有共同的看法、体会和经历。例如，直接表达你对对方观点的赞同。这种支持性反馈对于建立积极的关系比解释和评价更有效。

第四，探索。通过表达你对更多信息的关注来给对方积极的反馈。例如，通过提问题让对方告诉你一件事情的下文或背后的原因，这些问题表明你期待与对方有进一步的沟通和交流，并容易让对方就刚才讨论的问题进一步阐述观点。

第五，理解。这一策略旨在告诉对方你不仅理解了对方的发言，而且对他的整个经历、为人和行为风格都有很多了解。例如，你可以对对方说，“看起来你在这个问题上有非常独特的经历和体会，你能不能谈谈为什么会这样认为呢?”这种反馈策略的作用是其他反馈策略难以比拟的。你还可以通过这一策略对对方表示同情和关心。例如，“你说得很有道理，但可能会有一些麻烦，有什么我能帮你的地方?”这样的理解和支持往往会给对方强有力的心理支持，更容易实现沟通的目的和效果。

（五）谦虚的态度

在跨文化沟通中，文化敏感性、有效传递信息、提高影响的技巧和对话的艺术都很重要，但保持谦虚好学的态度是最重要的。一方面，谦虚的态度可以给沟通对象留下好印象，促进顺畅和有深度地沟通，避免出现冲突，即便出现一些文化冲突也可以很好地化解；另一方面，放低自己的姿态容易获得学习的机会，保持谦虚好学的态度，可以更好地学习。

小结

本章介绍了跨文化沟通的概念、影响跨文化沟通的文化变量、跨文化沟通的障碍和提高跨文化沟通的技巧。

跨文化沟通是不同文化背景的人之间的信息传递过程。从卷入方式来看，跨文化沟通可以分为四种类型，分别为参与型、利用型、贡献型和观察型，这四种沟通还存在时间性的差别。跨文化沟通效果会受到一些文化变量的影响，包括价值观、思维方式、自我概念、社会认同和时间观念。

东西方的价值观差异会导致行为方式的差异，中国人更看重国家、家庭和朋友等，西方人认为个人更重要。在思维方式上，学术界普遍认同的观点是：东方文化的思维方式强调全面、整体，即整体思维；西方文化则强调具体和个别的分析思维。东西方在集体主义/个体主义上的差异对自我概念产生很大的影响，东方文化强调依存型自我，西方文化强调个人的控制能力和自我独立性。社会认同可能对跨文化沟通产生负面影响，表现为群体内偏见、民族优越感和刻板印象。时间观念的差异表现在三个方面：资源的有限性、时间的宽度、单时制与多时制的差异。

跨文化沟通的障碍包括语言障碍、非语言障碍和沟通风格的障碍。非语言障碍包括肢体语言、空间关系和辅助语言等。东西方在沟通风格上的主要障碍是高/低情境文化的差别，体现在表达方式、人际敏感性以及对辩论和对话的兴趣上。

提高跨文化沟通敏感性包括培养文化敏感性、有效地传递信息、提高影响的技巧、说话的艺术和谦虚的态度五个方面。

关键术语

沟通（communication）　跨文化沟通（intercultural communication）

相似吸引原则（similarity principle）　整体/分析思维（holistic/analytic thinking）

内/外群体（in/out-group）　群体内偏见（in-group bias）

刻板印象（stereotyping）　非语言沟通（nonverbal communication）

高/低接触文化（high/low-contact culture）

高/低情境文化（high/low-context culture）

思考题

1. 什么是跨文化沟通？

2. 跨文化沟通有哪些类型和特点?
3. 影响跨文化沟通的变量有哪些?
4. 存在哪几种跨文化沟通的障碍?
5. 请辨析高情境文化和低情境文化的沟通风格。
6. 如何提高跨文化沟通的技巧?
7. 如何提升影响的技巧?
8. 精细可能性模型中包括哪两种路径?分别在什么情况下说服效果最好?

案例分析 4-1

跨文化管理雷区

阿龙(化名)就职于一家以色列公司,该公司最近收购了一家俄罗斯制造商,阿龙受命接管这家公司。刚抵达莫斯科时,阿龙非常高兴,希望能尽快让一切走上正轨。他对于接下来的管理很有信心,因为虽然他从小在特拉维夫长大,但他的父母都生于俄罗斯,因此他了解俄罗斯文化,能讲一口流利的俄语。他曾成功管理过以色列企业的团队和加拿大大型组织,是一位非常有经验的管理者。然而,上任6个月后,他在莫斯科团队的管理上仍一筹莫展。阿龙不明白,他到底哪里做错了。

为帮助阿龙这样的管理者破解文化谜团,在借鉴众多跨文化研究成果后,笔者研发出一种名为"文化地图"(Culture Map)的工具。文化地图包括最能反映跨文化管理行为差异的八个测量维度。通过对比每个维度的国别差异,管理者能更好地解读文化对人们日常互动的影响。

文化地图的八个维度来自学界数十年的文化学研究,在此基础上,又深度采访数千名高管,加入了笔者自己的研究成果。八个维度如下:

(1) 沟通。什么叫善于沟通?不同文化群体对此的定义有很大区别。借用美国人类学家爱德华·霍尔(Edward Hall)的文化情境概念来检测沟通维度。在低情境文化中,沟通是明确、简单、直接、准确的,听懂表面意思即可;为沟通清晰,人们喜欢重复表达和书面交流。在高情境文化中,沟通是复杂、微妙、间接的,听话往往需要听音;书面沟通较少,多为口头交流;听者要透过说话者的遣词用句猜测其潜台词。

(2) 评价。在任何一种文化中,人们都认为应建设性地批评他人,只是不同文化对建设性批评的定义大相径庭。"评价"维度考察人们在批评他人时,采用的是直接还是间接方式。评价与沟通往往很难区分,但很多国家在这两个维度上有差异。例如,法国人的文化情境比美国人高,也就是沟通含蓄,但批评方式比美国人直接。西班牙人和墨西哥人的文化情境一样,但西班牙人的批评更直接。

(3) 说服。说服和被说服的方式与文化中的哲学、宗教和教育因素息息相关。检测"说服"维度的传统方法是评估人们如何平衡整体与局部的思维模式。根据美国社会心理学教授理查德·尼斯贝特(Richard Nisbett)的研究,西方高管偏向于解构内容(局部思维),亚洲高管偏向于整合内容(整体思维)。此外,还需要考虑演绎思维与归纳思维因素。南欧和德国人更易于被演绎类论断(原则在先型讨论)说服,而英美管理者则更易接受归纳论断(应用在先型讨论)。

（4）领导。从上下平等到等级森严，不同文化对待权威有不同态度。20世纪70年代，荷兰社会心理学家吉尔特·霍夫斯泰德就管理话题对IBM的10万名员工进行调研后，首次提出“权力距离”（power distance）理论，这是本维度的理论依据之一。此外，沃顿商学院教授罗伯特·豪斯（Robert House）及其同事在62个国家和地区进行的全球领导力与组织行为有效性的研究（GLOBE），对本维度也有理论贡献。

（5）决策。本维度主要基于笔者的研究，检测的是达成共识的文化差异。我们往往以为最讲求平等的文化一定也最民主，而在等级森严的文化里，老板掌控最终决定权。事实并不总是如此。德国人的等级观念比美国人强，但他们在决策时更重视团队共识。日本人既注重等级观念，又重视团队共识。

（6）信任。信任有两种：一是从头脑得出的认知信任（cognitive trust），一是发自内心的情感信任（affective trust）。在任务导向型文化中，信任来自合作中相互了解的程度。如果你与对方合作融洽、让人感到踏实可靠、尊重彼此的劳动成果，你们之间就能产生信任。在关系导向型文化中，信任来自深厚的情感关系。换言之，如果你常与对方一起度过愉快时光、私交甚好并互相欣赏，你们就能相互信任。这一领域已有诸多研究，例如，哈佛商学院副教授罗伊·蔡（Roy Chua）与哥伦比亚大学商学院教授迈克尔·莫里斯（Michael Morris）曾就中美信任差异发表过重要论文，本维度借鉴了他们的研究成果。

（7）异议。允许人们表达少许异议是否有助于组织良性发展呢？近年美国的商业类著作肯定了这种观点。但关于公开表达异议是否有助于团队或组织的成长，不同文化存在很大差异。“异议”维度来自笔者的研究，考察人们对公开表达异议的接纳程度，从认为其有损到有助推进同事关系不等。

（8）规划。所有商业活动都需要按照计划和时间表进行。但在一些文化里，人们喜欢严格遵从时间表，另一些文化里的人们则只将其作为参考。本维度借鉴了爱德华·霍尔的单向性（monochronic）与多向性（polychronic）时间观理论，考察人们对规划的态度。前者会严格按照时间安排行事，后者则较为灵活、随意。

文化地图以调研和采访为基础，反映了世界上很多国家在以上八个维度的文化倾向。当然，这些维度只能代表社会整体取向而非个体倾向。当你用文化地图定位自我时，可能发现你的个人偏好与集体倾向存在偏差。

现在，让我们再看阿龙的案例。阿龙从文化地图中找到了管理莫斯科团队的问题根源：俄以文化有许多相似处，比如两者的时间态度都较灵活，都欣赏公开质疑，都依靠私人关系建立信任。两者也存在巨大差异。例如，俄罗斯人等级观念很强，以色列人则讲求人人平等。因此，阿龙在以色列和加拿大的经历可能影响了他在俄罗斯的管理实践，引发误解，导致团队积极性受挫。

当发现俄以文化在领导维度上存在的巨大差异后，阿龙开始反思他的成长历程。在以色列，他从小就被鼓励公开挑战家庭和群体的权威人物，在公司里也被鼓励向上管理，而俄罗斯文化则强调长幼有序，并不鼓励挑战权威。“在以色列，老板只是公司员工之一，”阿龙说，“可在俄罗斯，当我试着放权，坚持说团队里的其他人比我更适合做某个决策时，人们却会认为我领导能力差。”阿龙还喜欢直接发邮件给下层员工，而不同时抄送给他们的上级或事先询问中层领导的意见，这给他造成不少麻烦。现在在了解了俄以之间的文化差异之后，他知道这种做法为何令中层领导者恼怒了。

在俄罗斯工作第一年，阿龙用很长时间观察当地最成功的领导者如何激励员工。他一步步学习如何多做指挥者，少做协调者。“这么做很有效，”他说，“但当我回以色列后，员工就抱怨我太专权。原来我在不知不觉中，沿袭了俄罗斯那套做法。”于是，阿龙慢慢学会根据不同对象和文化调整管理方式。

跨越文化差异必须从零学起。找出不同区域与群体最有效的管理风格，然后练习通过不同的领导方式，更好地激励和鼓舞文化各异的团队。无论你的工作地在杜塞尔多夫或迪拜，巴西利亚或北京，你我都属于同一个全球网络。无论在办公室还是参加某个会议，发电邮、开视频会议、用Skype还是打电话，文化差异无处不在。今天，商业成功需要管理者灵活管理思维方式各异的群体，令其完成任务。通过回避刻板印象，多维度全面解读外国文化，我们才能尽量避免冒犯对方或感到被冒犯，更好地发挥多元文化的优势。

资料来源：艾琳．迈耶．跨越管理文化雷区．哈佛商业评论．2014-05-07.

［问题］

1. 阿龙在俄罗斯进行管理时遇到了什么问题？这些问题存在的原因是什么？
2. 阿龙的改变是否有效果？他的这些改变是基于什么理论？
3. 阿龙为什么在回到原来的工作环境中又产生了新的不适应？
4. 从阿龙的例子中可以看出，管理者在进入新的文化环境之前应如何做好准备？

案例分析 4-2

通往地狱之路

贝克是西印度群岛某国加勒比铝土矿公司的总工程师，他即将升任为离威尼佩格公司不远的Keso矿业公司的生产经理。威尼佩格公司是大陆矿业中一家迅速扩张的加拿大公司。这个消息是在一个月前公布的，现在对于贝克来说，万事俱备，只差和他的继任者——年轻有为的麦特·雷诺斯最后一次至关重要的面谈了。面谈是至关重要的，只有这样雷诺斯才能意气风发、斗志昂扬地放下旧工作，面对新工作的种种挑战。只要按铃，雷诺斯就会走进门来，但是贝克若有所思地望着窗外，心里在想该说些什么，更确切点，该怎么说。

贝克远离故土英国。他虽然才45岁，但是在很多地方为大陆矿业效劳了总共23年，比如远东地区、非洲的一些国家、欧洲和最近两年待过的西印度群岛。贝克对他的前一份在汉堡的工作漠不关心，但是对西印度群岛的工作喜出望外。当地的气候不是唯一吸引人的地方。贝克曾经对海外工作情有独钟，因为他自认为在与当地员工打交道方面有天赋，至少比大多数远离故土为大陆矿业效劳的人要强。但是，在该国才待了24个小时，贝克就意识到他需要利用所有天赋来面对等待他解决的问题。以前，他用天赋解决这些问题屡试不爽、效率颇高。

贝克与生产经理哈金斯第一次面谈的全部话题就是雷诺斯和他的前程。此时此地贝克清楚地认识到他最重要的任务就是让雷诺斯成为他的继任者。哈金斯一直认为雷诺斯是加勒比铝土矿公司最有前途的员工之一。雷诺斯在伦敦大学以甲等理学学位、工程学士毕业，作为财政和经济规划部部长的儿子，他的政治抱负也不小。

当得知雷诺斯决定为公司效力，而不是在他父亲任要职的政府机关工作时，公司喜出望外。公司自第二次世界大战以来就推行了一系列强有力的本土化计划，这个计划造就了18名本土的中层管理者，使加勒比铝土矿公司在跨国公司中处于领先地位，也被认为促成了雷诺斯作出上述决定。这个本土化计划的成功实施营造了公司和政府的和谐关系。这种和谐的关系在3年以后该国独立时显得尤为重要，它决定了一种关键的和富有挑战性的对待外国资本在该国的角色的态度。因此，哈金斯没花多大力气就说服贝克相信雷诺斯成功的职业发展对雷诺斯是非常重要的。

贝克坐在办公椅里，回想着自己到底是怎样成功地培养了雷诺斯。雷诺斯身上有哪些优点促成他的成功，又有哪些缺点阻碍他的成功？他的个性怎么样呢？个性是促进还是阻碍发展呢？毫无疑问雷诺斯对技术工作熟门熟路。一开始，雷诺斯就表现出对技术的敏感和热情。他处理新任务的能力和他在部门讨论时总是提出建设性意见都给贝克留下了很深的印象。雷诺斯深受各个层级员工欢迎。他处理同外籍经理的关系时也游刃有余。这些都是他的优点，那么他的弱点呢？

首先是雷诺斯的观念。他在伦敦大学的4年强化了他的民族主义观念，对外籍人员的行为举止都非常敏感。他一从伦敦回来就加入了该国的联合劳工党，该党在该国独立前选举时获得胜利，其党员出任了第一任总理。

雷诺斯的志向——当然可以称得上是雄心壮志——不在政治。尽管他是个忠诚的民族主义者，但他还是觉得他应该以最好的方式实现自我，奉献社会（铝土矿占该国五成以上的出口），最好的方式就是把他的工程天赋充分发挥出来。正因如此，哈金斯发现劝说雷诺斯放弃政治追求而去生产部门当助理工程师是相当简单的一件事情。

贝克深知这一点：雷诺斯的民族主义观让他们之间的关系不像应有的那样紧密。表面上看，什么事情都是很和谐的。他们之间保持了最基本的礼节，贝克很高兴地发现他和他的下属之间总是有可以分享的笑话，他们互相上门拜访，一起打网球……但他们之间还是有一层障碍，看不见、摸不着但是真真切切地存在着。这层障碍给贝克带来了持续的挫败感，因为贝克必须承认这一点。与其他国籍的人打交道都是顺风顺水的，与雷诺斯打交道为什么就不行呢？

至少贝克不像其他外国人，还是想方设法在雷诺斯身上“突破”。其实该国人对外国人的态度有点傲慢。这个问题去年贝克就因为雷诺斯的员工报告而同雷诺斯谈论过。贝克知道，在接下来的面谈中，他必须和雷诺斯触及这个问题。因为高级制图员杰克逊昨天就向他抱怨过雷诺斯的粗鲁无礼。有了这个想法，贝克对着对讲机说：“雷诺斯，进来一下好吗？我有话跟你说。”“坐啊。”贝克拿出烟盒，递上香烟。“抽一支吧。”贝克拿出打火机，停了停又说了下去。

“雷诺斯，你知道的，我几天后就要去加拿大了。走之前，我觉得我们最后谈谈是有好处的。你马上就会坐到我现在的位置上了，我可以给你些年长者的经验。”

贝克说这些话时分明看到雷诺斯的表情有点僵硬。他接着说：“你我都上过很多公司课程了，都清楚当一名主管的要求：要经常听员工报告，看看有什么事情要处理，而不是把员工报告当作一年一次的惯例。”

雷诺斯对他的话表示赞同。贝克接着说："我永远也忘不了我在德国时和我的前任老板间关于工作业绩的谈话。他坚定地认为一个主管通过讨论的方式来促进其员工提高业绩的话，他的首要目标就是让员工感到谈话和讨论是能鼓舞和激励人的。因此，所有的批评都应该是有所裨益的，有建设性的。他说鼓励人的最好方法是讲优点，讲事实，也讲缺点，再加事实。我对这个说法非常赞成，我觉得你应该按照这样的方法展开讨论和谈话。"

雷诺斯沉默不语，贝克接着说："就你的工作业绩来看，你的优点远远超过你的缺点。你把理论应用于实践的能力相当不错，我对这点印象很深。你在工作上有独创的方法，你在部门会议上的发言也总是见解独到。其实，我上个星期就跟哈金斯先生说过了，从技术方面来看，要挑一名总工程师，没人比你更胜任了。"

雷诺斯笑着说了谢谢，插话道："贝克，你真是太好了，我唯一的担心就是怎样达到这么高的期许。"

"我肯定，"贝克接着说，"特别是你克服了我接下来要谈的你的几个缺点。这个问题我以前跟你谈过，我就开门见山了。我感觉到你对同胞要比对你的欧洲同事友好得多。说实话吧，昨天我就听到杰克逊先生的一桩抱怨，说你对他不恭。这可不是第一次了。"

"雷诺斯，我肯定我没有必要来提醒你和外国人处理好关系的重要性了吧。因为在公司培养出你需要的足够的本地人之前，高级管理层肯定有欧洲人占一席之地。这对你的前途是至关重要的。你看我能帮你些什么吗?"

贝克在这个话题上滔滔不绝，雷诺斯坐立不安，过了几秒钟他回答道："这太奇怪了，不是吗? 一个人对另一个人的印象怎么可能随着他的意图而如此变化多端? 我再一次向你保证，我与杰克逊的口角——如果你还记得的话还有古德逊——同他的肤色或国籍毫无关系。如果有一个本地人行为霸道，我保证也会一视同仁。在这间屋子里，我可以说我不是唯一发现杰克逊和古德逊难相处的人。我可以说出很多和我有相同感觉的外国人的名字。无论如何，我给你留下了和欧洲人相处不好的印象，对此我表示遗憾。这是你对我的误解，我会尽量改过来的。你最后说的，欧洲人会在以后的一段时间内占据高层领导的位置，我欣然接受这样的状况。我知道加勒比铝土矿公司会提拔一些当地人，只要他们有足够的经验，几年以来就是这么操作的。最后，我还要向你保证，我的父亲也是这样想的，我要开开心心地工作，在今后很多年内都留在公司。"

雷诺斯说得如此诚恳以至于贝克不相信他所听到的一切。贝克觉得这个话题已经不能深入谈下去了，只是说："雷诺斯，对，我对你的印象有可能是错了，但我还是想跟你说句老话：'重要的不是真实的东西，而是那些人们相信的东西。'我们就此打住吧。"

但是贝克又意识到他并不想就此打住。没能在雷诺斯身上实现突破，又再一次听到雷诺斯直白地否认其民族主义倾向，这让贝克深感失望。贝克想结束那个话题，开始另一个话题。

"我忘记了说你的一个正面的特点。我恭喜你不仅保质保量地完成了工作，你在工作中表现出的克服困难的能力也很不错，我这个欧洲人是从来没有遇到过这样的困难的。

"你知道，大陆矿业是公认的大企业，是美国和西欧经济社会环境的产物。我的祖先在过去的两三百年间就是在这样的环境中长大的，我才得以生存在一个商业社会。在你看来，这些都是司空见惯的事情。"贝克接着说："情况大不相同了，因为你和你的祖先对这种商业环境只有五六十年的经验。你需要面临填补五六十年到两三百年差距的挑战。雷诺斯，你和像你一样的人是值得表扬的，因为你们越过了如此特殊的障碍。这就是我认为加勒比铝土矿公司一定前程似锦的原因。”

贝克说话时雷诺斯一直在侧耳倾听。雷诺斯回应道：“唔，我要再次谢谢你，贝克，谢谢你刚才说的。在我看来，这是对我付出的努力最好的褒扬。我希望越来越多的人会像你这样想。”

突然安静了一会儿。贝克满怀希望地想期待已久的“突破”终于要实现了，但雷诺斯只是笑了笑，他们还是没有冲破横亘在中间的藩篱。在贝克结束谈话前的5分钟，他们聊了聊加勒比的天气以及体育比赛中的趣闻。虽然贝克和雷诺斯之间还有层相当厚的隔膜，但贝克还是对友好的谈话颇感满意，特别令他感到满意的是，谈话在愉快的气氛中结束了。

但这种感觉只持续到第二天早上。贝克要作别了，他比往常迟了很多来到办公室。他刚一坐下，他的秘书就紧皱着眉头走了进来，迫不及待地告诉贝克：“今天早上我来的时候发现雷诺斯在门口，好像很生气的样子，执意说有一封很重要的信给你，马上就要给你，不容任何拖延。雷诺斯一副心烦意乱的样子，静不下来，他的办公室里也乱糟糟的，一点也不像他的作风，他甚至没有再细看一遍，就在他信结尾的那一页签上了自己的名字。给你的信就在你的托盘里。”

资料来源：Gareth Evans. Road to Hell. HBR Cases，May 1，1980.

［问题］

1. 贝克和雷诺斯之间存在什么隔阂？这些隔阂存在的原因是什么？

2. 贝克和雷诺斯的谈话是否有效果？贝克犯了哪些错误？

3. 雷诺斯给贝克的信的内容可能是什么？为什么他要写这样一封信？

4. 贝克在与雷诺斯谈话之前应如何做好沟通？雷诺斯发出信之后又会采取哪些行动？

案例分析4-3

合肥利华洗涤剂有限公司案例

合肥利华洗涤剂有限公司（以下简称“合肥利华”）在1996年之前是一家国有企业。1996年合资，1999年由联合利华收购。从国营到合资，进而由外商独资，在短短的几年里，企业所有制发生根本的改变，不同文化之间的碰撞也诱发了种种冲突。

合肥利华实行独资管理后根据精简机构、优胜劣汰的原则，对原公司进行了两次大规模裁员，减少不必要的环节，裁减了多余人员，使企业机构设置合理、人员精干。例如，将仓库和运输部门撤销，把原材料直接送入生产车间，节省人力、物力和财力。与此同时，企业根据需要公开向社会招聘员工。对于公司原来的职工实行择优录用，竞争上岗。推行竞争性人力资源管理体制，原有中国员工面对新旧两种体制的冲突，在感受到强烈的危机和压力的同时，也产生了竞争意识和学习的动力。相对先进有效的人力资源管理新体制、适时配套的体制变革程序、合理适度的冲突压力，迅速地使员工认可了新的企业文化，跳跃式地促进了企业跨文化沟通融合。

合肥利华十分重视减少产品在各个环节对环境的不良影响。2002年初，公司作出新规定，所有合肥利华产生的工业废弃物，如地脚粉（掉在地下的脏洗衣粉）、塑料袋等，委托上海一家专业化学废弃物处理公司处理。最初，公司员工对此非常不理解，以前地脚粉都是卖给个体户，由他们再卖给需要进行大规模清洗的浴池等行业使用；废塑料袋则是卖给一些小型塑料袋厂进行回收处理，这样，工业废弃物的再利用也能给公司带来一笔可观的收入。现在，公司反而要为此付出大笔额外的开支，包括运输费、处理费等。在这种情况下，公司加强了对员工的培训，增强员工环保意识。这不仅使广大员工认同公司的环保政策，而且在公众中为企业树立了良好的形象。

公司对安全的要求非常严格，开始时员工都很不理解，因为这和以前的要求差别太大了。员工的不理解表现在各个方面，例如电梯工必须经专门培训并持劳动部门颁发的上岗证。对此，很多人难以接受。按个按钮谁不会？有时没有电梯工，又懒得上楼，就自己开，但是经过多次查处后，再没有人敢违反了。厂区里规定所有的车辆限速5公里/小时，不管是谁的车辆，超速罚款，外来车辆进厂前都受到警示。又如登高作业，上3米以上的梯子，就需要持登高作业证，要系安全带，并要求两个人一起作业。只有满足了规定的要求才可以施工。这些规定最初都让原有中国员工觉得很麻烦，有的人认为，这点高度系什么安全带？然而，安全规定是强制性的。如何使员工自觉地执行这些规定？有效的沟通方法就是培训。通过培训让员工知道公司的安全要求和处罚规定。企业在合资前，讲安全只是应付检查，现在则是实际的行动和要求，检查、督促、处罚几乎天天进行。经过反复的检查、处罚，安全方面的要求成了每个员工的自觉行为。

和对安全的态度一样，合肥利华对健康，特别是对职业健康、劳动保护十分重视。合肥利华生产的洗衣粉里添加的蛋白酶及其粉尘对呼吸系统有伤害，公司将其作为一种有害物质进行控制，绝对禁止直接接触。所有酶操作都是在封闭系统中进行，为此，公司斥资200多万元，购买进口酶粉尘取样和分析仪器。酶粉尘检测指标按联合利华全球要求执行，所有数据指标每周定期发往伦敦总部，如检测超标，则必须停产。通过培训，普通职工也充分了解了酶的危害，增强了保护意识，对操作规程的执行也自觉起来了。

公司会在一些节日前举办各种活动，称作沟通会，包括聚餐、做游戏、抽奖、表演节目等。上下级以平等的身份相互沟通，共同娱乐，庆祝节日，也丰富了大家的文化生活，例如，2002年春节举办了一次联欢晚会，会上由员工表演自己编排的节目，自娱自乐，台下台上融成一片。会后，全公司在饭店聚餐，一共有四五十桌，边吃边抽奖，非常热闹。公司通过这些沟通活动使员工之间关系融洽，增进相互了解，进而增强企业的凝聚力。

合肥利华依靠当地员工，实施符合商业道德的规章制度管理，并进行适当培训，使员工接受全球最新的管理知识和文化知识，员工再经过自我消化，形成中西文化结合的思维方式和知识，然后自觉运用到生产和研发上，根据当地消费者的需要，开发出融合中西文化的产品。消费者喜欢购买这些产品，为公司带来利益，公司又可以回报给员工和社会，这样便形成了良性循环。

合肥利华努力追求企业经营全球化与本地化的完美结合，树立公司在社会上的良好形象；推行员工本地化、品牌本地化、资源本地化、企业文化本地化策略；关心企业员工的安全健康和培训，重视环境保护，推行可持续发展战略。合肥利华现代管理理念的实施和宣传，不仅得到中国政府的肯定和企业员工的认同，更获得了众多的消费者和扩大了市场份额。毫无疑问，这对企业的健康发展将产生深远的积极影响。

资料来源：康青，陈典丽．跨文化沟通与人力资源管理：合肥利华洗涤剂有限公司案例．华东理工大学学报（社会科学版），2004（10）：65－68.

［问题］

1. 案例中，合肥利华采取了哪些促进跨文化沟通的措施？
2. 你如何评价这些措施？优缺点有哪些？
3. 除了案例中提到的措施，你还有哪些好的建议可以帮助跨国公司进行跨文化沟通？
4. 结合本案例，你认为在跨文化沟通中要避免哪些误区？

第5章
跨文化谈判

学习目标

- 了解谈判的基本概念
- 熟悉跨文化谈判概念、特征、内容和过程
- 了解不同文化特征下的谈判风格
- 掌握跨文化谈判的战术和技巧

引 例

中铝集团增持力拓谈判失败的思考

国有企业在走出去的道路上扮演着至关重要的角色，企业希望通过海外并购或者海外其他投资方式拓展国际事业，提高国际化程度。自从中国加入世界贸易组织以来，国有企业尤其是资源型企业海外并购时常遭遇巨大的阻碍。国有企业在国际商务谈判和海外并购中失败的典型案例之一就是2009年中铝集团增持力拓公司。

中铝集团购买力拓股份的谈判进程极为戏剧化。2007年，力拓公司收购加拿大铝业集团（Alcan）以致债务缠身，有300亿美元的资金缺口，此时急需资金注入。中铝集团抓住这个机遇，表达了增持该公司股份的意愿。2008年2月，双方成功达成第一步谈判意向，中铝集团和美国铝业公司共同出资140亿美元购买了力拓9%的股权。2009年2月，中铝集团和力拓公司达成第二步合作意向，前者决定注入195亿美元购买澳大利亚的铁矿、铜矿股权以及购买力拓公司可转债，然而就在谈判进程极为顺利时，形势急转直下，在随后的多次谈判中，力拓单方面终止中铝第二次投资的谈判合同，而它仅仅支

付了不足2亿美元的毁约金。这一事件宣告中铝集团增持力拓谈判彻底失败，中铝集团损失惨重。

此次谈判失败的原因之一是国有企业通常将商业谈判看做普通的经济行为，西方国家和经济学家更喜欢把并购类谈判尤其是资源相关谈判政治化，国有企业自身的股权结构更让这些政治势力和经济学家有足够的理由放大并购谈判成功对自身经济安全的威胁。2009年澳大利亚处于大选时期，中铝集团过于松懈的防备使其低估了政治风险对谈判结果的影响，反对党的得势使力拓公司不仅考虑自身经济利益，还需要考虑到当地政府的政治压力以及民众的舆论压力，因此单方面终止谈判。另外，由于中铝集团在谈判过程中让步太多，丧失了谈判的主动权。中铝集团迫切希望增持成功，同意了谈判合同中力拓公司违约金仅需1%的要求，这一让步使违约风险大大增加。从力拓公司角度考虑，自从公布与中铝的交易后，金融市场已经显著改善，这使得它与中铝交易条款的价值显著下降。同时，这也使得它有资格提出更符合自身利益、更具吸引力的交易条款。违约反倒可能会给公司带来更多收益，因为需要付出的违约金与可见的预期收益相比只不过是九牛一毛，继续进行并购交易反而要承担更多的风险。

资料来源：崔文奕．浅析国有企业在国际商务谈判中的失败原因：以中海油和中铝集团为例．中国商论，2016（30）：60－61．梅新育．从中铝增持力拓失败看投资澳大利亚的政治性风险．国际贸易，2009（7）．

在百年未有之大变局的背景下，中国企业面临着新的战略机遇。世界上新一轮科技革命和产业变革正在深入发展，国际力量对比也发生了深刻的调整。同时，逆全球化思潮抬头，单边主义和保护主义明显上升，全球性问题也日益加剧，世界进入了新的动荡变革期。在这样复杂的国际形势下，像中国铝业这样的国有企业应该加强对跨国谈判的深入思考。企业需要结合自身的特点和优势，根据当地实际情况来制定谈判方案。同时，应该意识到海外扩张需要谨慎，不应急于行动。只有在充分了解当地市场和规则的基础上，才能更好地开展跨国业务，实现企业的可持续发展。

中国作为一个国际地位重要的国家，已经制定了国际化战略，通过积极参与全球合作和积极构建全球合作伙伴网络来适应新的国际形势。国有企业应该结合国家的国际化战略，充分发挥自身的优势和影响力。在跨国谈判中，企业应该充分利用中国作为一个国际公共产品和国际合作平台的优势，积极参与国际合作，推动构建更加开放和包容的国际经济秩序。

第1节　跨文化谈判的特征、内容和过程

一、谈判概述

谈判是人们为了改变相互关系而交换意见，为了取得一致而相互磋商的一种行为。谈判直接影响各种人际关系，在当今世界，谈判已成为企业对外交往的重要方面。企业对外交往中的“谈判”一词含义十分广泛，不仅包括一切正式场合的谈判，而且包括一

切人与人之间、企业之间和政府之间的关系。谈判有广义与狭义之分。广义的谈判是指除正式场合的谈判外，一切“协商”“交涉”“商量”“磋商”等都可看作谈判。狭义的谈判仅指在正式场合的谈判。本书中研究的商务谈判仅指正式场合的商务谈判。

美国谈判学会会长杰勒德·I. 尼尔伦伯格说过：“谈判是一种处理各种个人关系、企业间关系和政府间关系的包罗万象的体系。”①

张隆华等在《经济谈判》一书中将谈判定义为：在物质力量、人格、地位等方面具有相对独立或对等资格的双方，由于在观点、基本利益和行为方式等方面存在一定差异，并且双方都企图说服对方接受自己的观点、基本利益和行为方式，从而在双方之间展开的传递和交换信息的过程，这是争取实现双方协调一致的一种社会现象。②

王爱国等在《商务谈判与沟通》一书中将谈判的内涵归纳为以下几个方面③：

（1）谈判是建立在人们的需要之上的。当人们产生某种需要时，为了使这种需要得以满足，就产生了谈判的动机，这也是谈判产生的原因。人们的需要是极为广泛的，有精神的，有物质的，有低级的，也有高级的。要使需要得到满足，可以借助谈判，通过相互沟通寻求一致。

（2）谈判是两方及两方以上参与的协商活动。谈判的核心是利益的交换，单方是无法完成交换的，因此，至少要有两个谈判对象，谈判才能成立，比如，美日汽车贸易摩擦谈判、中美知识产权问题谈判等。谈判有时是多方参与的，比如，多哈回合全球贸易谈判等。谈判的双边性、多边性决定了谈判活动需要运用交际手段、交际策略来实现目的。

（3）谈判是寻求建立或改善人们的社会关系的行为。人的一切活动都是以社会关系为背景的，人的活动离不开人群，人需要一种适宜的人际关系或人际氛围。因此，人们要花费一定的时间去建立或改善社会关系，谈判是建立这种关系的重要手段。

（4）谈判是一种协调行为的过程。任何谈判协议的达成都是协调需要、达成共识的结果。

（5）谈判需要选择恰当的时间、地点。古今中外，无论是贸易谈判、军事谈判还是政治谈判，都对时间和地点的选择十分重视，并演化成一种控制谈判的策略。

综上所述，我们认为谈判是指人们为了改变相互关系而交换意见，为了取得一致而相互磋商的一种行为过程。

谈判作为协调各方关系和获得各自利益的重要手段，广泛应用于我们的社会生活中，包括政治、经济、军事、外交、科技等各个领域。在各领域中进行谈判时，谈判的主体、客体、议题、规则等有所不同，就形成了政治谈判、商务谈判、军事谈判、外交谈判、公关谈判、人际谈判、劳资谈判等各种不同类型的谈判，本章只对商务谈判所涉及的跨文化谈判进行系统分析和研究。

---

① 杰勒德·I. 尼尔伦伯格．谈判的艺术．上海：上海翻译出版公司，1986：2－3.

② 张隆华，等．经济谈判．北京：经济科学出版社，1995：2－3.

③ 王爱国，等．商务谈判与沟通．北京：中国经济出版社，2008：3－4.

二、跨文化谈判的特征

（一）跨文化谈判

跨文化谈判是指不同文化背景的谈判方之间进行的谈判活动。它涉及不同文化的思维方式、情感表达和行为方式。在开放经济条件下，文化对谈判者决策行为的影响以及不同文化背景下的谈判决策行为的比较成为跨文化谈判的重要内容。商务谈判作为一种特殊形式的人际交往，必然涉及不同地域、民族和社会文化之间的交流与接触，导致跨文化谈判的出现。

当前，新一轮科技革命和产业变革正在深入发展，各国之间的相互联系和依存程度比过去任何时候都更频繁、更紧密，因此，了解各国之间的文化差异显得格外重要。如果缺乏这种了解，就可能引起不必要的误会，甚至直接影响商务交往的实际效果。因此，以更加开放的心态和举措化解不同国家文化背景在国际商务谈判中带来的矛盾至关重要。

（二）跨文化谈判与国内谈判的共性特征

跨文化谈判，即分属于不同国家的商务活动主体，为实现各自的目的，相互之间进行的磋商过程。跨文化商务谈判作为国内商务谈判的延伸和发展，与国内商务谈判存在十分密切的联系。

1. 为特定目的与特定对手的磋商

国内商务谈判和跨文化商务谈判同样都是商务活动主体为实现特定的目的而与特定对手之间进行的磋商。谈判是一种双方或多方之间进行信息交流，“取”与“予”兼而有之的过程。谈判过程中所适用的大多数技巧并没有质的差异。

2. 谈判的基本模式是一样的

与国内商务谈判相比，跨文化商务谈判必须考虑到各种各样的复杂环境因素，但谈判的基本模式仍是一样的。事实上，由于文化、政治、经济制度等多方面的差异，谈判过程中信息沟通的方式、需要讨论的问题等都会有很大的不同，但与国内商务谈判一样，跨文化商务谈判也遵循从寻找谈判对象开始，到建立对应关系、提出交易条件、讨价还价、达成协议，直至履行协议结束这一基本模式。

3. 国内、国际市场经营活动的协调

在经济活动的主体参与国际市场经营活动时，国内商务谈判和跨文化商务谈判是两个不可分割的组成部分。尽管国内谈判和跨文化谈判可能由不同的人员进行，但由于企业必须保持其国内商务活动和国际商务活动的衔接，因此国内谈判与跨文化谈判之间存在密不可分的关系。在从事跨文化商务谈判时，必须考虑到相关的结果或可能出现的状况。

（三）跨文化谈判与国内谈判的区别

在认识到跨文化谈判与国内谈判的共性特征的同时，要取得跨文化商务谈判的成功，认识到这两种谈判之间的区别，并针对区别采取相应的措施是更重要的。跨文化谈判与国内谈判活动的根本区别源于谈判者、谈判活动以及谈判协议履行的不同环境背景下的文化差异。

国内谈判双方通常拥有共同的文化背景，谈判双方生活在共同的政治、法律、经济、文化和社会环境之中。在国内谈判中，谈判者主要应考虑双方公司及谈判者个人之间的某些差异。在跨文化商务谈判中，谈判双方来自不同的国家，拥有不同的文化背景，生活在不同的政治、法律、经济、文化和社会环境之中。这些差异不仅形成了人们在谈判过程中的谈判行为的差异，而且将会对未来谈判协议的履行产生重大的影响。比较而言，由于谈判者及谈判环境的文化背景差异，在跨文化谈判中，谈判者面临许多在国内谈判中极少会出现的问题。

中国企业与“一带一路”沿线国家进行贸易时，由于各国法律、政体和国内环境存在较大差异，中国企业在跨国贸易中常遇到许多阻碍。我们可以以中国石油天然气集团有限公司（以下简称中石油）在哈萨克斯坦收购 PK 石油公司的案例来说明。PK 石油公司是一家在加拿大注册的国际石油公司，其油气田、炼厂等资产都位于哈萨克斯坦境内。起初，中石油获得了加拿大阿尔伯塔省卡尔加里地方法院不带任何条件的最终裁决，全资收购 PK 石油公司。然而，此后哈萨克斯坦下院一致通过了一项议案，允许政府干预本国石油公司向外国出售股份的交易。于是，哈萨克斯坦总统纳扎尔巴耶夫签署了一项新法令，授予政府优先购买国家所有战略性资源的权力，并有权撤销任何违反该法令的交易。这突如其来的政策变化让中石油措手不及，也打乱了公司原有的计划。出于尊重哈萨克斯坦法律和政治文化的原因，中石油不得不同意签署一份协议，以 14 亿美元的价格将其购得的 33%股份出售给哈萨克斯坦国有石油公司。只有哈萨克斯坦政府批准该项并购后，中石油才能完成交易。这只是中国企业在“走出去”过程中所遇到的困难的冰山一角。我们将继续深化“一带一路”经贸合作，坚持共商共建共享的原则，夯实双边合作基础，促进大国协调和良性互动，在进一步发展同周边国家的经贸关系的同时，加强与发展中国家的团结合作，扩大互利共赢。相信通过不断磨合，中方企业与各国企业之间的联系会越来越紧密，我们也会制定出更加成熟的方案以应对文化差异。①

（四）文化差异

跨文化谈判的核心特征在于文化差异。文化差异涉及谈判者在思考方式、价值观和行为习惯等方面的不同，这是由各自的文化背景所导致的。这些深层次的文化影响不仅在谈判者的思维模式中留下烙印，而且会在谈判过程中潜移默化地影响谈判者的决策和行为，有时甚至妨碍谈判的顺利进行。

文化是一个国家和民族在历史长河和特定地域中逐渐形成的思想观念和价值体系，对人们的生活方式、工作习惯乃至思维方式都产生了深远的影响。不同民族由于其独特的历史经历和地理环境形成了自己独特的文化传统和模式。这些独特的文化模式，因其深厚的历史底蕴和广泛的社会影响，往往在跨文化谈判中产生不可忽视的影响。

---

① 谢来风，谭慧芳．“一带一路”项目风险管理与香港的角色．科技导报，2021，39（2）：104-116.

文化之间的差异主要体现在历史传统、价值观念、思维方式等方面。这些差异在跨文化谈判中常常会引发许多问题。例如，由于历史传统的不同，在某些文化中看来理所当然的行为可能在其他文化中看来难以理解；由于价值观念的差异，对于某些问题的看法，不同文化可能存在截然不同的观点。

导致世界文化多元性的原因有多个方面。首先，各国和地区的历史传统、地理环境、社会制度和经济发展水平的差异是产生文化差异的重要原因。其次，语言、宗教、艺术、科技等领域的差异也对文化差异产生了重要影响。最后，人类的多样性和复杂性也是导致文化差异的重要因素。在跨文化谈判中，正确理解和尊重对方的文化背景是确保谈判顺利进行的关键。只有深入了解对方的文化特点和文化模式，才能更好地理解对方的思维方式和行为习惯，从而在谈判中做出更有效的决策。对于谈判者来说，不断提高自身的跨文化意识和跨文化交流能力也是应对跨文化谈判挑战的重要途径。

1. 地域差异

地域差异指在不同的地理区域，由于地理环境、经济发展水平和传统习惯等的差异，人们往往有不同的语言、生活方式和爱好，这些会影响他们的行为习惯。例如，北半球一些国家的人把圣诞节和雪景联系在一起，长年无雪的地区（如赤道附近的一些非洲国家）的人可能没有这个概念。

2. 民族差异

民族差异是指不同的民族群体在长期发展过程中形成了各自的语言、风俗、爱好、习惯。他们在饮食、服饰、居住、节日、礼仪等物质和文化生活方面各有特点。比如，我国的维吾尔族能歌善舞、热情好客。

3. 政治差异

政治差异是指由于各国的政治制度和政策法规对人们的行为的统一规范作用，各国人民在政治观念方面存在差异。

例如，中缅油气管道项目的天然气管道起点位于缅甸的若开邦，必须经过克钦邦这个战乱频发的地区。战乱导致该项目停工，给当地施工和运营人员的安全带来威胁，无法保持稳定的输油水平。长期以来，这个问题一直未能得到解决，对项目造成了巨大的损失。政治差异在国际贸易中时常存在，但没有很好的解决方式，只能不断摸索，试图找出更和平高效的解决方案。①

4. 宗教信仰差异

宗教是人类社会发展到一定阶段的历史现象，有其发生、发展的过程。世界上有三大宗教：基督教、伊斯兰教和佛教。新教主要分布于英国、德国、瑞士、北欧五国、美国、加拿大、澳大利亚等国家；天主教主要分布于西欧和南美；中东及北非多信仰伊斯兰教；亚洲很多地区的人信奉佛教。不同的宗教有不同的教规教义，影响人们认识事物的方式、行为准则和价值观念。

5. 观念差异

价值观念是指人们对客观事物的评价标准，它包括时间观念、财富观念、对待生活

---

① 谢来风，谭慧芳．“一带一路”项目风险管理与香港的角色．科技导报，2021，39（2）：104-116.

的态度、对风险的态度等。同样的事物和问题，不同社会的人会得出不一样甚至截然相反的结论。

地域差异、民族差异、政治差异、经济差异、宗教信仰差异和观念差异等对人们的影响渗透在饮食、服饰、居住、节日、礼仪等物质和文化生活的各个方面，从而形成了人们的行为习惯、价值观念和思维方式等的诸多差异，最终形成了各国各地区的文化差异。

三、跨文化谈判的内容与过程

如果谈判双方具有不同文化背景，具有不同的价值观、态度、思维方式和行为方式，双方所进行的就是跨文化谈判。国际谈判是非常复杂和困难的，因为它涉及不同的法律、法规、标准、商业实践以及上述所有文化差异。国际谈判中最大的困难是文化差异。在跨文化谈判中，如何整合不同的文化价值观、不同的行为方式、不同的沟通方式、不同的从事经营活动的动机与偏好，求同存异，达成互利互惠的合作协议或解决问题的方案，是管理跨文化谈判过程的主要目标。需要指出的是，在跨文化谈判过程中，成功谈判的终极目标既不是一方使另一方“屈服”，也不是一种文化“战胜”另一种文化，而是通过文化的相互适应，发现谈判双方的利益共同点，在此基础上达成对谈判双方互利的交易。

跨文化谈判的内容因人而异，因事而异。从跨国经营的角度来看，一个国家的公司与另一个国家的公司之间所进行的跨文化谈判，其内容无外乎以下几个方面①：

（1）建立合资公司。

（2）达成进出口协议。

（3）公司之间的跨国并购。

（4）建立跨国战略联盟。

（5）授予特许经营权及经营许可证。

（6）引进技术、设备与专利转让。

（7）境外融资、代理公司境外上市。

（8）商业合同争议与仲裁。

（9）劳动争议与调解。

以上是由跨国经营业务活动领域所确定的跨文化谈判的基本内容。罗杰·费希尔和威廉姆·尤里认为，从谈判过程来看，跨文化谈判涉及人、利益、选择和标准四项基本内容。这四项内容贯穿于谈判的每个阶段，谈判人员对这四项内容的不同解读与应用是形成不同的谈判风格的基本原因。②

跨文化谈判过程通常包括五个阶段，即规划、建立关系、交换与谈判相关的信息、说服以及让步与达成协议。

1. 规划

规划是跨文化谈判前的准备阶段。在这一阶段，有效的谈判者根据自己和对手的需

---

① 张新胜，王湲，拉索尔，伯瑞尔．国际管理学：全球化时代的管理．北京：中国人民大学出版社，2002：357-358.

② 罗杰·费希尔，等．谈判力．北京：中信出版社，2009：155-158.

要、目标及构成文化价值观的基础分析情境，确定他们影响力的局限，评估强势地位与关系，确认将面临的事实因素，设定日程安排，建立整体的备选让步战略及组建谈判小组。

有经验的跨文化谈判者通常在实际谈判开始前全面收集可能影响谈判结果的政治、经济、金融、文化及其他方面的相关信息，并围绕人、利益、选择和标准这四个方面的内容，认真研究双方的目标，确定双方的利益，理清双方的选择并制定客观标准，同时，他们也将详细分析谈判对手的文化特征、利益偏好、决策风格与判断标准。通常来说，有效的跨文化谈判规划包括四个方面，即情形分析、对手分析、目标分析与过程规划。

2. 建立关系

不同的文化对花在每个阶段的时间长短有不同的看法。这一阶段是谈判双方建立关系的阶段，信任是这个阶段最重要的因素。谈判时那些很注重关系的谈判者喜欢花很多时间在非商务活动上，以便相互了解。旅游观光和欢迎宴会是中国人招待外国谈判小组最常用的两种方式。阿根廷人则习惯用精心准备的鸡尾酒会或者烤肉招待来访的外国谈判小组，谈判圆满结束后，双方小组成员还可以享受一餐庆功宴，在庆功宴上，着装可以随意一点。

与对方建立关系的一种方法是：确定双方拥有共同的目标——签署合同。一旦对方把自己的愿望公开，而且其公开的这个愿望刚好与自己一方的愿望相符，就可以大大方方地谈双方的共同目标了。

为了使双方能够相互信任，在与对方沟通时必须做到开诚布公，当然，也应该感受一下对方是否足够坦诚。通常情况下，双方会通过一些文雅的提问来观察对方是否坦诚。一般来说，提问者在提问之前就已经知道问题的答案了，之所以提问只是想试探对方是否坦诚，而不是为收集信息。通常情况下，在这个环节，双方都会表现得很真诚。当然，是否信任对方就由各方自己定夺了。

3. 交换与谈判相关的信息

坦诚地说出自己的想法往往能给谈判者带来好处，因为坦诚可以换取对方的信任。另外，还必须找到足够的理由让自己信任对方。获得信息的一个重要途径是：主动提问而不是等对方来告诉自己。根据理查德·米德的观点，提问能够帮助人们：

- 找出双方的共同点；
- 澄清信息；
- 揭露对方虚张声势的做法；
- 显示你在倾听对方的陈述；
- 证明你对对方的内容感兴趣；
- 控制讨论的发展方向；
- 通过讨论的形式解决争议的问题。

4. 说服

美国人倾向于快速跳过前面的环节，迅速进入这一阶段，这与中国企业的做法不同。例如，展宇光伏科技公司在与美国公司谈判新泽西光伏合作项目之前，做了大量的准备工作。他们通过社会资源、人脉关系和专业背景调查，充分了解对方的背景情况。他们与当地的律师、审计师、评估师以及政府部门合作，确保与各方建立良好的关系。在谈判过程中，美国公司的风格非常务实，与中国公司的做法有所不同。他们不会先建立关系，而是直接切入主题，采用针锋相对、步步紧逼的方式。他们首先将最难解决的问题摆在台面上，优先解决这个问题。一旦最难的问题解决了，双方就可以在一些局部、细微的利益上做出一些让步。展宇光伏科技公司带来了大量的专业人员，专业对专业，与美国公司进行了激烈的较量，没有在这种“针锋对决”中落于下风，赢得了对方的赞赏。尽管双方在谈判中重视的方面有所不同，但他们都能够以自己的方式展示诚意和实力。通过彼此的努力，谈判进程得以顺利推进。①

为了达成一致协议，在这个阶段，谈判双方已经知道自己最需要什么，换句话说，双方应该已经清楚主要矛盾在哪里，双方的共同点在哪里。这个阶段谈判的任务就是努力说服对方接受能满足自己的基本要求甚至超出基本要求的解决方案。说服语言因文化而异，可以用包容性的语言策略去说服对方。例如，因为对方的文化很看重个人贡献或者成就，所以对方小组成员的个人表现欲望很强烈，看起来似乎不太可能做出让步，那么应该尽量避免使用强迫对方让步的语句，改用“我们可以……”等包容性语句，不要用“你必须接受……”或“我们要求你……”等排斥性语句，避免使用以“我”为中心的语句，避免使用“必须”“应该”“应当”等词语。换句话说，要多使用以他人为中心的语句，并向对方暗示你明白他的立场。总之，要想尽办法让对方知道他可以得到什么，尽量不要让他知道他会失去什么。

5. 让步与达成协议

最终谈判代表的沟通任务是让步与达成协议。当不得不做出让步时，有经验的谈判代表会在做出让步的同时趁机提出反让步。吉利汽车在收购沃尔沃的小汽车业务时，沃尔沃方就巧妙地用了这种策略。在双方就董事会人员构成进行协商时，吉利的诉求是由己方人员担任董事会主席及首席执行官，并在董事会中占 3/4 的席位。沃尔沃的诉求是由己方人员担任董事会主席、首席执行官并占董事会 1/2 的席位。由于多轮磋商未果，沃尔沃在进行内部商讨后，决定主动提出让步，认同由吉利的人员担任董事会主席的观点，但其强调，沃尔沃必须在新公司董事会中占有 1/2 的席位。随后，吉利在进行商议后决定，董事会主席由己方人员担任，首席执行官由沃尔沃的人员担任，并同意沃尔沃占有新公司董事会 1/2 的席位。

沃尔沃主动提出让步，巧用“互惠互利”原则，用己方在董事会主席上的让步，换取了吉利同意沃尔沃人员担任 CEO 并占据董事会 1/2 席位的更大让步。沃尔沃在进行让步的过程中，直接将己方的让步与对方的让步联系在一起，表明只要吉利同意沃尔沃的要求，这一合作就能够达成，将问题抛给了吉利。面对对手的主动让步，吉利也选择了后退一步，同意对方的要求，使得谈判的紧张气氛得到很好的缓解，双方由激烈的争执转变为较为和谐的氛围。既有利于后续谈判的继续进行，也体现了两个公司对此次谈判的诚意。②

---

① 做一个卓有成效的谈判者．世界经理人，2013-03-25.

② 卢思宇．杨俊凯．基于利益一致性的国际商务谈判让步策略研究：以吉利收购沃尔沃为例．现代商业，2022（28）.

第2节　文化变量对国际商务谈判的影响

在国际商务谈判中，当事者均为不同文化背景下的人，其思维方式、价值观念等对谈判起到重要影响的因素均带有独特的文化特征。因此，在跨文化商务谈判中，对文化变量的研究至关重要。

一、跨文化变量

谈判是一种沟通过程。谈判的方法是随文化的不同而变化的。对跨文化变量（cross cultural variables）的研究，许多学者做出了努力，从不同角度将商务谈判中有影响的文化变量分为以下几类。

（1）唐纳德·威·汉顿（1993）在《跨文化商务谈判》一书中指出，跨文化商务谈判受背景因素和氛围变量两组变量的影响①：

1）背景因素是指谈判双方的目标（通常被认为是共同的或相互冲突的，或是互补的），谈判中的第三方（如顾问、代理人、各方的政府机构等），市场定位（买方和卖方的定位），谈判人员的技巧和经验等。

2）氛围变量是指可感知的合作或冲突（谈判双方有协议目标和协议内容）、权力和服从（谈判一方权力较大）、可感知距离（谈判双方不能相互理解）、双方的期望（真正交易或利益的长期期望值和现时交易的短期期望值）等。

（2）史蒂芬·E. 威斯（Stephen E. Weiss，1993）把影响跨文化商务谈判的因素分为12个变量②：谈判的基本观念、谈判人员选用标准、侧重点、礼节、语言交流和非语言交流、争论的性质、个人的角色、信任的基本条件、风险倾向、时间概念、决策制度、协议形式。

（3）霍尔的高情境文化和低情境文化。

通过谈判可以解决双方之间的某些冲突，谈判各方最初虽各执己见但最后仍然会达成一致。某一社会看待冲突的方式反映该社会文化的其他方面。跨文化沟通专家古德康斯特（Gudykunst）和廷图米（Ting-Toomey）曾运用霍尔1976年提出的高/低情境文化框架发展出文化差异下的文化冲突理论。

古德康斯特和廷图米认为，低情境文化中的人以工具取向看待冲突。这类文化中的人以解析的、线性的、逻辑的观点来看待世界，并将事物和人区分开来。高情境文化中的人以表现取向看待冲突，他们以系统的、非线性的观点来看待世界。这种文化中的人不对事物和人进行区分。在低情境文化中，人们可以接受公开的不一致，有过冲突的人之间仍可维持友好的关系。在高情境文化中，人们之间公开的不一致和对抗是极具侮辱

① 胡英坤，孙丽霞．浅析跨文化商务谈判的变量因素．东北财经大学学报．2001（2）：44－45.

② Weiss S E. Analysis of Complex Negotiation in International Business: The RBC Perspective, Organization Science, 1998: 269－276.

性的，可能使双方都丢脸和难堪。①

在低情境文化中，个体以行为为中心，其结果是对冲突的直面对抗性回击，各方都希望找出一种快速解决问题和达成协议的方法。在高情境文化中，对待冲突的态度主要是逃避，这导致间接的、非主动的问题解决方式和对冲突的回避、忽视。

在冲突演进及解决方式上，低情境文化中的人喜欢事实归纳或公理演绎式的论证。事实归纳法就是以归纳的方法，通过相关的事实得出某个结论。公理演绎法是由一般推及特殊，由基本原理走向具体应用。这两种方法都依赖于论证时的线性逻辑方法。情感-直觉法在高情境文化中应用更为普遍。情感-直觉法通过遁词和委婉的言语在个体间制造感情吸引力，同时通过模糊和克制性的陈述来淡化彼此的冲突。低情境文化中的人以更为理性的观点看待谈判中的冲突，高情境文化中的人则以感性观点看待谈判中的冲突。在一项对中国人和北美人如何处理冲突的比较研究中，中国人建议经理分别找侮辱他人的员工和被侮辱的员工谈话，以避免冲突，北美人则建议经理召开一个由当事人双方一起参加的会议以解决彼此间的冲突。②

二、不同文化下的谈判风格

尽管学者们对影响国际商务谈判的文化因素有不同看法，但都一致赞同文化在谈判中扮演的角色。弄清楚谈判对方的文化可以促使谈判者加强沟通、及时计划并且更富效率。下面是一些典型文化的谈判风格。

（一）美国文化的谈判风格

美国人注重实际利益，其谈判目标往往是实际的经济利益，很少考虑经济以外的如政治或联盟等方面的因素。美国人讲求公平，对于交易的合理性要求较高，强调原则性，反感因私人交情而通融的行为。同时，美国人极其看重法律的作用，一旦签订合同，便强调依法履行合同，合同履约率较高。在他们看来，如果签订合同不能履约，就要严格按照合同的违约条款支付赔偿金和违约金，没有再协商的余地。因此，他们也十分注重违约条款的洽商与执行。

美国人的谈判风格是比较自信而直接，谈判分工明确，决策迅速。美国人还非常讲求谈判的效率，谈判节奏快，要求准时，因而某些时候显得耐心不足，喜欢一锤定音。

此外，美国人倾向于将客观数据和统计结果作为事实依据，因此，在谈判中他们更加关注对方所提供的令人信服的数据。准备充分的统计数据将使美国谈判对手更加容易被说服。

---

① Gudykunat W，Stewart L，Ting-Toomey S. Communication，Culture，and Organizational Processes. Sage Publications，Inc，1985.

② Bond M H，Kwok-Choi Wan，Kwok Leung，Giacalone R A. How are Responses to Verbal Insult Related to Cultural Collectivism and Power Distance? Journal of Cross-Cultural Psychology，1985.

（二）日本文化的谈判风格

与美国人相反，日本人在商务谈判中将建立和谐的关系放在很重要的位置，直接而开门见山的谈判往往不能够取得期望的效果。个人的关系尤其是私人间的互相信任，在谈判中将会起到重要作用。日本人对于礼仪的要求非常严格，看重谈判参与者的地位与职位，并要求严格遵守与其地位相称的礼节。日本人非常注重团队合作，谈判过程中表现得很有耐力。谈判的决策往往不是由某些领导人物决定而是集体商议的结果，因此往往决策并不那么迅速，但对于合同的执行非常有效率。

（三）德国文化的谈判风格

与国家文化相适应，德国人的谈判风格趋于保守和严格。在谈判的准备上，德国人是非常充分的，尤其对于交易的形式、谈判的议题等要求严格。德国人很重视谈判的信誉，对对手要求严格的同时也严格履行自己做出的承诺。德国人对于产品质量标准的要求非常高，在谈判中做出的让步往往很小。此外，对守时的严格要求也是德国人的特点之一。

（四）法国文化的谈判风格

法国人热情开朗，注重在谈判中建立良好的人际关系，因此在谈判中间常常会举行宴会以增强彼此间了解。法国人具有极强的自豪感，在谈判中往往坚持使用法语。在谈判中重视个人的力量，很少集体决策，个人决策使谈判的效率很高。法国人对于守时的认识与其他国家不太一样，他们认为迟到是一种身份的象征，身份越高，到达谈判场所的时间往往也越晚。

（五）英国文化的谈判风格

英国人讲究绅士风度，对于礼节的要求较高，对于谈判对手的修养也有一定要求。英国人与人的交往比较谨慎，很难轻易与其建立起私人朋友关系。英国人的谈判风格往往比较刻板，在某些方面表现固执而不愿做出让步。英国人对于谈判双方的身份地位往往要求平等，注重守时观念。

（六）阿拉伯文化的谈判风格

阿拉伯国家谈判节奏缓慢，谈判者很健谈，但有时第二次第三次谈判都进入不了实质性的话题。谈判的最终决策也需要很长时间才能做出。中下级人员在谈判中起重要作用。因为在阿拉伯国家，上层人员负责谈判决策，他们大多缺乏实际业务经验。具体谈判靠中下级人员，其意见和建议受到上司的高度重视。阿拉伯国家政府坚持外国公司通过阿拉伯代理商来开展业务，这在一定程度上为外国公司提供了便利。

（七）地中海文化的谈判风格

地中海文化的谈判风格总的特点是谈判者比较热诚，习惯用肢体语言来表达自己的意见，但在具体谈判某个交易或议题时则比较难对付。他们中的有些人喜欢在谈判期间给对方些“好处”，认为这是做生意的“润滑剂”，并不认为是不光彩的。

（八）北欧文化的谈判风格

（1）沉着冷静，处事平稳。北欧人谈判的特点是按部就班，有条不紊地按议程顺序逐一进行。他们既从容又机敏，善于发现和把握达成协议的最佳时机，并能及时做出成交的决定。

（2）较为保守。谈判中，他们更多地将注意力集中于怎样做出让步才能保住正在谈判中的某项合同而不是着手准备另一个备选方案，以防止做出最大限度的让步也保不住合同的情况。这与他们倾向于把精力用于保护现在拥有的东西这种保守性格有关。

（3）商务谈判侧重点明显。北欧人生活水平普遍较高，对档次高、质量优、式样奇的奢华消费品兴致盎然，对一般消费品则不屑一顾。

（九）拉美文化的谈判风格

（1）个人地位和作用。拉美文化重视谈判者个人的地位和作用，尊重经验丰富、能力强的谈判者，将个人置于公司之上。他们通常不愿意与女性进行谈判，除非对方拥有令其敬重的特质。

（2）缓慢的谈判节奏。拉美人生活节奏悠闲，处理事务较慢，谈判也不例外。他们注重前期关系的建立，不喜欢速战速决。与拉美人谈判时，不应急于达成协议，而应耐心建立友好关系。

（3）视觉和口头沟通。拉美文化倾向于通过视觉或口头沟通来获取重要信息。在谈判中，使用图示、表格等方式表达重要信息会取得更好的效果。

（4）讨价还价。对于拉美人来说，谈判的本质是讨价还价。他们习惯于通过让步和折扣来达成协议，对于其他文化中使用其他程序达成协议的方式可能感到困惑和失望。

（5）短期取向。拉美文化更强调短期的结果和回报，他们更喜欢在每笔交易中立即获得满足和收益，而不愿意牺牲当前的利益来追求长期的优势。①②③④

第 3 节　跨文化谈判战术和技巧

一、跨文化谈判成功的基本要求

珍妮·M. 布雷特认为跨文化谈判有三种类型：交易谈判（deal-making negotia-

---

①　杨新发．潍柴收购法拉帝集团受到市场肯定．风尚中国，2015－10－11.

②　张惠，刘淑梅．中外企业并购中的跨文化整合研究——以山东潍柴集团并购意大利法拉帝集团为例．天津商业大学外国语学院，2021.

③　法拉帝，法拉利，法拉第．机构投资者评论，2023－09－24.

④　恩里克·奥利亚斯特里．拉丁美洲人的谈判风格．INCAE，2018－10－02.

tions），即买和卖的谈判；决策谈判（decision-making negotiations），即当存在多种可能性和冲突性选择时达成协议的过程；争端解决谈判（dispute resolution negotiations），即解决由于提出的求偿遭到拒绝所产生冲突的谈判。①

这三种谈判分别需要不同的跨文化谈判策略，这一点超越了传统文献，因为在传统的关于跨文化谈判的文献中，这三者经常混为一谈。布雷特还认为，无论何种谈判，文化特征与谈判策略都与不同文化差异有关，即个体主义与集体主义的文化价值观，平等主义与等级主义的文化价值观，沟通的低情境规范与高情境规范，这些方面是跨文化谈判困惑来源之所在。有效的跨文化谈判不仅能够化解矛盾，而且能走向协同。

在跨文化商务谈判中，谈判者应注意以下几个方面。

（一）要有更充分的准备

跨文化商务谈判的复杂性要求谈判者在谈判之前做更为充分的准备。一是要充分地分析和了解谈判对手；了解谈判对手的文化情境，包括习俗、行为准则、价值观念和商业惯例；分析政府介入（有时是双方政府介入）的可能性及介入可能带来的问题。二是研究商务活动的环境，包括国际政治、经济、法律和社会环境等，评估各种潜在的风险及其可能产生的影响，拟定各种防范风险的措施。三是合理安排谈判计划，解决好谈判中可能出现的疲劳、难以获得必要的信息等问题。

（二）正确对待文化差异

谈判者在跨文化谈判中必须对文化差异保持足够的敏感性，尊重对方的文化习惯和风俗。西方社会有一句俗语，“在罗马，就要做罗马人”（in Rome，be Romans），即中国所说的入乡随俗。然而，在跨文化商务谈判中，仅仅遵循这一原则还不够。谈判者不仅需要善于从对方的视角看问题，而且要理解对方的思维方式和逻辑。在任何跨文化谈判活动中，谈判人员都必须认识到文化并没有优劣之分。

从吉利汽车与沃尔沃的谈判中可以看出对文化差异敏感性的重要性。吉利在保留沃尔沃的高层骨干人员和技术人员的前提下，提出裁员 16%。然而，沃尔沃从新公司的声誉角度提醒吉利，过多的裁员会对品牌造成负面影响，同时也违背了共赢原则。在综合考虑之后，吉利做出了让步，仅裁员 10%，并承诺高层管理人员的工资不变，两年内不会调整其他员工的工资。

双方在裁员安排上产生的分歧归根结底是文化差异。大规模的裁员将使企业面临来自政府和民众的谴责。尽管沃尔沃坚持自己的文化，但显然也对中国文化有所了解。双方在裁员和工资问题上陷入僵局时，沃尔沃提出了“共赢原则”，从吉利的角度表达了对裁员方案可能对品牌声誉产生的负面影响的担忧。吉利一直坚持互利共赢，并且注重传承，重视品牌声誉。因此，在沃尔沃提出这一观点后，吉利迅速进行内部磋商，最终做出了最大的让步，同意了沃尔沃提出的裁员数量。

---

① 珍妮·M. 布雷特．全球谈判：跨文化交易谈判、争端解决与决策制定．北京：中国人民大学出版社，2005：2.

此外，必须尽量避免模式化地看待另一种文化。尽管绝大多数人都意识到文化差异的存在，但多数人并没有认识到自己的行为方式是如何受文化习俗和先见影响的。由于文化行为是人自幼形成的，人们常常会不自觉地受到文化的影响。文化在很大程度上已成为人们自身的一部分，以至于很难发现它的存在。由于人们看不到自己的文化标准，便假定其他人也与我们相同。当来自其他文化背景的人在行为上表现出与自己的习惯有差异时，人们会感到非常震惊。这种“文化近视症”，即看不到自己的文化构造，常常导致管理中潜在的种族优越感，总认为自己的行为方式是最好的，把其他文化都看成异类，期望别人也如自己一样表现。

（三）避免沟通中的障碍和误解

语言是联结不同文化和不同谈判者的一个重要纽带，但它也会成为谈判的障碍。因此，谈判者能够熟练地运用对方语言，至少双方能够使用一种共同语言来进行磋商交流，对提高谈判过程中双方交流的效率，避免沟通中的障碍和误解，有特别重要的意义。例如，澳大利亚 Pro9 Global 公司在和中国机械工业集团有限公司（国机集团）洽谈时，曾询问中方能否做出他们所需的一种制造难度较大的异形件，中方代表在经过缜密的计算与评估之后，回应“Yes，we can.”澳方听到这个肯定的答复后满心欢喜，千里迢迢飞到中国来准备与中方敲定最后方案，双方各自怀着对“Yes，we can.”的不同理解进行谈判。令澳方惊讶的是，中方以异形件的量太少为由拒绝生产。澳方很生气，认为中方出尔反尔。中方则认为自己根本没有应允澳方任何要求。中方说“我们能做”的意思是，这个零件不难，我们有能力把它做出来，而澳方却认为中方是应允了合作项目，同意为他们制造这批异形件。最后，双方的谈判以失败告终。

在跨文化谈判中，非语言沟通是一个非常重要的因素。谈判者要注意自己的形体语言，要注意揣摩对方的手势、语调、沉默、停顿和面部表情的含义，避免歧义和误解。在国际商务谈判中，要善于观察，认真学习，及时总结，不断积累经验和丰富阅历。

（四）制定灵活的谈判战略和策略

在跨文化谈判中，谈判双方文化背景的差异会导致谈判双方谈判风格的差异与冲突。

在认识不同文化谈判风格差异的基础上，谈判者要使己方的谈判战略和策略具有一定的针对性和灵活性，使己方的谈判战略和策略适应特定风格的谈判对象、特定的谈判议题和特定的谈判场合。

在谈判策略中，处理文化差异需要在是否调整自己的策略以利于对方或坚持己见中做出决定。有时没有选择的机会，有时维持自己所偏好的策略会在谈判中处于不利的地位。基本的谈判策略有四种。

(1) 对峙（confrontation）。在谈判的过程中，对峙是一种常见的现象，它可以以直接或间接方式出现。直接对峙可以通过面对面或电子媒介进行，而间接对峙可以通过第三方或非语言行为进行。在解决争端的谈判中，考虑到可能站在自己一方立场上的第三方，以及其他对自身利益有帮助的第三方，是一种关键策略。

举个例子，当企业无法获得预期的价格时，可以尝试与同行业其他的企业（作为代理商）进行联系，通过竞争来降低价格。这种间接的对峙方式似乎比直接对峙更加有效，既能达到目标，又不会直接引发冲突。然而，如果谈判涉及知识和技能的内容，就无法有效避免对峙的出现，如果出现冲突，就需要直接面对。

在谈判中，对峙并不总是消极的，它可以促使各方更加努力地为自己争取最好的结果。对峙可以激发创新思维和寻找可行解决方案。然而，对峙也可能导致紧张局势和敌对情绪，使谈判变得更加困难。

为了有效处理对峙的情况，谈判者可以采取一些策略。首先，建立积极的沟通和合作氛围，以减小对峙的可能性。其次，尝试寻求共同的利益和解决方案，以避免零和游戏的对峙态势。此外，谈判者可以寻求第三方的协助，例如中立的调解人或专业的谈判顾问，帮助化解对峙和促进合作。

总的来说，对峙在谈判中是常见的情况，其处理方式取决于具体的情况和谈判的目标。对于涉及知识和技能的内容，无法完全避免对峙，需要直接面对并寻求解决。对于其他情况，通过寻求第三方的帮助或采取间接对峙的方式，可以更有效地达成谈判目标。

（2）信息（information）。信息对谈判就像货币一样重要。有关 BATNA①、地位和其他公平标准的信息影响分配性协议。有关利益和优先事项的信息会影响整合性协议。当谈判者不理解另一方传达的信息时，谈判可能会陷入僵局。阿代尔（Adair）等通过虚拟谈判情景，对比东西方文化对谈判的影响，发现西方人（以美国人为代表）更习惯于直接共享信息，东方人（以日本人为代表）则更多地提供间接信息。②

当谈判双方表明各自的利益立场，西方人更习惯于通过直接提问的方式，对所关心的问题单刀直入，期望对方也能直接提供答案，通过这种互动，快速建立起信任，双方就可以在互利互惠的基础上发展彼此之间的关系。东方人的理念与此不同，他们认为信任的建立要基于长期的交往和合作，对于陌生的谈判对手，泄露了最多信息的谈判方有可能得到最坏的结果。东方谈判专家习惯于通过在谈判开始阶段不断提出建议的方式来试探对方的态度和底线。提建议不需要揭示自己一方的敏感信息，又能够把整合性与分配性结果联系起来。因此，基于东西方文化差异，常常看到在谈判的开始阶段，一直是东方的谈判者不断提出各种建议方案，西方的谈判者显然还不能适应这种间接的信息交换方式，直到谈判接近尾声，西方的谈判者才开始抛出自己的提议和方案。如果谈判双方对于各自的偏好和优先权乐意开诚布公，那么谈判很容易达成整合性协议。

（3）影响力（influence）。影响力是影响谈判另一方接受自己愿望的能力。在社会交往中有很多不同的影响力基础，有两个影响力基础对谈判似乎特别重要：BATNA 和公平标准。谈判者的 BATNA 越糟糕，谈判者对达成协议的依赖程度就越大，迫使对方让步的影响力就越小。公平标准是披着公平外衣的决策规则。规则可以是先例，也可以是合同或法律，还可以是社会地位（如年龄或经验）或社会意识形态（如公平、平等或需要）。如果谈判一方来自一个有着等级文化的国家，倾向于影响其他谈判方，另一方来自

---

① BANTA 即谈判协议中的最佳替代选项（best alternative to a negotiated agreement）。通常是谈判者在谈判前为自己确立的最高或最低可接受条件。

② Adair W，Brett J M. The Negotiation Dance：Time，Culture，and Behavioural Sequences in Negotiations. Organization Science，2005，16（1）：33－51.

平等文化的国家，希望在谈判中把影响力降到最低，则谈判有可能发生冲突并陷入僵局。如果谈判双方把注意力集中在谁对谁错或谁有最大的权力上，冲突就会愈演愈烈。

（4）激励（motivation）。激励与谈判者利益有关。谈判者可能关心自我利益、谈判对方的利益或延伸到当前谈判桌外的集体利益。如果谈判者来自一个有着集体主义文化的国家，倾向于与圈内成员合作而与国外成员竞争，在进行跨文化谈判时，若不进行策略上的调整，则很可能处于下风。合作的谈判者虽善于整合，却冒着让步的危险，只能达成分配性协议。高自我目标、权力感以及好的备选方案能激励谈判者寻找变通的解决办法，进而可能达成整合性协议。

文化因素导致谈判者在许多方面存有差异，因此跨文化谈判成功的难度更大。但是文化差异也为谈判者创造了机会，可以提高达成整合性协议的概率。珍妮·M. 布雷特给参与跨文化谈判的中国谈判者提供了五条策略性的建议①：

第一，预见具有"破坏性"的文化差异。价值观等内涵层面的差异决定了谈判者的立场，谈判者一定要认真评估、尊重并谨慎对待这种差异。对于信息沟通方式等操作层面的差异，最好主要使用自己熟悉的方式，中国谈判者可以采用报价和提议，由对方来做出回应。需要警惕的是，谈判者千万不要出于迎合对方的目的而盲目使用自己并不熟悉的策略。

第二，挖掘差异中的整合机会。谈判者偏好的不同对于达成整合性协议是至关重要的。在谈判中，既要尊重对方的偏好和选择，也应要求对方尊重自己的偏好和选择。双方要做的不是改变彼此的偏好，而是在偏好和差异之间创造性地架起一座桥梁来寻求达成整合性协议。

第三，主动运用提议引导谈判局势。中国属于比较典型的高情境文化，谈判者比较擅长分析潜台词，也就是从对手的提议和话语中推断对方的利益与偏好。无论碰到何种文化背景的谈判者，这种技巧都非常有价值，因此中国谈判者应不断增强并充分利用这种能力。

第四，运用互惠性等方式增进信任。建立和维持信任的过程中始终贯穿着互惠性（reciprocity）——我主动分享一些信息，也希望你披露一些信息。不少中国谈判者担心这种信息分享会让自己的底牌被对方摸清。但是，互惠性是建立信任的关键，也是谈判本身不可缺少的。双方既要相互交换信息，又不能轻易透露自己的BATNA和保留价格。

第五，避免归因错误和民族中心主义。归因错误和民族中心主义是指谈判者认定自己文化中惯用的方式就是最佳谈判方式。其实，并不存在所谓的"最佳"，关键是谈判者要将策略运用得当，对彼此的沟通方式要有清楚的认识。

二、跨文化谈判战术

战术是实现谈判目标（战略）的手段，有效的谈判战术组合可以获得理想的谈判结

---

① 珍妮·M. 布雷特. 全球谈判：跨文化交易谈判、争端解决与决策制定. 北京：中国人民大学出版社，2005.

果。如果目标选择正确而战术设定不当，也不可能达成预期的谈判结果。一个国际谈判者仅仅了解不同文化的谈判风格的差异性，并不能完全保证实现既定的谈判目标，他们还需要熟悉与掌握一些在跨文化谈判中常常使用的有效的谈判战术与技巧，在面对来自不同文化和国家的谈判者时，根据谈判对手不同的文化特征和谈判风格，得心应手地应用这些战术与技巧，以保证自己始终处于有利的和主导性的地位。

（一）时间战术

当一方处于时间压力之下时，时间限制是一个重要的谈判战术或谈判筹码。当美国及欧洲国家的谈判者到他国进行谈判时，一般都预订了回程机票，而且会将他们在该国停留的日程安排提前告知该国的谈判方。如果该国谈判方通过分析各种信息后确信，谈判对手确实具有达成协议的愿望，在这种情况下使用时间限制战术也许对该方来说是有利的。英国人就常常使用这种战术使美国人就范。到伦敦与英国公司进行谈判的美国人，通常也都预订了返程机票，英国人据此规划他们的谈判战术。英国人知道，美国人渴望在他们回程之前达成交易，因此，真正的谈判常常在距美国人离开的期限很近的时候才开始，这样美国人无形中就处于劣势地位。即使谈判是在中立的地方进行的，时间限制也可以作为一种战术加以应用。例如，大多数西方国家的人要在感恩节、圣诞节及公历新年期间与家人在一起，在临近这些日子的时候，谈判将使他们处于不利地位。当然，应用时间限制的战术必须注意合理的限度，“不及”将得不到应有的效果，“过之”则可能鸡飞蛋打。

（二）空间战术

决定谈判的地点是谈判规划阶段的一个重要内容。总体来说，人们都希望在自己能控制的环境中进行谈判，因为在另一个国家谈判降低了他们对信息的接触度及提高了旅行压力和成本，谈判者会处于劣势。在自己的国家谈判，谈判小组更容易控制情况。如果谈判双方都想选择自己的国家为首选谈判地点，就会出现争议，即究竟在哪里进行谈判才是双方都能接受的。在这种情况下，许多有经验的国际谈判者会建议双方选择中立的谈判地点。选择中立地点的好处是：第一，谈判双方在获取信息、得到总部支持方面的机会是均等的。现代通信技术的发展使即时性的联系非常容易，即使在远离本国的谈判现场，谈判者也可以通过现代通信手段与公司总部直接联系，获得信息与必要的指示。第二，在中立地点停留所需费用通常很高，这使谈判双方都不愿意拖延谈判时间，有利于双方将全部精力集中于谈判事务上。当然，如果一方喜爱游山玩水并愿意在那里停留尽可能长的时间，那么谈判也有可能被拖长。第三，为了向公司总部表明他们确实在努力工作，绝大多数谈判者都不喜欢空手而归，无功而返，这也有助于谈判双方尽最大的努力达成双方满意的协议。

因为对文化差异不重视，缺乏有效的跨文化谈判战术而失败的案例在国际商务谈判中时有发生，“被时间限制击败的教训”就是这样一个案例。

扩展阅读

被时间限制击败的教训

荷伯乘坐飞机去东京参加为期14天的谈判。飞机在东京着陆，荷伯走下舷梯。舷梯下，有两位日本人迎接他，向他客气地躬身敬礼。两位日本人带荷伯通过海关，然后坐上一辆大型豪华汽车。荷伯舒舒服服靠在锦绒座背上，日本人笔直地坐在前座上。荷伯大大咧咧地说："你们为什么不和我坐在一起，后面有的是地方。"两个日本人慌忙说："不，你是重要人物，显然你需要休息。"在行驶途中，一位日本人问道："请问，你懂这儿的语言吗？"荷伯说："不懂，但是我想学几句，我随身带了一本字典。"日本人又问："你是否关心你返回的乘飞机时间？我们可以安排车子送你到机场。"荷伯心想："多么能体谅别人呀！"于是从口袋里掏出返程机票给他们看。当时荷伯并不知道日本人因此知道了他的回程日期。

此后，日本人并没有立即开始谈判，而是安排荷伯先领略一番日本的文化。荷伯的游览花费了一周时间。日本人甚至给荷伯安排了一次坐禅课，以便了解他们的文化。每晚有4个半小时，日本人让荷伯坐在软垫上进晚餐和欣赏文艺表演。每当荷伯要求开始谈判时，他们就说："有的是时间！有的是时间！"

到第12天，谈判总算开始了，但又提前结束，以便能打高尔夫球。第13天又开始谈，又提前结束，因为要举行告别宴会；晚上，还物色了几位漂亮小姐陪他跳舞。

最后在第14天早上，他们恢复了认真的谈判。正当深入核心问题时，汽车开来了，接荷伯去机场。于是，日本人和荷伯都挤进汽车里，继续商谈条款。正好在汽车到达机场时，荷伯和日本人达成了协议。荷伯为了完成上司交给的任务，只能草草签订了协议。

荷伯以惨败告终。

资料来源：朱美娥，等．国际商务谈判．太原：山西经济出版社，1994：143－144.

三、跨文化谈判技巧

（一）谈判的语言技巧

谈判中，谈判双方的意见交换、看法磋商，是一个直接接触的过程。信息的输出和接收、信息内容和信息量的调整、信息载体（语言形式）的变换都频繁而迅速。因此，谈判既是一个紧张思维的过程，又是一个要求具有高度语言运用技巧的过程。在这一过程中，语言的叙述、论证、说服等功能被加以综合运用，并得到最大限度的发挥。能否在最有利的条件下达成协议，取得圆满的结果，在很大程度上取决于谈判中的语言技巧和艺术，对于跨文化谈判尤其如此。

谈判中，对对方内心活动、思维动态的探视，对真实动机、预定目标的了解，对不合理要求、不正确观点的辩驳，对对方的循循诱导、启发暗示，对自己观点的阐述、正当利益的维护，对谈判中意外情况的处置，对谈判走向的控制和引导，都有赖于运用语言艺术。驾驭语言的能力越强，这些环节就处理得越好，谈判的结果也就会越加理想。

下面是一些跨文化沟通中的基本对话原则：

（1）避免讨论政治和宗教问题，除非对方暗示你讨论这些问题。
（2）避免过多讨论个人问题。
（3）避免说出任何让别人以为你只认可自己的文化的语言。
（4）保持你的对话简单直接，避免使用文化背景过于复杂的典故或俗语。
（5）经常询问对话者获得反馈来确认对方是否明白你的意思。
（6）不要打断对方的谈话。
（7）保持对话积极有效，避免使用批评性的语言。
（8）避免一些有关种族的玩笑以免激怒对方。

（二）谈判中非语言行为的技巧

非语言行为可以被定义为任何行为，故意的与非故意的，能够表达超越言辞的深刻含义。非语言行为包括面部表情、眼神、手势、肢体动作、外部形象、空间、时间等，这些在不同的文化中都是不同的。时间、空间和肢体语言三项能够帮助谈判者理解不同的文化。

（1）时间。存在两种时间取向：单时制与多时制。单时制时间取向认为时间是线性的、连续的，只能在一个时间关注一件事情。这种时间取向主要存在于受欧洲影响的文化中，如美国、德国、瑞典等。多时制时间取向倾向于在同一时间处理多件事务。这种取向主要存在于地中海和拉丁文化中，如法国、意大利、希腊和墨西哥等，一些东方文化和非洲文化也同样如此。

（2）空间。不同文化的空间取向也是不同的，主要在私人与公共领域、舒适的个人距离、身体接触、对于谈话地点的选取等方面存在认知差异。例如，中国商人进行商务会谈时更倾向于隐蔽性更强的会所或者包间，既能避免信息泄露，一定程度上也拉近了双方关系。美国人交流时不喜欢距离太近，有些国家则将此视为对对方的不尊重。

（3）肢体语言。肢体语言能够帮助人们确切了解对方的意思，并且有助于向对方传达自己的见解。例如面部肌肉的紧绷、偷笑或沉默在不同的文化中都可以表示不满。在与对方谈判时，必须密切关注对方的肢体语言，以此来获取对方的信息，信息是谈判成功的重要法宝。同时，还必须了解各国文化中肢体语言的不同含义，例如，在美国表示“OK”的手势（拇指和食指呈环状，另三个手指张开），对于日本人、法国人或突尼斯人分别代表着完全不同的意思。

总之，对非语言行为的警觉能够增强谈判能力，在通过非语言行为获得对方信息的同时，也要对自己的非语言行为加以重视，从而使谈判顺利进行，一些国际化的肢体语言对于谈判会很有帮助，平时应该注意这方面的学习与积累。

小　结

本章主要阐述了跨文化谈判的理论和具体技巧，主要内容包括：跨文化谈判的特征、内容和过程；文化变量对国际商务谈判的影响；跨文化谈判战术和技巧等。

谈判是指人们为了改变相互关系而交换意见，为了取得一致而相互磋商的一种行为过程。商务谈判作为人际交往中的特殊形式，必然涉及不同地域、民族、社会文化的交流与接触。本章只对商务谈判所涉及的跨文化谈判进行系统分析和阐述。

跨文化谈判涉及的是开放经济条件下，文化对谈判者决策行为的影响以及不同文化背景下的谈判决策行为的比较。

跨文化谈判与国内谈判有相同之处，也存在区别，其根本区别源于谈判者、谈判活动以及谈判协议履行的不同文化背景差异。

跨文化谈判的内容因人而异，因事而异，主要包括建立合资公司、达成进出口协议、公司之间的跨国并购、处理商业合同争议与仲裁等。

跨文化谈判过程通常包括五个阶段，即规划、建立关系、交换与谈判相关的信息、说服及让步与达成协议。

在跨文化商务谈判中，考虑文化变量至关重要。不同文化特征下谈判风格各异。

在跨文化商务谈判中，谈判者需要有一定的技巧并注意以下几个方面：要有更充分的准备，正确对待文化差异，避免沟通中的障碍和误解，制定灵活的谈判战略和策略。

在谈判策略中，处理文化差异需要在是否调整自己的策略以利于对方或坚持己见中做出决定。基本的谈判策略有四种：对峙、信息、影响力、激励。

在面对来自不同文化和国家的谈判者时，根据谈判对手不同的文化特征和谈判风格，得心应手地应用时间战术、空间战术等。

跨文化谈判需要语言技巧、非语言行为的技巧等。

关键术语

跨文化谈判（cross-cultural negotiation）　谈判战术（negotiation tactics）
文化差异（cultural difference）
谈判协议中的最佳替代选项（best alternative to a negotiated agreement，BATNA）

思考题

1. 什么是谈判？什么是跨文化谈判？有哪些特征？
2. 跨文化谈判有哪些内容？它的基本过程是怎样的？
3. 说出几种不同文化下的谈判风格。
4. 在跨文化谈判中，谈判者应该着重注意哪几个方面的问题？
5. 跨文化谈判的策略有哪些？
6. 应用本章介绍的跨文化谈判的战术分析一下你所了解的跨文化谈判案例，看能否在战略及策略上有所改进。

案例分析 5-1

同舟方能共济：Multi-N 项目合资谈判

随着社会经济的快速发展，天然气成为影响国计民生的重要战略资源。中国与

Multi-N 项目所在地区各国在政治互信的基础上，经济合作规模和水平全面提升。Multi-N 项目是一个跨国天然气管道项目，中国与 H 国签订了产品分成和购气协议。中国某大型国有集团公司成立了 Pipeline 油气管道有限公司（PL 公司）来负责该项目，马海洋被任命为 PL 公司总经理。H 国石油天然气股份公司成立了全资子公司 H 国石油输气公司（H 输气公司）来合作。

1. 合资谈判前期准备

根据中 H 政府协议，该能源管道项目需要中方和 H 方合作，并且外方参股比例不能超过 50%。对中方而言，该项目对于国家能源战略至关重要，必须在规定的 28 个月内建成。PL 公司需要在 3 个月内完成合资公司组建和融资工作。通过项目可行性研究报告，发现该项目在中国市场有巨大需求，H 国具备强大的供气能力。PL 公司准备注入 10 亿美元以上的资本金，H 输气公司作为 H 国石油天然气股份公司的全资子公司，资金实力也较强。马总明确中方在合资公司股权谈判中要提高股权比例以增强控制能力，并满足快速融资和项目建设的需求。

考虑到项目需要巨额资金，中方拟定双方各出资 10 亿美元作为合资公司的资本金，并为未来的融资和项目建设做好准备。然而，中方在股权比例和关键岗位人员安排的谈判上可能会遇到阻碍。马总决定在合资公司章程中强化第一副总经理的权力，以增强中方在项目中的影响力。马总充分准备，希望在与外方的谈判中实现中方的核心利益诉求。虽然 H 方在管道项目建设和运营方面经验丰富，但中方通过精诚合作和明确的谈判目标，致力于确保项目顺利实施。

2. 谈判出师不利

双方在 H 国石油天然气股份公司总部展开了合资公司成立的谈判。马总提出了合资公司股权比例、关键岗位人员分配和出资额等关键事项。马总提议关键岗位轮值制度，并指出中方在项目建设和融资方面具有更强的实力，因此建议贷款期间总经理和总会计师由中方担任，运营期则由贵方人员担任。然而，H 方首席谈判代表对此表示强烈反对。此外，根据 H 国法律，外方参股比例不能超过 50%，因此在资本金出资问题上陷入僵局，导致第一轮谈判不欢而散。然而，集团公司决策层强调要建立长期的合作关系，并支持解决项目中的各种问题。马总认识到出资额并非决定合作的关键，表示可以考虑“裸婚式”的合资方式，并依靠集团公司的支持解决融资问题。他对与 H 方的合作充满信心。

3. 谈判一波三折

H 方拒绝进一步增资，只同意出资 1 500 万美元成立合资公司。中方不得不妥协，先出资 1 500 万美元。然而，当项目急需大量资金时，金融危机爆发，导致全球银行纷纷撤出贷款提供，只剩下少数几家小银行，且贷款能力十分有限。面对这一形势，双方决定采用“项目融资”模式。在股权资金达成意向后，中方的团队周旋于各大银行之间，但由于项目所需资金远远超过股本金，银行的风险非常高。为了安抚银行方面，中方股东母公司愿意为管道建设提供全额融资担保，并将管道资产和未来收益作为质押担保。最终，中国的政策性银行组成了贷款银团。

然而，在贷款保证的争议中，双方陷入了僵持。银行表示贷款需要提供充分的担保，但H方坚决反对中方的担保方案。双方在会议室里激烈争论，最后两个问题成为焦点。

中方表示愿意在项目建设期共同担保，而运营期则将建成的管道资产和项目收益作为担保。然而，H方坚持不同意将管道资产抵押和提供运营期担保。中方最后给出了底线，集团公司提供完工担保，并在运营期以管道资产和收益作为担保。马总郑重向H方表示，中方已经做出了所有可能的让步。他要求H方在12点之前明确答复，否则将不再等待。

4. 谈判成功

当晚11点55分，马总接到了H方W先生肯定的答复。2008年10月底，合资公司与A银行牵头的银团签订了融资协议。至此，ZH合资公司合资及融资尘埃落定。

总结会上，马总轻松地说道："有了《股东支持协议》以及管道资产和'照付不议'协议做担保，我们和H方就是一条船上的战友了，再加上银行对项目实施的严格控制，我们大可不必担心H方临阵脱逃。"

"是呀，阴差阳错之间，我们的出资也由计划的10亿美元变成了现在的1 500美元，他山之石，亦可攻玉呀!"秘书小卢兴奋地说道。

马总微微一笑："合资就像结婚，裸婚也一样精彩嘛!"

资料来源：同舟方能共济：Multi-N项目合资谈判．中国管理案例共享中心．

［问题］

1. 为应对冲突，PL公司坚持了什么谈判原则，采取了哪些谈判冲突管理策略，结合具体情境分析原因何在?

2. PL公司谈判时利用了什么谈判技巧?

3. 本案例对中国企业进行跨国项目商务谈判有什么借鉴意义和启示?

案例分析5-2

霍尔果斯边境国际合作中心商签文本的谈判

国际谈判，特别是跨文化谈判，是跨文化管理与国际关系领域中一个重要的研究问题。中国-哈萨克斯坦霍尔果斯边境国际合作中心作为中国首个陆上跨境经贸合作区，其建立与发展不仅对于中国与哈萨克斯坦等中亚国家在上海合作组织框架下的合作具有重要意义，而且为陆上"丝绸之路"经济带提供了战略价值。此外，这一合作中心也为具体的跨文化国际公共管理提供了宝贵的经验。

2003年6月，中哈双方最高领导人共同提出在中哈霍尔果斯边境区域建立"边境自由贸易区"的设想。由于该跨境合作中心在当时是新生事物，中哈两方都有不少具体问题需要解决。为了做好与哈萨克斯坦的谈判交流，中方商务部欧洲司在国务院办公厅的指导和协调下，在面对在系一系列新老问题时，牵头组织了数十次内部协调会，统一内部思想，理清思路，为边境国际合作中心给予了"对由中方境内进入边境合作中心基本建设设备视同出口，实现退税、自然人进出中心携带8 000元（后增至1万元）以下物品免税。进入中心的货物如用于出口免征关税。自然人凭有效证件自由前往跨境地区参观游览等项优惠"，并给边境国际合作中心数亿元建设补贴资金，为边境国际合作中心的建设和对外谈判打下了坚实的基础。

在谈判过程中，中哈双方在进入跨境地区的人员逗留期限、跨境地区实行的法律适用等问题上产生了重大分歧而致使谈判陷入僵局，但在双方的不懈努力下，最终决定在哈方同意“在边境国际合作中心不得从事两国法律禁止的活动”条款的前提下，中方同意对进出边境国际合作中心的人员设立期限的条款。自此双方达成一致，建立合作。

资料来源：张祥，张鹏．文化软实力与跨文化谈判能力：霍尔果斯边境国际合作中心商签文本谈判案例．跨文化管理，2015，3（2）：152－161.

［问题］

1. 这个跨文化谈判能够成功的基本前提有哪些？
2. 从这个跨文化谈判中你能够读到哪些谈判技巧？
3. 你认为这个谈判成功的关键是什么？

技能练习

Alpha 公司与 Beta 公司的跨文化谈判

1. 本练习内容：第一部分是谈判双方都拥有的基本信息；第二部分是 Alpha 方拥有的独特信息、要谈判的议题、基本立场、利益以及文化特色和人们的基本行为规范；第三部分则是 Beta 方拥有的独特信息、要谈判的议题、基本立场、利益以及文化特色和人们的基本行为规范。

2. 本练习包括两大部分。第一部分是角色准备阶段。与一般的谈判练习不同，本练习除了要准备自己在各项议题上要达到的目标、应该采取的手段和策略之外，还要准备自己的文化角色，一举一动、一言一行都要与自己的文化价值观相一致，不能按个人的个性特点行事。第二部分是正式谈判阶段，Alpha 方的谈判团队坐飞机去 Beta 方，开始正式就各项事宜进行谈判。

3. 本练习所需时间：大概 45 分钟。

4. Alpha 谈判团队的材料（仅供 Alpha 方成员阅读）见附录 1；Beta 谈判团队的材料（仅供 Beta 方成员阅读）见附录 2。

5. Alpha 公司和 Beta 公司的基本信息如下（双方成员均应阅读）。

Alpha 公司的概况

Alpha 公司是甲国的一家大型多元化电气公司。作为数字控制设备的主要供应商，Alpha 公司计划成为装备“未来公司”的领头羊。最近它投资了上亿美元开发一家工厂的自动化能力，包括机器人技术、计算机辅助设计和制造。Alpha 公司一直在兼并其他公司，大力投资新厂建设，在产品开发上的投资也十分巨大。它有自己正在研发的新型机器人，有一些已经组装成功。尽管这样，要想成为全球自动化系统的供应商，Alpha 公司发现与国外机器人技术先进的公司合作是十分必要的。

甲国的机器人业

在甲国，有 30 家机器人制造商。甲国国内机器人的利用和生产只是 Beta 公司所在国乙国的 1/3。一项调查表明，20×1 年，甲国的机器人产量是 1 269 台。这项调查还显示，20×1 年甲国的机器人使用率为 4 370 台，主要应用于汽车制造业和铸造业。机器人的销售在当年估计是9 200万美元。甲国的工业自动化市场以每年超过20%的速度增长。10年后，机器人业预计可达到每年20亿美元的产值。

Beta公司的概况

Beta公司是乙国一家主要的集成电气设备制造商。公司自建立以来一直由科学家经营，并且是以调查结果为导向的企业：它拥有9 000名调查员，其研发部门花费占据销售额的5.9%。Beta公司的目标是在今后几年内成为全球最大的机器人制造商。为了达到这个目标，Beta公司决定加强生产能力，并且开发一个强大的出口市场。目前，Beta公司制造的机器人基本上在国内销售。公司致力于机器人的研发，最近成立的一个大型工作组可以反映公司的决心。工作组开发了一个有视觉和触觉传感器的通用机器人组件。Beta公司希望在未来3年中60%的公司内部流水线作业由此类机器人完成。

乙国的机器人业

在乙国有150家企业制造和买卖机器人。这个国家有“机器人热”，还有一个以自动化为国家目标的政府。全国大约有12 000～14 000台已编程机器人在工作，占全世界机器人利用率的59%。乙国国内的企业在20×1年制造出大约价值4亿美元的机器人（合计3 200台）。国家每年只出口2.5%的机器人，进口少于5%。行业分析家预测，乙国的机器人业在5年后将达到20亿美元，10年后将达到50亿美元。

资料来源：Thomas Gladwin，Stephen Weiss. “Alpha-Beta Robotics Case，” in Stephen Goldberg，Frank Sander and Nancy Rogers，eds.，Dispute Resolution. Little Brown，1992. 中文材料转引自：陈晓萍．跨文化管理．2版．北京：清华大学出版社，2009：172－180. 有修改。

附录1

Alpha谈判团队材料（仅供Alpha方成员阅读）

Alpha公司的角色

5个星期前，你们公司联系了Beta公司进行了有关机器人制造和市场预期的前期讨论。考虑到合作的性质，会议达成了一些初步协议，但是仍有很多具体的条款有待商讨。谈判队伍将到Beta公司所在国乙国继续讨论这些条款。如果可能，公司希望此次行程能解决所有问题。

公司的长期战略目标是成为一个高利润、具有创新力的自动化仪器和系统的全球供应商。公司相信实现成为装备“未来工厂”领头羊的梦想指日可待。公司认为成功的关键在于拥有各种类型的机器人以满足不同企业的需求。公司决定现在就进军市场而不是5年之后。公司必须积累经验使自己成为那些向自动化生产转变以提高质量和产量的企业的首选供应商。

考虑到完成这些目标，高层领导商讨了很多不同的方案。举例来说，多功能的机器人需要2～3年才能研制出来并投入生产，公司自己的机器人计划发展太慢，目前公司不能只依靠内部的生产能力。为了有一个良好的开端，谋求发展，并且度过研发部门的过渡期，Alpha公司必须从其他公司购买开发先进机器人的技术。

从领军企业获得高质量的技术是最好的战略。Alpha公司独特的战略优势在于工厂自动化系统以及庞大的销售、分销和服务网络。这些优势使Alpha公司成为众多国外机器人制造商眼中极具潜力的合作伙伴，这些公司中也包括Beta公司——这个行业的龙头老大。Beta公司生产制造各种高质量、低成本的机器人。

在和Beta公司的前期谈判中，双方同意：

（1）战略合作关系持续5年。

（2）开始阶段，Alpha公司将从Beta公司现有的生产线中获取完整的组装机器人，然后以Alpha公司的名义销售。

（3）过一段时间，Alpha将运用Beta公司的技术和零件自己组装机器人。

（4）协议不具排他性，意思是Beta公司可以在任何时间直接进入Alpha公司的市场，Alpha公司也可以和其他公司缔结战略伙伴关系。

4个仍需商定的议题

（1）此项目需要的不同模型的数量。

希望是8个，底线是6个。

公司对很多不同模型感兴趣，这和Alpha公司的“自动化超级市场”战略相符。较多的模型意味着需要不同的机器人制造商来完成工厂的自动化。这在为客户集成一个系统时将增加运输和服务成本以及由不同制造商提供的设备的维修费用。

（2）Beta公司许可Alpha公司进口或制造的Beta公司的机器人数量。

希望的数量是每个模型150台，即每年1 200台。

Alpha公司的市场份额至少是每年1 200台，但不想过分扩张，不想将Beta公司昂贵的机器人放在存货中。Beta公司致力于增加它的生产能力，Alpha公司十分有信心通过自己销售量的增加来刺激Beta公司的产量。这样，即使公司不想承诺第一年有多于1 200台的销售量，但预期在接下来的几年中年销售量将达2 000台。

（3）技术共享事项。

Beta公司知道Alpha公司正在研究机器人人造视觉，但不知道Alpha公司预期拥有人造视觉的机器人还要4年才能投入商业市场。Alpha公司并不想将这项技术和Beta公司共享，因为这将是Alpha公司对机器人行业的独创性技术贡献。

尽管这样，Alpha公司如果想要增强自身的机器人生产力，那么获得Beta公司这样一个已在大规模制造机器人方面经验丰富的公司的技术支持，可以大大降低学习成本。Beta公司已经原则上同意帮助Alpha公司发展组装Beta公司机器人的能力。Alpha公司希望就技术转让的期限得到一个明确的答复。

为了获得组装技术，Alpha公司可以提供有关人造视觉机器人的部分技术。

（4）专利费。

对于Beta公司的机器人销售，Alpha公司愿意按总额支付3%的专利费用。如果必要，即Beta公司答应以上条款，Alpha公司可以将专利费用提高到7%。

尽管有很多其他机器人制造商，但Beta公司是唯一拥有完整产品线的公司。如果无法和Beta公司达成任何一项条款，Alpha公司将不得不和另外两家制造商进行谈判以获取完整的产品线，这将延缓Alpha公司成为工厂自动化的首要供应商的战略目标。

Alpha公司的谈判风格

Alpha公司的谈判者拥有如下风格（行为表现）：个人主义强烈、不拘小节、直率、没有耐心、感情丰富、进攻性强。你的团队在和Beta公司谈判时要表现出这些特点。指导方针如下（以小组形式讨论每项方针，并讨论如何在每个谈判阶段遵循这些方针）。

在你的谈判中，你必须表现出：

（1）强烈的个人主义。在Alpha公司文化中，主动和创新极具价值。每个Alpha公司谈判成员都要为谈判作出贡献。当任何一个成员有主意时，就要大声说出来。任何一个成员都可以在谈判中提出建议。

（2）不拘小节。Alpha公司文化是平等主义至上，因此Alpha公司的谈判者很少注意仪式、传统或者正式的社会礼仪。他们认为礼节既傲慢又华而不实。Alpha公司的谈判者很随和、自然、放松、友好，他们喜欢孩子，也喜欢开玩笑。Alpha公司的谈判者和要做生意的伙伴以热烈的握手问候，介绍自己，让对方记住自己的名字。他们的名片从不介绍个人在谈判队伍中的角色，也不太愿意发名片。

（3）直率。Alpha公司的谈判者很看重直率和诚实。他们喜欢以要讨论的问题或者伙伴的利益作为谈判的开场。他们愿意共享信息，也希望对方能够共享信息。他们会提供准备好的各项提议以解决争论：一个乐观甚至不切实际的提议、一些让步和一个底线。每个人都知道Alpha公司的谈判者的第一个提议是他们真实底线的极大夸张，这样的开场提议并不和Alpha公司的谈判者的直率诚实相矛盾。Alpha公司的谈判者在争论和说服方面十分在行，他们会极力说明为什么他们的提议是最好的选择。

（4）没有耐心。在Alpha公司文化里，浪费时间对生意毫无意义——“时间就是金钱”。Alpha公司的谈判者喜欢谈判以合理的节奏进行，先共享信息，然后讨论双方的提议，接下来是一系列的让步。当谈判停滞不前，Alpha公司的谈判者会失去耐心。如果他们发现对方在拖延时间，就会直接质疑对方的诚意。其他的Alpha队员会接手使谈判正常进行。

（5）感情丰富。Alpha公司的谈判者感情丰富。他们通过脸上的表情和肢体语言来表达他们的快乐和友好，他们也会表现出失望和急躁。尽管这样，除了在亲密朋友之间，真正的生气不会表现出来。在交易谈判中表现出极其生气（反对通过谈判来解决争论）通常是Alpha公司的谈判者的一项谈判策略，他们希望借此拉近和另一方的距离。

（6）进攻性强。Alpha公司的谈判者很自信。他们喜欢在谈判中采取主动。他们喜欢大声讲话，并会极具说服力地为自己的立场争辩，甚至会站在对方的立场，强调对方的利益。Alpha公司的谈判者会用威胁的手段来达到他们的目的。

在开始谈判前，你的团队做了一些有关Beta公司的文化调查，了解到Beta公司的谈判者拥有以下特征：

（1）以团队形式工作并拥有强烈的集体主义观念。

（2）Beta公司等级分化，乙国是一个注重地位的社会，而且人们很注意礼节。

（3）喜欢以介绍公司的情况、公司的目标以及长远的战略关系作为谈判的开场。

（4）耐心是Beta公司谈判者的美德，Beta公司谈判者很有耐心。

（5）很看重自我克制，个人表情比较冷淡。

（6）如果遇上进攻性强的谈判对手，Beta公司谈判判者会表现非常被动并保持沉默。

附录2

Beta谈判团队材料（仅供Beta方成员阅读）

Beta公司的角色

5个星期前，Alpha公司联系了你们并进行了有关机器人制造和市场预期的前期讨论。考虑到合作的性质，会议达成了一些初步协议，但是仍有很多具体的条款有待商讨。Alpha公司的谈判队伍将到Beta公司所在国乙国讨论这些条款。

Beta公司的战略规划是大幅增加在国外的机器人销售，从而在生产方面取得更大的规模经济。Beta公司特别希望在甲国这个规模较小但发展迅速的市场中占有一席之地。这要求有高质量的销售、分销和服务网络。Beta公司考虑过直接对甲国出口产品，或者在当地建立合资企业，或者开设一个全资子公司。尽管这样，考虑到甲国和乙国两国之间巨大的文化差异，在国外提供机器人售后服务的困难以及机器人技术的迅猛发展，Beta公司决定（乙国的其他机器人制造商也决定）现在的甲国市场最好由当地的公司通过许可经营来开发。Beta公司可以以完整地组装机器人或者以技术和零件的形式提供高质量的机器人。

Alpha公司是理想的获许可候选者——它拥有骄人的技术能力、市场、专业技术、服务网络、质量控制、分销系统、完善的管理和良好的商业信誉。Beta公司有一点担心的是，如果帮助Alpha公司，可能给自己制造一个强大的对手。

在和Alpha公司的前期谈判中，双方同意：

（1）战略合作关系持续5年。

（2）开始阶段，Alpha公司将从Beta公司现有的生产线中获取完整的组装机器人，然后以Alpha公司的名义销售。

（3）过一段时间，Alpha公司将运用Beta公司的技术和零件自己组装机器人。

（4）协议不具排他性，意思是Beta公司可以在任何时间直接进入Alpha公司的市场，Alpha公司也可以和其他公司缔结战略伙伴关系。

4个仍需商定的议题

（1）提供给Alpha公司的不同模型的数量。

Beta公司目前共拥有8个模型，只想提供给Alpha公司其中的4个。

主要有以下几个原因：为Alpha公司提供机器人需要提高生产能力。你想在控制资本支出的限度内逐渐提高生产能力。你也担心当Alpha公司自己开始组装机器人时，你为对它的销售而提高的生产能力会闲置下来。如果Alpha公司坚持要4种以上的模型，每个模型购买的数量必须足够多以达到规模经济，从而充分利用提高的生产能力。

（2）每年由Alpha公司进口的Beta公司的机器人数量。

为了达到规模经济，你希望每个模型的数量能达到300台。

Beta公司和Alpha公司此次签订许可协议的目的是完成本公司快速增长和渗透市场的战略目标。如果Alpha公司不能满足战略要求，它也不是合适的战略合作伙伴。

（3）技术共享事项。

Beta公司很想获得Alpha公司的人造视觉技术。Beta公司相信依靠自身的生产技术和通用的组装机器人，Beta公司和Alpha公司将会在市场上首先销售低成本并拥有人造视觉的通用机器人，这对Beta公司来说是最重要的问题。

在之前的会议中，Beta公司十分不情愿地答应帮助Alpha公司开发其生产线。何时进行技术转让留待商讨。如果Alpha公司不提此事，Beta公司也不会主动提出。Beta公司只会在得到Alpha公司的人造视觉技术并且控制提供的模型数量从而降低资本支出之后，才能给出技术转让的明确承诺。

（4）专利费。

Beta公司认为按总销售额的5%计算专利费比较合理公正。如果有必要的话，Beta公司可以接受3%的专利费以获得人造视觉技术。

尽管有其他潜在的分销商，但还没有一个像Alpha公司一样想成为自动化设备一条龙服务的供应商。如果不能和Alpha公司达成任何协议，Beta公司将不得不和其他几个分销商谈判以获取分销能力，这将延缓Beta公司的战略计划，因为至今Beta公司还没有和任何一家分销商进行谈判。

Beta公司的谈判风格

Beta公司的谈判者拥有如下风格（表现行为）：强烈的集体主义观念、注重礼节、迂回、耐心、表情冷淡而且被动。你的团队在和Alpha公司谈判时要表现出这些特点。指导方针如下（以小组形式讨论每项方针，并讨论如何在每个谈判阶段遵循这些方针）。

在你的谈判中，你必须表现出：

（1）强烈的集体主义。Beta公司谈判者以团队形式工作，所有的决定必须全体通过。在准备谈判的过程中，Beta公司谈判者首先确定整体的利益和优先权，他们也将决定由谁来代表团队作哪个问题的陈述。其中一个成员将作谈判的开场白，另一个开始提问，接下来一个说明同意Alpha公司的提议将会很困难，然后由最后一个作出协议的最终承诺。每一个成员只说和他有关的话题，所有的决定都由全体做出。如果Beta团队内任何一个成员提出反对意见，整个团队将会推迟作出决定。

（2）注重礼节。乙国是一个等级分化、注重地位的社会。人们十分重视习俗、规则和仪式。他们见面时鞠躬问候而不是握手。他们只称姓。他们交换名片。在谈判过程中，他们坐姿挺直，眼睛下视。

（3）谈话迂回。Beta公司谈判者喜欢通过一个演讲作为谈判的开场，介绍公司概况、总体目标以及对未来合作的展望（这样做的目的是强调他们公司的重要地位和他们对接下来要讨论的问题的诚意）。接着，Beta公司谈判者会问候对方住宿是否称心，他们的旅途见闻以及旅行给他们带来的不便（这样做的目的是和对方建立亲密的关系）。然后Beta公司谈判者开始提问有关谈判的一些问题。Beta公司谈判者很看重信息，但是他们不习惯提供信息。当对方回答了问题，Beta公司谈判者会以另一个问题、重复问题或者沉默作为回应。他们不可能提供信息。Beta公司谈判者喜欢重复信息的内容。Beta公司谈判者试图寻找双方能达成协议的领域。在乙国的文化里，主动提出自己的立场不太妥当，相反，他们会倾听直到听到双方都可以接受的立场。乙国人经常用“是”或点头来表示理解而不是同意。他们很少用“不”，但是他们可能会说“那将十分困难”（乙国人很看重关系，完全否定的回答不会向对方直接说出来）。

（4）耐心。耐心是乙国文化中的美德。从其文化的角度来讲，主动提出自己的意见是不合适的，人们往往耐心地等待对方提出可以接受的建议。由于人们相信自己的民族是一个有道德的民族，而且他们的目标是正义公正的，他们的耐心得到了加强。结果是，Beta公司谈判者很少让步，除非是在谈判的尾声。

（5）表情冷淡。乙国人很看重自我克制，从孩提时代就被教育不露声色。公共场合表达感情将会导致冲突和对质，影响正常、合作的社会关系。因此，Beta公司谈判者从来不表现出焦躁或者对另一方谈判风格的厌恶，他们始终保持镇静和冷漠。

（6）被动。Beta公司谈判者认为在争论中善于诡辩、进攻性很强和以势压人的谈判者很肤浅、虚假、粗鲁。当遇上这样的谈判对手或者运用威胁或其他粗鲁手段的谈判者，Beta公司谈判者将保持沉默。

在开始谈判前，你的团队做了一些有关Alpha公司的文化调查，了解到Alpha公司谈判者拥有以下特征：

（1）个人主义强烈。

（2）文化崇尚平等，并且不拘小节。

（3）看重直率和诚实，他们愿意共享信息。

（4）在他们的文化中“时间就是金钱”，当谈判进程减慢下来，谈判者会变得不耐烦。

（5）感情十分丰富。

（6）十分自信并且进攻性很强。

第6章

跨文化团队管理

学习目标

- 掌握跨文化团队的概念、类型及其特征
- 理解跨文化融合理论、双重文化认同理论和文化智力理论
- 了解跨文化团队的发展阶段
- 了解如何构建高效的跨文化团队

引　例

中信戴卡的跨文化团队建设

中信戴卡股份有限公司作为全球领先的铝合金车轮制造商，是中国中信集团公司于1988年投资组建的一家铝合金车轮制造企业。多年来始终顺应时代要求，以“放眼世界”的开阔眼界和“行业领航”的壮志情怀，在发展中准确把握中国经济增长带来的机遇，持续成长壮大。在经营管理实践中，中信戴卡传承并发扬了中信集团的优良企业文化，构建了富有自身特色的以“仁、义、礼、智、信”为核心价值观的企业文化体系。

为适应多元化、国际化发展的新阶段，中信戴卡坚持全球化战略，在全球化发展中坚定文化自信、尊重文化差异、促进文化融合，构建起休戚与共的命运共同体。

实施本土化策略，搭建跨文化团队。中信戴卡海外工厂的厂长及各级管理者均聘任东道国人员，同时配备中方指导人员，定期沟通交流。组建包含中外人员的跨文化管理专项工作团队，由总经理担任领导小组组长，搭建由本部引导、海外执行的工作机制。在海外工厂建设企业文化角，开展“共话企业文化”活动，收集当地职工对企业文化理

念的理解与建议。针对当地文化，开展海外职工“企业文化第一课”，加深当地职工对中国文化、中信戴卡文化的认同，助力项目建设的顺利开展。

组织跨文化培训，开展跨文化交流。组织涵盖中国文化、中东欧文化、跨文化沟通等课程的线上培训，开展丰富多彩的跨文化交流活动，如中外双方职工共庆中国年，在海外工厂开展篮球赛、乒乓球赛等文体交流活动，以跨文化交流作为文化差异的“润滑剂”，不断促进中外职工的文化融合。

资料来源：陈路，宋卓为．中信戴卡股份有限公司：“四个融入”强文化“自信自强”促发展．中国金融思想战线网，http：//www.cfthinkingfront.cn/news/19252.html.

正如引例所示，在全球化时代，企业在激烈的竞争中往往处于多元文化的环境中，需要借助国际性的跨文化团队进行运营和管理，这些具有不同文化背景的团队成员跨越国界一同工作。如何使跨文化团队有效运作，达成高度协同，实现高水平的团队效能，已经成为国际企业关注和要解决的问题。党的二十大报告强调了创新团队的重要性，并提出要“加强人才国际交流，用好用活各类人才……不拘一格，把各方面优秀人才集聚到党和人民事业中来”，而跨文化团队无疑是促进创新的有效形式。本章将介绍跨文化团队的概念、类型和特征，阐述跨文化团队的优势和劣势，介绍跨文化融合和文化智力等理论，探讨如何构建高效的跨文化团队等。

第 1 节　跨文化团队的含义、类型和特征

一、跨文化团队的含义

在组织管理中，团队是一个越来越受研究者和实践者关注的对象。团队是群体的一种形式，在这一群体中，群体成员共享群体目标，群体成员的工作和技能互补。根据成员的文化背景和价值观可以将团队分为同质化团队（单一文化团队）和异质化团队（多元文化团队或跨文化团队（cross-cultural team））。目前，国内外对于跨文化团队的定义尚未有一个统一的描述。陈晓萍在《跨文化管理》中认为，来自不同文化背景的人在一起工作时，就组成了跨文化团队。① 跨文化团队的最典型特征是其成员的异质性，或其文化多样性。我们认为，跨文化团队融合了团队和多元文化的概念，它是由来自两种或两种以上不同文化背景的成员构成的、为达成共同目标的相互协作和依赖的正式群体单元。

当前，在全球化背景下，经济全球化不断发展，企业纷纷进军国际市场，出现了越来越多的国际企业，导致越来越多的跨国兼并与收购。企业在执行全球化战略的过程中，越来越多不同国籍、不同肤色、不同语言的成员在一起工作，跨文化团队应运而生，并随着公司国际化进程不断壮大。比如，IBM 高层管理团队的成员曾来自 5 个国家，NEC

① 陈晓萍．跨文化管理．2 版．北京：清华大学出版社，2009：206.

（中国）16位高管中曾有5位来自NEC日本本部，3位来自美国和加拿大，另外8位是中国人。空中客车公司的管理和技术人员来自欧盟的多个成员国。实践表明，跨文化团队已被广泛应用于当今的企业经营管理中，成为组织内部创新和变革的有力工具，成为提升企业在全球市场竞争力和适应能力的武器。

二、跨文化团队的类型和特征

团队成员在价值观、观点和经历各方面的相似性和差异性构成了不同的团队类型。同质化团队中的团队成员都来自同一种文化背景。由于文化与价值观的相似性，同质化团队成员通常会以同样的方式知觉、诠释与评估外部世界和人类行为。跨文化团队（异质性团队）成员来自两种及以上的文化背景，这种团队根据团队成员的相对数量和相对发言权又可分为三种类型：象征性文化团队、双文化团队、多文化团队。

（一）象征性文化团队

在象征性文化团队（token group）中，只有一名或者两名成员来自不同文化背景，其他团队成员都来自相同文化背景。例如，上海某自动化公司技术开发部的8人中，有2名来自德国的员工，其他6人为中国员工。在该团队里，2名德国人和6名中国人由于文化背景不同，经常在技术开发相关问题的理解和公司技术开发环境审视上存在差异，提出过许多不同的观点和看法，这些具有新意的观点经常受到该公司老总的表扬。今天，越来越多的企业开始关注并提升象征性团队成员的潜在贡献。

（二）双文化团队

在双文化团队（bi-cultural group）中，团队成员来自两种文化背景，而且人数相当。例如，某跨国银行的审计部10人中，5人来自美国，5人来自中国；某软件公司的开发部15人中，8人来自中国，7人来自美国。因为双文化团队中不同文化背景的成员人数相当，所以双方往往都敢于提出己方的观点，敢于体现自身的文化特色，团队成员更正视和重视双方之间的文化差异。如果来自两种文化的团队成员人数不等并存在较大差异，则人数多的一方的观点往往占据主导地位。当今许多中国合资企业高层管理团队中，由于合资双方股权接近，管理层人员中合资双方的人数相当，这种高管团队就属于双文化团队。更重要的是，双文化团队应意识到两种文化视角的存在并将它们有效整合。

（三）多文化团队

在多文化团队（multicultural group）中，团队成员来自三种或三种以上的文化背景。这种形式的团队在一些国际组织和跨国企业中尤为普遍。例如，联合国、欧盟和亚洲开发银行理事会等国际组织的团队成员都是来自不同的文化背景，是多文化团队的典型代表。再比如，利洁时中国分公司的高管团队就是一个多文化团队。该团队中，中国区总裁、财务总监和供应链总监来自英国，信息系统总监、人力资源总监和市场总监来自中国，销售总监来自德国。

除了以上分类，跨文化团队还有一些其他分类。例如，根据团队的分工情况，可以分为自我管理团队和非自我管理团队；根据团队任务的性质，可以分为跨文化管理团队和跨文化项目团队；根据团队的地理分布和对技术手段的应用，可以分为全球虚拟团队和实体团队。

第 2 节　跨文化团队的优劣势和绩效

文化差异对跨文化团队有效性的影响主要有两种结果：一种是正向的影响；一种是负向的影响。根据信息加工理论，一个跨文化团队覆盖了多方面的信息，形成了广泛的视角，从而促进团队的创造力和创新性。在全球化的今天，跨文化团队是非常有必要的。然而，根据社会分类理论，不同文化背景的人组成一个工作团队也会带来相应的问题。一方面，物以类聚，人以群分，人们倾向于将自己归入一个与自己相似的群体，疏远别的群体或个人。在一个多文化背景的团队里，同一文化背景的人往往具有相似的价值观、信念和态度等，因此容易在团队中形成小团体。另一方面，不同文化背景的人在语言、沟通方式、决策制定以及价值观上有很大的不同，在共同的工作中达成一致比较难，因此团队冲突也更加明显。跨文化团队具有自身的优势和劣势，阐述如下。

一、跨文化团队的优势

跨文化团队融合了不同文化背景的成员，这些成员的加入会给团队带来单一文化团队成员难以带来的新思想、新方法，体现出相应的跨文化优势，具体如下。

1. 带来创新观点

文化差异能为组织带来丰富的观点和创意，有利于拓展组织管理者的视野，提高其管理实践中的包容性和开放性。比如，使传统的制造企业重视品牌管理、开展电子商务、改善组织决策方式、提倡绿色营销等方面。

2. 限制群思

群思是指从众的压力使群体对不寻常的、少数人的或不受欢迎的观点得不出客观评价。[①] 群思对团队的严重危害在于为了达成团队表面上的一致，对不同意见采取压制和打击态度，使有个性的团队成员的创造性和自主性无法得到充分发挥。群思的不利后果有：对目标和决策的核查不彻底，忽视方案的风险，信息收集不充分，处理问题时带有个人偏好，缺乏权变计划。

预防或减少群思的一个有效方法是在群体决策时有人对其他人的论点提出质疑，对其他人的逻辑提出挑战，并提出一系列建设性的想法和意见。这种方法保证了群体决策时保持理性的、清晰的思路。另外一个防止群体思维的措施是轮流引入新成员特别是具

---

① Moorhead G, Montanari J R. Empirical Analysis of the Groupthink Phenomenon. Human Relations, 1986, Vol. 39: 399 - 410.

有其他文化背景的人员，让这些成员充分参与。由于文化价值观等不同，跨文化团队中极少会有群思现象。这是因为跨文化团队中的个体具有独特的价值观和行为方式，减小了限制新想法和新观点的可能性。由于不同文化背景的团队成员的自我认同，一般很难轻易被其他成员说服并改变自己的想法和观点。正因如此，跨文化团队的成员在表述自己的想法和观点时，可能更自信、更乐观、更容易产生与来自不同文化背景的其他成员间的思想碰撞，碰撞的结果是使整个团队产生更具创意的思想，信息更加多元，更不容易产生群思。经过碰撞的设想和观点一旦被大家接受，团队成员承诺的程度也就会更深刻。

3. 提高运营绩效

从企业运营的角度看，跨文化团队可以使企业获得更高的市场占有率、降低成本、提高生产效率、改进管理质量、提高公平性、改进社会文化等。当今世界，越来越多的跨国企业已经认识到多元文化的优势并重视建立跨文化团队。例如，北京金融街威斯汀大酒店的做法较好地说明了这一点。[①] 北京金融街威斯汀大酒店是一家产权、管理经营权分属，即“产权归中方，管理归美方”的中外合作式企业。酒店管理团队和员工来自世界各地，其中外籍员工有 20 余人，多为管理人员，来自美、英、德、法、加、意、荷、澳、墨、印度和马来西亚等十多个国家；中国员工占绝大多数，多为普通员工。作为一家外方管理企业，北京金融街威斯汀大酒店管理层同样面临着跨文化管理的挑战，即如何充分融入东道国环境，如何有效实施本土化战略，构建跨文化管理团队。显然这不是以外籍人士为主的管理层所擅长的事情，然而，这对于与中国业主联系紧密的党支部和工会来说，就不那么困难了。党支部和工会正是抓住了自身这个特殊的优势，努力在酒店的经营管理中做出更多贡献。酒店党支部和工会先后策划组织了“同绣一面国旗”“用中国字，书中国梦”硬笔书法展、慰问外籍员工新春团拜会等主题活动，通过多种形式的跨文化培训，有效促进了外籍管理层与外籍员工对中国文化的了解，不断促进文化融合，发挥跨文化团队优势。

二、跨文化团队的劣势

1. 易导致团队成员之间产生冲突和不信任

社会心理学的研究表明，共享某种信念或态度的个体容易相互吸引，对问题看法相反的个体则难以相互产生好感。文化和价值观的差异常常会导致团队成员之间互不信任、冲突甚至敌意。比如，团队成员中风险规避强的成员的想法和方案在那些风险规避弱的成员看来无法理解甚至很可笑。又比如，在高权力距离背景下成长的成员对团队领导者唯命是从在那些低权力距离背景下成长的成员看来是没主见、没有个性。文化差异越大，团队成员就越难以相同方式认知事物，越容易造成误解、不协调乃至冲突。

总之，由于文化价值观的差异，跨文化团队成员之间起初往往难以建立起信任，成

---

① 黎群，王莉．跨文化管理案例：北京金融街威斯汀大酒店．企业文化社群．https：//mp. weixin. qq. com/s/hIPFEfFxg2Z1yAiXadxSJQ.

员之间的关系也更可能处于紧张状态，团队成员间认同感低、冲突增加、团队的凝聚力弱，团队容易变得低效。①

2. 语言和思维方式差异会给团队内沟通带来不利影响

跨文化团队往往存在语言和思维方式的差异。“语言问题或许是由于沟通无效而限制了团队工作，或破坏了每个人的辛勤劳作的结果和紧张的努力。在任何场合中，跨文化团队都因行为模式和个体沟通风格而受到了限制。团队成员甚至从来不能完全理解他人或团队决策的完整含义。”② 这种情况又会使团队成员沟通不畅，工作压力加大，成员之间关系紧张程度增加，可能导致团队低效低产。沟通不畅在跨文化团队中是经常发生的事。有时借助翻译中介不仅会降低沟通的效率，而且会增加沟通误解的可能性。

在思维方式上，跨文化团队成员喜欢按自己的思维方式处理事情，往往还会假设对方在理解和解决问题的方式上与自己相近。这种思维方式往往导致在团队事项的起因、信息获取和评估、决策以及对结果的理解等方面产生意见纷争。一些文化下的沟通是直接而明显的，说话者所说的就是他要表达的完整意思，聆听者不需要去揣测说话者的意思。但是在有些文化下，沟通通常是间接而含蓄的，说话者想要表达的意思往往不直接说出来。例如，一位澳大利亚经理问一名印度员工，工程项目能否在规定期限内完成，印度员工很爽快地回答“没问题”，因为他认为客气的举动比准确的信息反馈更加重要，事实上他内心很清楚自己不能按时完成任务，当工期结束时，他没能完成项目。澳大利亚经理得知这个结果后，完全不能理解为什么如此肯定回复的事没能按时完成，显然在他的概念里，准确的信息比客气的举动更重要。不同的理解方式影响了团队的工作进程。③

3. 刻板印象会影响个体的尊重感

跨文化团队的成员常常对来自不同文化的同事有刻板印象，并不会根据客观情况如实评价其他成员的行为和能力。例如，来自收入高的发达国家的成员通常会被认为更加能干。项目团队的成员可能因为泰国的技术不如日本，就认为日本同事比所有泰国同事技术水平都要高。也会出现阿根廷的同事抱怨加拿大的同事对自己不够尊重，仅仅因为自己来自发展中国家。这些刻板印象无疑会影响团队的运作效率。

4. 降低团队凝聚力和团队工作效率

正如前面提及的，跨文化团队成员的差异会带来较多的冲突，特别是人际冲突，进而影响团队成员之间的有效沟通和合作。因此，与同质化团队相比，跨文化团队需要花费更多的时间，投入更多的精力，进行更多的磨合来提高团队凝聚力和团队绩效。近年来，团队研究领域对“团队分裂”现象给予了许多关注。团队分裂指的是团队成员由于显著不同的外在特征彼此分裂，那些有相似外在特征（如性别、年龄、地位、国籍和人

---

① Earley P C，Mosakowski E. Creating Hybrid Team Cultures：An Empirical Test of International Team Functioning. Academy of Management Journal，2000，Vol. 43：26－49.

② Katz J，Goldston J，Benjamin L. Behavior and Productivity in Biracial Work Group. Human Relations，1985，Vol. 11：123－151.

③ Abramson F. Factors Influencing the Entry of Canadian Software Manufacturers into the United States Market. Ph. D. dissertation，The University of Western Ontario，1992.

种等）的成员聚成一团，成为大团队中的小团体。研究者发现，双文化团队中这种团队分裂现象表现得更加突出，以至于使得双文化团队的业绩远低于单文化团队和多文化团队。

总之，跨文化团队既有自身优势，又有多样性的负面影响。随着全球化的深入，有效地管理跨文化团队已成为企业获得竞争优势的关键。如何利用多元化的优势、限制其劣势，已经成为越来越多的企业关注的焦点。

三、跨文化团队的绩效

（一）不同任务和团队形式下的跨文化团队

阿代尔曾指出多样性的优点受不同任务和团队形式的影响。文化多样性对那些需要创新及完成复杂工作任务的群体来说是最大的财富，但当成员的工作具有较高重复性、需要按部就班工作时其作用就不太明显了。她认为，多样性对项目规划与开发这些需要创意的工作最有价值，对项目实施则很少有帮助。多样性对跨文化的高级管理团队最有价值。对于日常工作，组建同质性团队较为适合；如果任务是创造性的，那么构建多元文化工作团队是最佳的。① 可见，文化上的多样性对团队产生影响是有条件的，不同的组织任务和团队形式对应不同的多样性需求。

（二）不同类型跨文化团队的绩效实证研究结果

有关跨文化团队的研究结果表明，与单文化团队（同质性团队）相比，跨文化团队的绩效要么显著低，要么显著高，倾向于往两极走而不是居于中间。厄雷和莫莎考斯基在研究中，通过实地观察和实验研究的方法比较了单文化团队、双文化团队和多文化团队的工作绩效。他们的研究结果表明：双文化团队的工作绩效显著低于多文化团队和单文化团队，曲线呈U形；与单文化团队和多文化团队相比，双文化团队的绩效和满意度最低；团队的认同感、团队效能感、角色期盼和团队内部的沟通过程在团队成员的文化异质性与团队绩效之间起中介作用，对绩效的直接影响因素是跨文化团队成员交往过程中所产生的对团队整体的感知。② 陈晓萍指出："'双文化团队'容易产生'两军对垒'的局面，很可能大大降低团队成员沟通互动的质量并导致整个团队绩效下降。这个结果从一个侧面佐证了合资企业的高管团队最难以产生高绩效。跨文化团队存在超越单文化团队的极大潜力，但如果管理得不好，就存在极大的隐患和危险。"③

此外，团队工作中的社会惰化现象一直是研究者和实践者关注的话题。在跨文化团队中是否也存在社会惰化现象？如果存在，具有什么文化特征？研究发现，社会惰化现象在集体主义导向的社会如日本等有可能不发生，美国人即使在内群体的情况下，依然

---

① Adair A. Effective Teambuilding. England：Grower Publishing Hants，1986.

② Earley P C，Mosakowski E. Creating Hybrid Team Cultures：An Empirical Test of International Team Functioning. Academy of Management Journal，2000，Vol. 43：26－49.

③ 陈晓萍．跨文化管理．2版．北京：清华大学出版社，2009：210－211.

会有社会惰化现象。①

第3节 构建有效跨文化团队的理论和实践

在2012年10月于清华大学举办的“世界经济与跨国管理的新趋势”论坛中，跨国企业巨头们都谈到了打造国际化团队的必要性。正如魏家福所提，“现在研究跨国管理，很重要的一点就是要建立一支跨国团队。我认为就像海洋一样，它能够起到连接世界各国的作用，但是也能起到分离各国的负面作用。管理团队选好了，就连入世界、地球村。管理不好，选错了，就是一块一块分割，变成孤岛。”跨文化教育机构贝立兹的一份调查报告显示，无论是扩展中国市场的跨国企业，还是走向海外的中国企业，凡接受调研的企业高层和人力资源主管80%以上都表达了对管理多元文化团队的重视。

跨文化团队的有效性包括三个方面：（1）团队绩效或生产结果，从数量、质量和时效三方面考量团队的工作水平，即团队产出符合或超过要求的质量、产量或时效标准；（2）团队成员满意度，从团队成员能否在团队中体验到个人发展和幸福感为考量，即团队活动的结果使成员获得满意感，促进团队成员间形成良好的关系；（3）团队生命力，从团队成员能否持续地一起工作考量，即团队在完成一项任务后，成员间的人际关系得到良性发展，为未来继续合作打下基础。可见，要构建一个有效的跨文化团队，不仅要关注绩效结果，而且要关注团队成员的满意度和团队可持续发展能力。

一、高效跨文化团队的构建理论

（一）贝里等的文化融合理论

贝里（Berry）等提出的跨文化融合和适应的模型框架如下：如果个体认为保持自己的文化和搞好与当地社会群体的关系同样重要，则采取的是融合（integration）策略；只保持自己的文化，不看重与当地社会群体的关系是分离（separation）策略；看重与当地社会群体的关系而不考虑保持自己的文化是融入（assimilation）策略；既不保持自己文化，也不看重与当地社会群体关系，采取的是边缘化（marginalization）策略。研究表明，在这四种适应策略中，融合策略是最理想的，边缘化策略则是最糟糕的。②

（二）本尼特-马丁尼茨等的双重文化认同理论

近年来，以本尼特-马丁尼茨（Benet-Martinez）为代表的一些跨文化学者提出了专

---

① Earley P C. Social Loafing and Collectivism: A Comparison of the United States and the People's Republic of China. Administrative Science Quarterly，1989（34）：565－581. Earley P C. East Meets West Meets Mideast: Further Exploration of Collectivistic and Individualistic Work Groups. Academy of Management Journal，1993（36）：319－348.

② Berry J W，Kim U，Power S，et al. Acculturation Attitudes in Plural Societies. Applied Psychology，1989（38）：185－206.

门针对在两种文化环境中生活了多年的个体的“双重文化认同”(bi-cultural identity integration，BII) 的新概念。对双重文化认同的研究发现，如果个体在两种文化中都能很好适应，很少感觉到自己被两种文化价值观牵扯，能在合适的场合用合适的行为方式，并且对两种文化都有强烈的认同感，那么个体的双重文化认同水平较高，更有可能在工作中获得成就（不管在哪一种文化中)，心理更加健康，焦虑感更低。反之，如果个体时常感到强烈的文化冲突，在很多场合不能适应，感觉自身既不属于原有的文化，又不属于现有的文化，这样的个体的双重文化认同水平就较低，文化焦虑感更强，工作生活的压力更大，更难在工作和生活中获得成功。①

（三）文化智力理论

随着经济全球化，对个体处理跨文化问题能力的研究也逐渐丰富起来，不同学者从不同的角度对跨文化的能力进行了定义和研究，包括跨文化交际能力（intercultural communication competence)、跨文化敏感性（intercultural sensitivity)、跨文化适应能力(cross cultural adaptability)、跨文化效能（intercultural effectiveness)、跨文化胜任力(intercultural competence)，虽然侧重点不同，但讨论的都是个体在不同文化情境中所体现出来的特征和能力。厄尔利和安在大量相关研究的基础上，认为应该把个体跨文化的能力看做一个普遍能力而非局限于从某一特定文化到另一特定文化的过渡，他们首次提出了文化智力（culture intelligence，CI）这个概念，将其定义为反映人们在新的文化背景下收集处理信息，做出判断并采取相应有效措施以适应新文化的能力。② 安及其同事对文化智力的内容进行了发展补充，认为文化智力主要由四个部分构成③：

(1) 元认知（metacognitive）文化智力：个体获得和理解文化知识的能力。具有高元认知文化智力的人能够在与具有不同文化背景的人交往过程中，敏感地意识到其他文化的偏好，他们倾向于思考与来自不同文化背景的人交往时的规则以及相互作用，并努力使跨文化环境的模糊性变得有条理。

(2) 认知（cognitive）文化智力：个体对不同环境下的特殊规范、实践、习俗的熟悉程度。它反映了个体从教育和个人经验中获得的关于不同文化的规范、行为和习俗，包括不同文化或子文化下的经济、法律、社会体系的知识以及文化价值观的基本知识，来寻找与来自不同文化背景的人的相通之处与不同之处。

(3) 动机性文化智力：个体适应不同文化的驱动力与兴趣点。具有高动机文化智力的人发自内心地关注跨文化情境，把注意力和能量用于跨文化情境是他们固有的兴趣，并且自信能有效适应不同文化。

---

① Benet-Martinez V，Lee F，Leu J. Biculturalism and Cognitive Complexity：Expertise in Cultural Representations. Journal of Cross-Cultural Psychology，2006 (37)：386－407. Haritatos J，Benet-Martinez V. Bicultural Identities：The Interface of Cultural，Personality，and Socio-cognitive Processes. Journal of Research in Personality，2002 (36)：598－606.

② Earley P C，Ang S. Cultural Intelligence：Individual Interactions Across Cultures. America：Stanford University Press，2003：100－108.

③ Ang S，Van Dyne L，et al. Personality Correlates of the Four-Factor Model of Cultural Intelligence. Group Organ Manage，2006，31 (1)：100－123.

（4）行为文化智力：与来自不同文化的人打交道时，能够正确使用语言或非语言行为的能力。高行为文化智力的人能够基于他们的语言与非语言的能力在不同的情境中表现出恰当的行为，比如说话得体、语调适中、举止优雅、表情自然。

文化智力这一概念的提出把对跨文化能力的评估引领到一个新的阶段。它不仅有动机（包括态度）和行为两个因素，还加入了元认知、认知，多结构、系统地评估一个人在跨文化情境中的能力，使得对跨文化能力评估的内容和维度趋向统一，自提出便受到广泛关注。

坦普勒和泰的研究结果显示，动机性文化智力显著预测了外派人员的跨文化适应能力，远远超过了工作之前的培训干预，例如现实工作预览与现实生活环境预览。① 动机性文化智力高的个体具有高水平的工作适应性，他们自我激励，并坚信有能力适应新的文化环境，保持开放心态，愿意持续适应新的环境，尤其是工作条件。安等（2007）发现，文化智力解释了外派经理人的绩效以及适应能力的差异，他们的研究表明，元认知文化智力与认知文化智力显著预测了文化判断、决策制定以及任务绩效，动机性文化智力显著预测了在不同文化环境中的适应能力，行为文化智力与任务绩效以及不同文化环境中的普遍适应能力相关。②陈、波特尼和刘在美国华盛顿州的一项研究发现，在控制了性别、年龄、工作年限、会说的语言种类以及人种后，房屋中介者的文化智力对房屋成交量具有显著影响。②

总之，由于提高文化智力被认为能有效地提高个体在跨文化背景下的业绩，提高个体适应新文化环境的能力，因此，可以推测，团队成员文化智力的提高将有利于其所在的跨文化团队绩效的提升。

（四）I-P-O 理论

高效跨文化团队的打造遵循 I-P-O 有效性模型（如图 6－1 所示），斯诺等基于对全球范围内一些成功的跨文化团队的研究，提出了一个与“输入→过程→产出”极为接近的模型，即“驱动因素与管理投入→实施过程→关键结果”。③ 他们认为任务的复杂性和重要性以及多元文化动态性是影响跨文化团队组成、运营和绩效的主要因素。他们认为组织设计和管理杠杆是团队输入的重要因素，包括组织的全球战略、跨文化团队建立过程中的相关因素，如与公司架构、项目和系统的匹配，以及团队使命与公司战略、沟通以及决策制定技术的联结等。实施过程包括安全和信任的环境，友爱、灵活、可依赖以及共享的责任和承诺。关键结果包括常规绩效、学习成长、统计分析计划以及数据管理计划等。跨文化团队比一般团队更加难以管理，尤其是团队合作的过程以及团队氛围，如果管理不当，就难以发挥作用，甚至影响团队产出。

---

① Templer K J，Tay C，Chandrasekar N A. Motivational Cultural Intelligence，Realistic Job Preview，Realistic Living Conditions Preview，and Cross-cultural Adjustment. Group & Organization Management，2006（31）：154－173.

② Chen X P，Portnoy R，Liu D. Organizational Inclusion，Cultural Intelligence，and Housing Transaction：A Multilevel Investigation. Annual conference of SIOP，New Orleans，2009.

③ Snow C C，Snell S A，Davison S C，Hambrick D. Use Transnational Teams to Globalize Your Company. Organizational Dynamics，1996，24（4）：50－67.

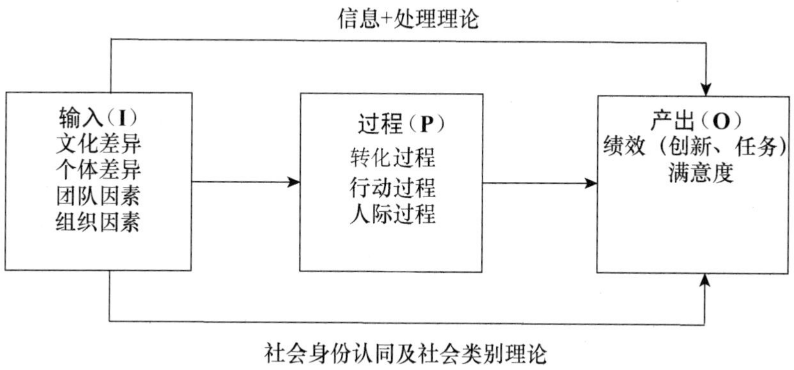

图6－1　跨文化团队I－P－O有效性模型

跨文化团队有效性研究中较多关注团队输入因素对团队产出的直接效应。输入变量主要包括文化差异、个体差异、团队因素以及组织因素。其中，文化差异是研究最多的。在团队产出方面主要包括绩效（含任务绩效和创新绩效，以及个体绩效和团队绩效）和成员情感反应（如满意度）。研究表明，团队异质性对团队有效性有重要影响。

从跨文化团队的I-P-O模型来看，对团队有效性的关注最重要的是揭开中间的“黑箱”，已知的、可观测的是团队输入和团队产出，这个黑箱就是团队过程及其作用机制。这个黑箱包含转化过程、行动过程和人际过程三个维度。转化过程指团队对过往团队成果的反思、解释以及对未来行动的准备等方面，包括任务分析、明确目标、战略构建与规划；行动过程指团队实现目标的行动，包括目标实现过程监督、系统监督、团队监督、支持行为以及协调；人际过程指人际关系管理的团队活动，包括冲突管理、激励和信心建立、情感管理等。

二、打造高效跨文化团队的行动指南

阿代尔认为建立高效的团队必须满足三个条件：第一，明确任务需要（需要达成什么）；第二，明确团队需要（需要发展和维护团队关系以便完成任务）；第三，明确个体需要（每个个体都会将自己的需要带入团队，并力图通过团队实现自己的需要）。[①] 为了实现团队目标，团队成员必须相互信任、尊重和理解彼此之间的文化差异，并学习跨文化交际的技能。对于国际企业的管理者来说，了解跨文化团队的性质、团队成员的文化多样性、团队成员之间的沟通方式和思维方式、跨文化团队所需的领导风格是建立高效跨文化团队的基本要求。以下在跨文化适应、双重文化认同、跨文化智力等理论基础上阐述如何打造高效的跨文化团队。

（一）强化跨文化团队成员的文化融合

根据前述的跨文化融合理论，提高跨文化团队绩效的可取方法是强化跨文化团队成

① Adair, A. Effective Teambuilding. Grower Publishing Hants, 1986.

员的文化融合。为了实现这一点，跨文化团队中的文化少数派、文化多数派和团队领导者都需要努力。

1. 文化少数派

对于文化少数派而言，可以通过以下几个方面的努力来尽可能地促使自身更好地融入所在的跨文化团队：一是认识并承认自身所需承受的压力，并寻找有效的放松方法，比如参加当地社团组织等；二是积极主动地与其他团队成员充分沟通，就自己的困惑向他们请教，视他们为自己的老师和学习对象，并分享自己的感受，以更好地获得其他成员的大力支持；三是让其他团队成员清晰地知道自己在团队中的作用，努力寻找表现自身能力的途径，还可以通过积累经验来拓展自身的职业技能专长，以缩小与其他成员之间的差距。

2. 文化多数派

文化多数派肩负着促使团队更紧密融合、紧密合作的使命。为促成所在跨文化团队更高的绩效，文化多数派应在以下几个方面努力：一是设身处地地为少数派成员着想，理解他们在工作适应、文化融合和适应方面的困难，经常反思自己对待他们的行为和方式是否有改进的需要。二是尽量多创造不同文化背景的成员共事和合作的机会，促进不同成员之间的交往，融洽彼此之间的关系。当然，在此过程中，多数派成员不应强求价值观不同的员工之间的交往或互动。三是保证团队资源的公平配置，确保每个员工都能够获得成功所必需的资源、信息、机会和技能。

3. 团队领导者

在打造一个高效的跨文化团队的过程中，团队领导者的作用十分关键，在高权力距离的国家尤其如此。具有高水平跨文化管理能力的团队领导者将加快团队的文化融合速度，提高团队成效。团队领导者应努力在以下几个方面做好工作：一是明确团队的目标，区分成员之间的责权利，在行使团队管理者权力的同时，团队领导者也应勇于承担下属犯错时上级应该承担的连带责任。二是以身作则，主动沟通，以确保团队目标准确无误地传达到下属，并能正确地理解团队成员的想法和意见，尽最大可能消除上下级沟通误解。三是关心团队成员的需求和成长，在确定团队目标时，将团队成员的个人需求和团队需求挂钩，并在团队的具体工作中给予这些成员更多的支持。四是接受、理解并尊重文化差异，尽可能地为团队成员提供跨文化方面的培训，使团队成员掌握一定的跨文化人际交往能力，促使其更好地就团队工作进行合作和沟通。五是在文化融合的基础上，追求更高层次的创新。应充分利用文化差异带来的优势，积极主动地考虑并适当采纳不同文化背景成员的方案，在尊重不同文化基础上促使团队工作有创新性突破。

（二）跨文化团队的发展阶段及其领导者的角色

跨文化团队一般要经历四个发展阶段，如图6-2所示。

第一阶段：初期建立阶段。在这一阶段，团队领导根据团队目标选择来自不同国家的团队成员，这些成员具有不同的文化背景，有自己独特的文化价值观以及个人目标，带着不同的工作目的、工作态度和工作经验来到团队。在这个阶段，团队成员彼此并不

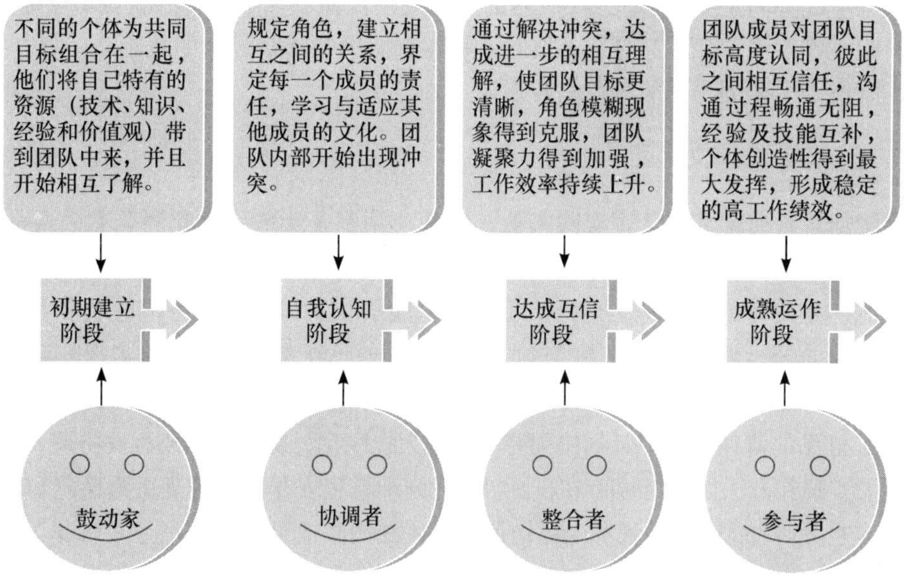

图6-2　跨文化团队发展的阶段

资料来源：Holt，David H. International Management：Text and Cases. Dryden Press，1998：794.

熟悉，人员流动性往往很大，团队较不稳定，成员对团队目标很难有深刻的理解和认识。此时，团队领导者应该充当“鼓动家”的角色，竭力向团队成员宣扬团队目标，教导他们如何有效地实现目标。那些有经验的团队领导者起初通常关注团队成员专业资格及平等地位而非其文化背景的差异性。一旦成员建立起专业的互补性及其相互间的尊重，这些文化上的差异就成为团队的潜在资源而不是挑战或者威胁。

第二阶段：自我认知阶段。这一阶段是动荡期，团队成员开始向来自不同文化的其他成员学习，并试着不断地调整自我以互相适应。团队成员要解决由习惯、文化价值观、思维方式、知识结构等差异引起的冲突。为达到这个目的，团队成员应学会相互理解和支持，要进行充分有效的沟通和商讨，界定成员各自的角色，明确成员责任，形成团队结构，学习与了解其他成员的文化。这时，团队领导者的角色变换为“协调者”，帮助调节团队成员间的各种文化冲突，以使成员能够相互理解，建立信任。

第三阶段：达成互信阶段。在前一阶段团队成员彼此间开始建立了信任与良好的沟通，逐渐清晰团队目标和自己的角色，跨文化团队就可以发展到建立互信的阶段。在达成互信阶段，之前令人头疼的文化差异可以成为团队巨大的财富，这是因为差异可以为团队带来更多的创新思维，为解决问题提供更独特的多元化视角，这有利于提高团队的竞争力和团队工作效率。在达成互信阶段团队领导者的角色再次发生了转变，由之前的“协调者”转变为“整合者”。团队领导者的主要任务是整合多元化的意见，协调团队目标，整合团队行为。

第四阶段：成熟运作阶段。在这一阶段，文化多样性的优势得到充分体现。清晰明了的团队目标、融洽互信的团队氛围、成员之间的默契配合成为团队实现目标的主要资源。这时团队成员尽管保持着各自独特的文化和价值观，但先前固有的内部文化冲突已消失，巨大的团队创造能力开始凸显。从公司层面来看，成熟的跨文化团队成为跨国企业获得竞争优势的主要资源。“在成熟的自我管理团队中，成员‘感觉像个家庭’，他们能在一起工作，就像在一起打球，彼此了解各自能力和移动方向的冠军队一样。”① 在成熟运作阶段，团队领导者的角色就转换为“参与者”。

（三）有效的跨文化团队协调②

无论从理论研究还是管理实践来看，团队协调都是影响跨文化团队有效性的重要因素之一，是跨文化团队 I-P-O 有效性模型的关键。因此，有效的团队协调是打造高效跨文化团队的重要环节。在跨文化团队中，跟一般团队一样，团队协调也通常表现为外显协调和内隐协调。外显协调是指通过成员的直接交互或者外在媒介而实现的调整，即团队成员通过计划和沟通，利用管理制度、规范或者管理者的介入来实现的协调，是一种外在的、可见的协调方式。计划协调有时也称为程序化、客观协调或行政协调，团队使用一系列的实践和方法如确定时间节点、制定计划和日程安排等去管理更为稳定和可预测的工作。沟通协调包括反馈过程和人际协调，更关注团队成员之间通过正式和非正式、口头或书面方式进行交流，以整合各自贡献，更具有非程序化的特点。

内隐协调指的是团队中成员对其他成员的行动和需要以及任务要求的预计并由此动态地调整自己的行为，不需要相互之间直接沟通或通过计划进行。内隐协调主要包含两个方面的内容：一是预计；二是动态调整。预计是指在没有被直接告知任务需求和其他成员的行动的情况下，团队成员形成的对于这些需求和行为的期望和推测。动态调整指成员在持续的互动中，为了互相适应而对自己的行为加以调整。内隐协调方式更多地受成员内在深层次认知驱动和引导，成员经常在不知不觉的情况下调整自己的行为，调整过程较难通过表面观察等被识别。

已有研究显示，外显协调是跨文化团队更常使用的方式。一方面可能是因为团队异质性较突出，在团队形成的很长一段时间都需要通过外显协调形成一定的工作模式，也是最有效率的。随着时间的推移，内隐协调才会在团队中慢慢发挥作用。另一方面可能因为外显协调是更容易直接观察到的行为，研究往往使用的是让被试报告的数据，可能会有一定的研究误差。无论如何，跨文化团队中的外显协调和内隐协调并不是割裂的。外显协调的计划和沟通会促进团队情境模型的形成，为内隐协调打下良好基础；随着团队发展深入，情境模型的准确性和共享性也会进一步提高，更有利于自发行为的产生，将有助于外显协调中任务分工和人际协调等行为的有效进行。同时可以看到，内隐协调并不是不沟通，而是其沟通往往在对团队状况认识的基础上。

为了促进任务更顺利开展，可以在跨文化团队中加强外显协调，即通过明确要求、合理分工、前期充分准备等方法使得跨文化团队的基本工作有序进行，通过定期会议来控制任务的进程，开展培训和工作坊以增加大家对任务的了解和相互之间的了解，形成共同的认知框架，推动任务开展朝向同一方向。通过人际协调，既促进相互了解和人际关系发展，又利于群体效应达成规范。同时，在跨文化团队中，鼓励增进内隐协调。随

---

① Daft R. Organization Theory and Design，3rd edition. West Publishing Company，1989：457－460.

② 唐宁玉，王玉梅．跨文化管理：理论和实践．北京：科学出版社．2016：107－123.

着团队发展不断深入，将形成团队动态变化的情境模式，这将有助于团队成员对团队任务、过程等的预期，调整自己的行为以更好配合其他成员的工作及整个团队的任务，使得团队可以更为默契地在一起完成任务。

除了强化跨文化团队成员的文化融合、跨文化团队的发展及其领导者的角色和有效的跨文化团队协调，在如何打造优秀跨文化团队上，陈晓萍（2005）提出几点建议：首先，团队成员要了解彼此的文化背景，建立良好的人际关系；其次，确定任务结构并建立团队成员交往的行为规范；最后，建设跨文化团队的情商，对成员的情绪有所意识并能加以化解。根据跨文化管理研究成果，跨文化团队有效性取决于输入因素和团队过程，唐宁玉和王玉梅认为①，要打造优秀的国际化团队，首先，需要优化国际化团队的组成；其次，通过尊重、沟通、诚信、制度等在团队中建立起信任的关系；再次，构建动态的适应性协调机制；最后，要在团队中实行包容性的管理。

小 结

在组织管理中，团队是一个越来越受研究者和实践者关注的对象。本章主要讨论跨文化团队管理问题。内容涉及文化多样性对团队的影响、跨文化团队的类型和特征、跨文化团队的优劣势和如何打造高效跨文化团队等。

跨文化团队融合了团队和多元文化的概念，它是由来自两种或两种以上不同文化背景的成员构成的、为达成共同目标的相互协作和依赖的正式群体单元。

团队成员在价值观、观点和经历各方面的相似性和差异性构成了不同的团队类型。跨文化团队（异质性团队）成员来自两种及以上的文化背景，这种团队根据团队成员的数量和发言权又分为三种类型：象征性文化团队、双文化团队、多文化团队。

文化会影响员工的行为，也会给管理带来复杂性。受文化影响，跨文化团队具有相应的优劣势。文化上的多样性对团队产生影响是有条件的，不同的组织任务和团队形式对应不同的多样性需求。

贝里等提出的跨文化适应的理论认为，个体在受跨文化影响后有四种可能的心理适应的策略：融合、同化、隔离和边缘化。研究表明，在这四种适应策略中，融合策略是最理想的，边缘化策略则是最糟糕的。

双重文化认同的研究发现，在两种文化中都能很好适应的双文化个体的“双重文化认同”水平较高，更有可能在工作中获得成就（不管在哪一种文化中生活），心理更加健康，焦虑感更低。

文化智力是人们在新的文化背景下，收集处理信息，作出判断并采取相应有效措施以适应新文化的能力。越来越多的实证研究结果显示，文化智力能有效地提高个体在跨文化背景下的业绩，提高个体适应新文化的能力。团队成员文化智力的提高将有利于其所在的跨文化团队绩效的提升。

① 唐宁玉，王玉梅．跨文化管理：理论和实践．北京：科学出版社．2016：145－151.

跨文化团队通常要经历四个发展阶段：初期建立阶段，自我认知阶段，达成互信阶段，成熟运作阶段。每个阶段都有不同的特征和任务要求，领导者在其中应充分发挥不同的角色作用。

关键术语

象征性文化团队（token group）　双文化团队（bi-cultural group）
多文化团队（multicultural group）　双重文化认同（bicultural identity integration，BII）
文化智力（culture intelligence，CI）

思考题

1. 跨文化团队的含义是什么？跨文化团队有哪些类型和特征？
2. 跨文化团队有哪些优势和劣势？
3. 简述贝里等提出的跨文化适应模型。
4. 简述双重文化认同的概念。什么类型的个体具有更高水平的双重文化认同？
5. 什么是文化智力？厄尔利和安提出的文化智力有哪些维度？文化智力的作用是什么？
6. 请结合某一具体企业的实践谈谈如何构建高效的跨文化团队。

案例分析

趋势科技公司

无国界公司画像：没有总部，股东、管理层、员工都来自全球各地，你很难说出公司属于哪个国家。但是，这种“形散而神不散”的公司具有强大的威力。

举例：APV公司、惠尔普尔公司

趋势科技公司已经进化成一个“新物种”，用美国《商业评论》的话说，它是一个无国界公司，“趋势科技不属于任何一个国家，它是一个真正‘全球化’的企业”。理由有三：它没有一个严格意义上的总部，主要的职能中心分布于全球各地，核心管理团队常年散布在世界各地的分公司。

（一）无国界的先天基因

传统跨国公司的成长路径都是首先根植于本土市场，羽翼丰满后才会走出国门，例如联想。趋势科技公司走的是一条与联想截然不同的道路。1988年，趋势科技公司在美国加利福尼亚州注册，从诞生之日起，趋势科技便在美国、日本等多个市场上齐头并进。到1996年时，趋势科技已经在中国台湾和日本奠定了牢固的霸主地位，在美国和欧洲市场上占有一席之地。

趋势科技的无国界组织架构与其主营业务有关。计算机病毒是无国界的。曾经的冲击波病毒给全球计算机行业带来了重大的灾难。如果只把公司设在亚洲、美洲或欧洲，当某种计算机病毒爆发时，可能无法立即得到病毒样本，及时应对也就无从谈起。

（二）无总部营运

1. 多中心布局

对传统的跨国公司而言，母国是其最重要的市场，总部与主要职能部门都设置于此。无国界公司为了更好地整合全球资源，其职能中心往往分布于全球各地。

中国区市场总监张怡青在接受采访时谈到趋势科技如何利用地区优势资源来设置职能中心：趋势科技首先在日本上市，并且牢牢占据了当地接近30%的市场份额，再加之资本市场上的杀毒软件公司较少，融资相对于美国来说较为容易，于是将财务中心放在日本；美国是全球最大的软件市场，也是绝大多数商业新思想的发源地，并且有最先进的高科技营销辅助设备，可以用来完善趋势科技的销售系统，所以将销售及市场中心设在美国；菲律宾拥有大量愿意接受8小时三班制工作的IT人员，因此通宵待命的防病毒技术中心设置于此是水到渠成。

“但全球五个研发基地的布局，却是因消费者的不同需求应运而生。”张怡青说道。

美国市场始终处于技术的前沿，且签约用户多为大型企业，因此美国研发基地主要做的是高端产品的研发；个人版占据日本防毒软件的最大市场，所以日本研发基地主要做PC机个人版；德国的研发则主要瞄准了趋势科技在当地的主要用户中小企业的特殊需求；中国则主要做产品设计及服务器产品的研发。

趋势科技的全球多中心布局，是为了更好地整合全球的资源。全球设立的若干研发基地，则是为了能开发出当地市场需要的产品和服务，以及对当地市场的动向迅速做出反应。

并非仅趋势科技深谙此道。制造食品加工设备的APV公司，它的每一项世界性商业活动都由一个设在不同国家的总部牵头，以最大限度地整合全球资源。东软集团CEO刘积仁说，过去公司的设立与关闭是按照区域和业务来进行，未来将越来越多地按照职能分布，每一个职能部门都可能是跨区域管理的，这种趋势在东软初见端倪，比如其数字医疗产品。

2. 地区化决策

许多传统跨国公司，最高决策层基本上都是常年蜗居在总部，虽然赋予各个地方一定的行政权力，但更多的时候都是以总部为圆心制定决策。

微软虽然在全球有100多家分公司，但要在西雅图完成决策，然后将决策传达至各分公司执行；索尼虽是日本最具国际化的公司，但一切决议以日本总公司马首是瞻；西门子的产品虽遍布全球，但决策权掌握在欧洲总部手中。

与之相反，无国界的趋势科技却是站在地区的角度制定决策。趋势科技几乎所有重大的决策都是由世界各地的13名高管在每季度的会议上制定的。他们回顾已完成的目标情况、主要成就与面临的问题，商讨未来对策，达成共识后执行。

由于13名高管长期在世界各地的分公司任职，他们制定出来的决策最贴近各个市场的实际情况，避免了因地区文化不同而产生偏差。

3. 谁的公司

在传统的跨国公司中，公司的主要所有者和管理者都是本国人，因此国籍比较容易辨认，但很少有人弄得清趋势科技究竟是哪国的公司。是美国的，还是日本的，抑或是中国的？趋势科技是一个属于整个世界的公司。这从它的管理团队多元化、股东多国化就可以看出。

4. 管理团队

微软的管理团队几乎完全由美国人构成。无国界公司的管理团队成员的来源往往是多元化的。

趋势科技的核心管理团队有 13 个人，分别来自中国、美国、日本、德国、阿根廷、印度这六个国家，共同商议公司事项或制定决策。

无国界的多元化管理团队在解读市场信息后所做的决策往往会比单一文化团队制定的决策更适合全球运用。

拥有这种管理团队的并非趋势科技一家。

惠普公司曾与飞利浦合资设立了惠尔普尔公司，这家合资公司的 CEO 由一名瑞典人担任，管理团队由 6 人组成，分别来自瑞典、荷兰、意大利、比利时、德国和美国。

5. 所有者

自从在东京证券交易所、纳斯达克上市以后，趋势科技的股份基本上保持为创业团队占 30%，股民占 20%，员工占 10%，其余 40%则为机构投资者所持有。

除了创业团队 30%的股权比较单一外，其他 70%的股份已经彻底被多国化。

趋势科技是首家在日美两地上市的软件公司。由于日美资本市场的高开放性，吸引了大量投资。另外，不同国家的趋势科技员工持有 10%的股权。在持有 40%股权的机构投资者中有华硕、花旗、瑞银等众多欧亚美跨国公司的身影。趋势科技的所有者属性目前已很难分清。

（三）全球无缝衔接

1. 内部沟通

各个中心及高管受到时区、大洋的阻隔，这给趋势科技提出了一个新问题，那就是如何让散居于世界各处的高管及员工能紧密地沟通。

每季度趋势科技的 13 名高管都有一次固定的碰头会议，其间还保持每月 1～2 次的电话或视频会议，平时则通过邮件和电话随时保持沟通。

为避免“下情上达”的困境，趋势科技主席张明正、CEO 陈怡桦以及全球事业部的总经理们都向员工开放自己的博客。

为了更真实地听到员工们的声音，趋势科技每年还派出 20 人的“民调小组”，分别到不同的国家以匿名的方式收集员工意见。13 名高管虚心倾听小组成员如实转述，不能提出反驳。

为了让不同国家员工之间更好地沟通，趋势科技精心搭建了一个内部网络，员工通过网络可以看到公司最新的经营策略、整体营收等，也可互相交流工作上的疑惑与心得。“它有点像京杭大运河。”一名趋势科技（中国区）员工这样形容内部网在沟通方面起到的作用。

2. 协同作战

蜘蛛网式的组织脉络缩短了世界各地主管、员工之间的距离，使得各个部门超越国界，形成了强大的合力。

计算机病毒来袭之际，也是趋势科技协同作战大展身手之时。2003年8月12日凌晨，位于菲律宾的防病毒技术中心收到了客户询问微软操作系统的漏洞问题，随后，相同的投诉频频出现。

凌晨4：50，位于日本的警报员发布了“冲击波”病毒的全球警告，各地的服务团队同步通知各地区的签约客户提高警惕。与此同时，在菲律宾的技术服务团队马不停蹄地分析病毒代码。凌晨5：30，“冲击波”病毒的代码正式公之于众，并且提供了完善的解决方案。位于德国的反应测试机构CEGA IT-Solutions曾对趋势科技有如下评价：“它（趋势科技）通常是最先对病毒做出反应的公司之一，常常能够比市场领头羊Symantec公司提前30分钟进行病毒发布。”

3. 跨国公司进化图谱

美国密歇根大学教授普哈拉曾将跨国公司的进化分为四个阶段：阶段一，公司在单一国家运营，然后将产品输出到其他国家；阶段二，公司在海外设立分公司，以处理当地业务；阶段三，公司将一部分业务转移至他国经营；阶段四，无国界公司，没有一个通常意义上的固定总部，掌握公司运营的高管们分布在全球不同的国家和地区。

显然，趋势科技已经进化到第四阶段。

资料来源：姚伟．趋势科技：无国界特攻队．商界，2007（3）：70－72.

［问题］

1. 趋势科技的国际团队是何种类型的跨文化团队？其特征是什么？

2. 趋势科技的管理者是如何确保公司的跨文化团队有效运作的？这些管理者起到了什么作用？

3. 趋势科技的跨文化团队给人们哪些启示？

第 7 章

跨文化背景下跨国企业的组织结构及其控制

学习目标

- 了解文化差异对跨国企业组织结构设计的重要性
- 掌握跨文化背景下跨国企业组织设计的原则和要求
- 了解跨国企业组织结构的类型
- 掌握跨文化背景下跨国企业组织结构的发展

引 例

海尔集团

海尔创立于 1984 年，是全球领先的美好生活和数字化转型解决方案服务商。海尔始终以用户体验为中心，踏准时代节拍，从资不抵债、濒临倒闭的集体小厂发展成引领物联网时代的生态型企业，连续 5 年作为全球唯一物联网生态品牌蝉联 BrandZ 最具价值全球品牌 100 强。海尔在全球设立了 10 大研发中心、71 个研究院、35 个工业园、143 个制造中心和 23 万个销售网络。海尔之所以能基业长青，与其拥有良好的动态适应外部环境变化的组织结构不无关系。

海尔的发展历程可以划分为企业扩张阶段（1984—2004 年）、颠覆变革阶段（2005—2012 年）、生态构建阶段（2013 年之后）。在企业扩张阶段，市场环境从改革开放初期的市场空白，到国内冰箱竞争激烈，再到中国加入 WTO 后外商冲击。海尔集团先后践行了名牌战略（1984—1991 年）、多元化战略（1992—1998 年）和国际化战略（1999—2004 年）。在该阶段企业以创业为导向，其组织结构相应地采用经典的“正三角”科层制组织结构。其间海尔集团先后采用职能制、事业部制以及 SBU 制（扩大化事业部制）。

中国加入 WTO 后向世界敞开国门，国际先进技术和经验不断流入，同时国内市场受到外商冲击，竞争加剧。基于新的开放环境，在宏观层面，国家提出了建设创新型国家的重大战略决策；在产业层面，家电行业整体处于生命周期的成熟期，规模红利日渐消失。因此，海尔集团实行全球化战略，2005 年海尔提出“人单合一”创新管理模式，在集团范围内推行“倒三角”结构，即基层员工为直接面对客户的第一级结构，拥有一定的自主决定权，传统的中层职能部门支持一线工作，为第二级结构；企业核心管理层位于底端为整体组织服务，为第三级结构。

2014 年开始全民聚焦于“大众创业、万众创新”，2015 年提出“互联网＋”概念，环境变化尤其是互联网技术环境对企业提出了新的挑战，在万物互联的市场生态中，海尔集团提出了网络化战略，最大限度淡化内部单元间边界，秉持部门团队化、团队节点化的路径，鼓励员工自主创业，企业给予扶持。系统内各单元通过“契约”相连，使得内外部节点通过契约联结成网络，形成了平台网络结构。实现企业内部资源的系统共享，从而实现对需求的敏捷响应，进行赋能与价值共创，增强了生态系统整体活力，促进了生态联结能力的形成与发展。

资料来源：卢艳秋，宋昶，王向阳．战略导向与组织结构交互的动态能力演化：基于海尔集团的案例研究．管理评论，2021，33（9）：340－352.

对跨国企业而言，其组织结构合理与否，往往是直接决定企业经营战略能否顺利实施的关键因素。随着越来越多的企业走向国际，进行跨国界的经营活动，它们就会像海尔集团一样，一方面要根据企业战略的需要随时调整企业的组织结构；另一方面要考虑环境变化，特别是文化差异对组织结构的影响。在党的历史中，1927 年毛泽东领导的“三湾改编”，就是在战略和环境影响下的组织结构调整，从政治上、组织上保证了党对军队的绝对领导，是党建设新型人民军队最早的一次成功探索和实践。

第 1 节　跨文化背景下跨国企业组织设计原则和要求

无论何种类型的企业，都有既定目标。为了实现既定目标，企业一方面需要根据社会化生产和专业分工的原则，对企业的任务和部门进行划分，以利于充分发挥企业各部门、各成员的专业特长和创新能力；另一方面要符合统一领导、统一指挥和提高效率的原则，通过管理层次的划分和合理授权，确定和协调各部门、各成员的职权、职责和相互关系，以利于企业的有效沟通和管理控制，实现企业的目标。因此，对于企业而言，组织职能实际上就是通过企业组织结构的设计来实现的。

组织不仅受到全球化的影响，所有类型的组织的活动也刺激、推动、维持与扩展着全球化。商业企业不仅销售商品，也传播着生活方式的理念。① 显然，影响是双向的。

① 张新胜，王湲，拉索尔，伯瑞尔．国际管理学：全球化时代的管理．北京：中国人民大学出版社，2002：80.

对经营本土化的跨国企业而言，由于员工的本土化，企业在组织结构的设计上就必须考虑文化的影响。

一、文化与跨国企业的组织结构

文化无处不在。文化是人们内在的、自觉的观念和行为方式，影响着人们的成长、变化乃至消亡。文化是我们共同的“心理程序”。对跨国企业的经济行为而言，文化的影响体现在两个方面：一是跨国企业的经营环境的文化差异；二是跨国企业的管理环境的文化差异。管理层面的文化差异必然对跨国企业的组织结构设计产生影响。

（一）基本概念

在明确文化对跨国企业组织结构设计的影响前，我们首先应该明确几个基本概念。

1. 跨国企业

跨国企业（international firm），又称多国公司、国际公司，是指在两个或两个以上国家（地区）从事生产、销售和其他经营活动的国际性大型企业。通常情况下，跨国企业是以本国为基地，通过对外直接投资，在世界各地设立分支机构或子公司，从事国际生产和经营活动的企业。跨国企业一般具备以下三个要素：

第一，跨国企业是一个自负盈亏的经济实体，该实体通常在两个或两个以上的国家从事经营活动。

第二，跨国企业作为一个独立的经济实体，通常企业内部有一个中央决策体系，以指导各机构或各子公司的经营活动，实现企业的全球战略目标。

第三，跨国企业的各分支机构或各子公司共同分享资源、信息，并共同承担责任。

正因如此，跨国企业组织结构合理与否直接影响其经营战略的发挥。从这个层面来看，组织结构对于跨国企业非常重要。

2. 组织结构

著名管理学家西蒙（H. A. Simon）曾经说过：“有效地开发社会资源的第一个条件是有效的组织结构。”① 认识组织结构并设计有效的组织结构一直以来都是企业管理理论家与实践家研究与考虑的关键问题。对“什么是组织结构”尽管有不少学者进行了研究，但是尚无定论。例如，管理学家弗里蒙特·卡斯特在《组织与管理》一书中指出：“很简单，我们可以把结构看作组织内各构成部分或各部分之间所确立的关系形式。”② 在这里，组织结构主要是指组织的框架结构，是指对于工作任务如何进行分工、分组和协调合作，是对完成组织目标的人员、工作、技术和信息所做的制度性安排。企业的组织结构就像人体的骨骼一样，可以通过组织结构图来展现组织架构。一般而言，组织结构图既包括纵向的报告关系，又包括横向的职能责任。通常组织结构可以用复杂性、正规化和集中性三种特性来描述。

---

① 齐振宏．管理变革之道：核心竞争力导向的企业变革．北京：清华大学出版社，2004：196.

② 同①196－197.

（1）复杂性指组织中包含子部门的程度，即组织分化的程度。通常组织分工越细，纵向等级层次就越多；组织的地域分布越广泛，协调就会越困难。一般而言，复杂性主要反映在三个方面：水平方向的差异、垂直或层级间的差异及空间分散性。①

（2）正规化指组织用规则、政策和程序来约束员工行为的程度。通常组织的规章制度越多，其组织结构就越正规化。组织通过规章制度、员工手册等来指导员工的工作行为。

（3）集中性主要指组织成员决策权的分布，即决策制定权的集中程度，故又称为集权化。集权化程度高的企业，统一指挥的能力更强，但由于问题是从下向上传递给高层管理人员的，因此决策的时间更长，不如分权化解决问题及时。

（二）文化与跨国企业的组织结构

从 1863 年发明家胜家和克拉克创建了胜家缝纫机公司（Singer）至今，跨国公司的发展已有 160 多年。特别是在 20 世纪 90 年代初期，跨国企业的发展特别迅猛。据统计，当前跨国企业数量已超过 8 万家，至少有 79 万家海外分支机构。

正如我们所知，如果跨国企业的组织结构可以用复杂性、正规化和集中性来解释，文化可以用霍夫斯泰德的文化维度来阐述，那么我们很自然地会发现文化对跨国企业组织结构的影响了。例如，霍夫斯泰德文化维度理论中的权力距离维度对组织结构的影响。通常情况下，权力距离大的国家中的员工更容易接受集权，因此，组织层级间的差异就大，也就是说，管理层级更多，集中性也相对高一些。例如，一项对进行过良好匹配且分布于不同行业的英国与印度的制造企业的研究发现，英国和印度的企业在集中化、联合决策、专业化和组织层级方面是相似的，存在差别的关键领域是授权、正规化、工作分类以及沟通的方向。② 研究进一步发现，虽然分属英国和印度的两组企业都是集中化决策，但英国企业的经理在做最终决策之前往往会征求下属的意见，并给予一定的授权；印度企业的经理则很少这样做。这显然和英国与印度两国文化在权力距离上的差异有关。根据霍夫斯泰德的研究，印度在权力距离上的得分是 77 分，远高于英国的得分（30 分）。③ 显然，权力距离大的国家的员工更倾向于接受集权和层级多的组织结构。

文化对组织结构的影响有一个非常典型的例子是中美企业的组织结构。中国有五千多年的历史文化，是东方文化的代表。中国深受儒家文化的影响，家族和家庭观念深入人心，注重礼仪，尊老爱幼，循规蹈矩。美国崇尚自由、平等，勇于冒险和创新，注重个人价值的实现。中国和美国有着极大的文化差异。中国是一个高权力距离的国家，人们能够在较大程度上接受高职位所拥有的高权力。美国是低权力距离的国家，员工大都不接受上级管理人员拥有特权。为了公平并提高企业的绩效，美国企业增加了许多工作说明和考核制度，提高了企业的正式化程度。中国企业的员工对于企业更有归属感，遵从组织的集体决策和安排。美国企业更关注个人的才智和需求与企业目标的一致性，认为组织的作用之一就是实现员工的个人价值。

---

① 安妮·玛丽·弗朗西斯科，巴里·艾伦·戈尔德．国际组织行为学．北京：中国人民大学出版社，2003：207.

② 同①209.

③ 本章中各文化维度的得分数据都来源于 http：//www.geert-hofstede.com。

二、跨国企业组织结构设计的重要性

组织设计是指对企业内的组织结构进行设计，具体地说就是把组织内的责任和任务、权力以及利益等进行有效组合和协调的活动。从本质上讲，组织设计是一个动态的工作过程，取决于外部环境（文化）、技术、规模和战略等因素（见图7-1）。通常情况下，管理者在进行组织结构设计时，必须做到因地、因时、因人而异，即有灵活性。当然，在进行组织结构设计时也要注意，应根据组织设计的内在规律有步骤地进行，才能取得良好效果。

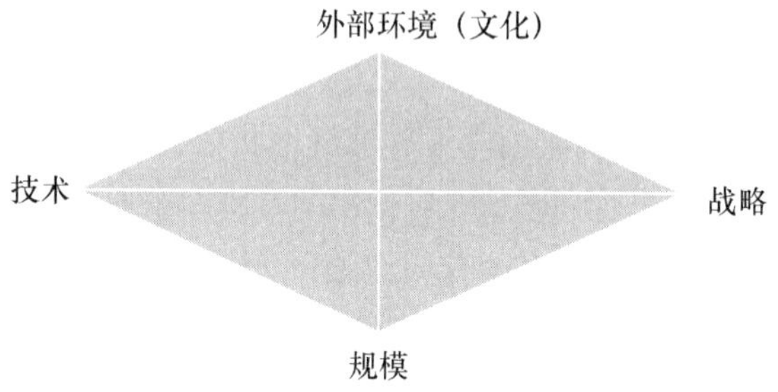

图7-1 组织结构设计模式

对任何组织而言，目标是其存在的前提，组织中必然存在分工与合作，需要明确组织内不同层次的权责利。要完成任何一项工作，仅有责任而没有相应的权力是不行的，仅有权力而没有责任，又很容易导致滥用权力。因此，明确权力和责任是实现组织目标的必要保证，也是组织设计的关键。

（一）跨国企业组织结构设计的重要性

对于跨国企业而言，其本身特性决定了组织结构设计对跨国经营的重要性，具体体现在以下方面。

1. 有利于提高跨国企业的生产力水平

组织是人们为了实现一定的目标而组成的分工协作体系，分工协作的主旨就是通过科学的组织设计提高跨国企业的劳动生产率。特别是在经济全球化的背景下，跨国企业必须考虑到其分工协作既要符合本企业的生产特点和状况，又要适应外部环境发展变化的要求，建立起好的组织体系，这样才能使跨国企业各地区、各部门直至每个人都各负其责、各司其职、各展其能，相互协调、彼此促进。因此，良好的组织设计有利于提高跨国企业的生产力水平。

2. 有利于实现跨国企业间的资源整合、优势互补

在社会化大生产和经济全球化条件下，随着现代信息技术的发展，跨国企业的组织设计已突破本企业内部的管理体系和组织结构，突破了本企业的边界，扩展成为跨国企业之间的组织联系。随着跨国企业间联系的深入，彼此之间的紧密联合和合作使跨国企业克服了自身在技术、经济、经营管理等方面的不足。同时，这种灵活的网络化的组织结构也使跨国企业能更好地进行资源整合，强化核心业务与核心能力，取长补短，在联合和协作之中整合资源，形成优势互补。

3. 有利于为跨国企业战略提供强有力的组织保证

对任何企业而言，企业战略是企业进行竞争、谋求持续发展和稳步前进的根本方向，对跨国企业则更为关键。外部环境的多变使企业不得不及时根据外部环境和内部条件的变化，在企业总战略的指导下调整组织结构，使之与企业总体战略与环境变化相适应。因此，跨国企业的组织结构与企业战略的服务关系不仅表现为依据战略确定相适应的体制和机构，还体现在组织根据企业的环境、技术、人员、规模以及成长阶段等影响因素的状况和变化进行必要的改革，从而为跨国企业构思和设计新的战略创造条件。可以说，跨国企业的组织设计能为实现企业战略提供强有力的组织保证。

（二）跨国企业组织结构设计的内容

一般而言，当企业面临如下三种情况会对企业组织结构进行设计，它们是：企业刚建成；原有组织结构无法服务于企业现有目标；外部环境变化使得企业组织结构的局部需要调整和完善。对跨国企业而言，最常进行的组织结构设计就是根据经营环境的不同做调整，以适应外部环境变化。通常情况下，跨国企业组织结构包含以下四方面的内容。

1. 单位、部门和岗位的设置

企业中单位、部门和岗位的设置，不是把一个企业分成几个部分，而是企业作为一个服务于特定目标的组织，必须由几个相应的部分构成。它不是由整体到部分进行分割，而是整体为了达到特定目标，必须有不同的部分，这是问题的关键所在。

2. 各个单位、部门和岗位的职责、权力的界定

这是对各个部分的目标功能、作用的界定。如果一定的构成部分没有不可或缺的目标功能、作用，就没有存在的必要。

3. 单位、部门和岗位角色之间关系的界定

这是指在界定各个部分发挥的作用时彼此如何协调、配合、补充、替代的关系。

这三个方面是紧密联系在一起的，在解决第一个问题时，实际上就已经解决了后面的问题，作为一项系统工程，三者存在彼此承接的关系。

4. 企业组织结构设计规范的要求

这实际上涉及组织结构设计的要素与原则，也就是说，企业组织结构设计规范化，要做到企业内部系统功能完备，子系统功能分配合理，系统功能部门及岗位权责匹配、管理跨度合理等。

（三）跨国企业组织设计的要求

组织设计是指在组织理论的指导下，以组织结构的合理构造和有效运行为主要内容的企业组织系统的整体设计工作。这实质上是一项系统性、操作性和应用性都很强的工作。一般而言，跨国企业在组织设计时，还应该做到：

（1）确定组织设计的原则。在确定跨国企业组织设计原则时，应结合跨国企业的发展历程、跨国企业文化价值观、企业战略、现有高层的价值判断标准等，列出组织设计需要参照的基准——原则，并对各原则进行清晰的定义，然后制作相应的调查表，对这些需要作为组织设计的原则进行调查测试，选出切合本企业实际的组织设计原则。

传统的管理理论提出了许多组织结构设计的原则，例如，统一指挥原则、管理跨度原则、集权与分权原则、战略定向原则、职能部门化原则等。毫无疑问，跨国企业在进行组织结构设计时必须要考虑这些原则。今天，企业内外部环境变化多样，企业内部错综复杂，文化背景差异到处存在，技术变化难以预测，导致跨国企业在进行有效的组织结构设计时还必须兼顾全球化与本土化原则、合理化与灵活性原则、扁平化原则以及文化适应性原则。

（2）进行组织功能定位。组织功能决定组织结构，即组织要发挥哪些基本功能，组织运行主要存在几个层次，不同的层次在组织功能中扮演怎样的角色。这必须与跨国企业的总体经营战略相吻合，也就是说，组织结构设计有助于跨国企业资源的全球化配置和战略实施。

（3）分析和选择组织管理控制模式。组织管理控制模式一定要符合跨国企业实际情况，要充分考虑到本企业的经营业务、所在行业特点、对市场和竞争对手的响应、高层的决策风格等因素。

（4）必须协调好跨国企业全球化与本土化的关系，对各种变化能及时做出反应。

（5）跨国企业在进行组织结构设计时，还必须做到与企业国际化发展阶段的要求相吻合。

三、霍夫斯泰德的文化维度与跨国企业组织结构设计

“一个组织的结构必须与它的环境相适应。这里，环境包含了组织所在国家的民族文化这一内涵。”[①] 由于文化差异的存在，同一跨国企业在不同地区、不同国家中员工对组织的理解、组织中人的活动方式、对组织中权力分配的态度、组织中的人际关系等都有差异，也使得在组织结构设计所必须解决的三个相互联系的问题上存在差异。这三个必须解决的相互联系的问题就是组织结构设计所必须面对的核心问题，即职权如何划分，部门如何确立，管理层次如何划分。这三个核心问题实际上包括六个要素，即工作专业化、部门化、命令链、控制跨度、集权与分权、正规化，如表 7－1 所示。霍夫斯泰德的文化维度理论使得不同维度下的员工在这六个要素上存在一定的差异，导致跨国企业在不同的国家会采用不同的组织结构形态。

表 7－1　在设计适当的组织结构时管理者需要回答的六个关键问题

关键问题	答案
1. 把任务分解成各自独立的工作应细化到什么程度？	工作专业化
2. 对工作进行分组的基础是什么？	部门化
3. 员工个人和工作群体向谁汇报工作？	命令链
4. 一位管理者可以有效地指导多少名员工？	控制跨度
5. 决策权应该放在哪一级？	集权与分权
6. 应该在多大程度上利用规章制度来指导员工和管理者的行为？	正规化

资料来源：斯蒂芬·P. 罗宾斯．组织行为学：第 7 版．北京：中国人民大学出版社，2003：423.

① 张新胜，王湲，拉索尔，伯瑞尔．国际管理学：全球化时代的管理．北京：中国人民大学出版社，2002：308.

（一）工作专业化与事业成功-生活质量导向维度

工作专业化是指任务分解细化程度。从本质上讲，工作专业化就是将一项工作根据相关原则分解成若干步骤，每一步骤由一个人独立去做。这是技术进步与社会分工细化的结果，也是追求高绩效的表现。

20世纪初，亨利·福特（Henry Ford）通过建立汽车生产线而富甲天下，享誉全球。也正是流水线式的生产方式使得工作绩效得到了极大的提高，带来的副产品则是工作的单调乏味。在不同的文化中，这两种结果有不同的表现。例如，霍夫斯泰德的调查发现，在事业成功-生活质量导向维度上，美国人的得分是62分，瑞典人的得分是5分。在对待工作专业化方面，两国企业的做法也不相同。瑞典人更强调人的和谐性，考虑更多的是“人的非经济性因素”（见图7-2），如厌烦情绪、疲劳感、压力感等因素，因此瑞典汽车企业的装配线是“思考式生产”，不会只为了提高生产效率而一味提高工作专业化的程度。美国企业正好相反，为了绩效一味提高工作专业化程度。

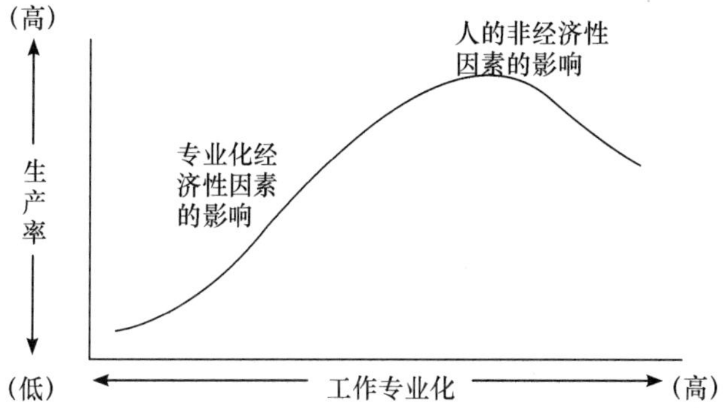

图7-2 工作专业化与生产效率关系图

（二）部门化、命令链、控制跨度、集权与分权同权力距离维度与个体主义维度

部门化实际上是工作分类的结果。一般通过工作专业化完成任务细分之后，就需要按照类别对任务进行分组，以部门化的形式进行协调，使任务可以顺利进行。例如，医院根据工作任务的不同，可以划分为研究部、治疗部、护理部、财务部等部门。显然，这种以职能进行部门划分的方法更便于将同类专家集中在一起工作，提高工作效率。为了便于区域管理，有时跨国企业也根据地域进行部门划分。例如，根据跨国企业经营业务范围划分为不同的区域，进行分片管理。微软公司为了便于管理，分别在美国、日本、德国、英国、法国、加拿大和中国设立了子公司，这也是一种以区域为中心进行划分的形式。

命令链和控制跨度实际上是集权与分权在组织层面的体现。命令链强调的是“我有问题时，去找谁?”“我对谁负责?”等，这往往又和部门设置有关。部门设置又涉及集权与分权以及控制跨度的大小，即层级数量以及层级内部人员的控制数量。

近年来，企业组织结构出现了一种由高耸向扁平演化的趋势，这也使得控制跨度出现了不断扩大的趋势。例如，在通用电气公司和雷诺金属公司这样的大公司中，控制跨度达 10～12 人，已经是 15 年前的 2 倍。[①] 随着组织扁平化，对员工授权程度的加大，以及自我管理团队、多功能团队等新型组织设计理念的出现，命令链的重要性大大降低了，控制跨度越来越宽，出现了分权化的趋势。

但是，由于不同文化背景下权力距离维度的差异，跨国企业在部门化、控制跨度、集权与分权等方面会有不同的表现。例如，美国的权力距离维度得分是 40 分，中国是 80 分；个体主义维度美国得分是 91 分，中国是 20 分。美国的管理者很愿意授权。例如，美国电话电报公司通用信用卡服务部门就很愿意授权，员工可自主决定任何必要的开支以降低成本和提高客户服务质量。这样，员工自然学会如何进行自我管理，组织结构趋于扁平化。像西尔斯和 JC 彭尼这样的大型零售公司，在库存管理上，就对其管理人员授予了较大的决策权，这使得它们的商店可以更有效地与当地商店展开竞争。同样，蒙特利尔银行把它在加拿大的 1 164 家分行划分成 236 个社区，通过权力下放，做到了网格化管理。

（三）正规化与不确定性规避维度

正规化是指组织中的工作实行标准化的程度。换句话说，就是组织在多大程度上利用规章制度来管理和指导员工和管理者的行为，以确保组织目标的实现。霍夫斯泰德文化维度中的不确定性规避维度是指能否容忍未来的模糊性和变化性，是否希望一切行为都有具体的规定、规则、方针与政策来指导与约束。例如，在不确定性规避维度上，美国人的得分是 46 分，日本人的得分是 92 分，显然，日本文化对变化和混乱无法容忍，因此，日本员工比美国员工更能够遵守企业的规章制度，也愿意有相应的规定明确其行为规范。

在个体主义维度得分低的国家中，员工更在意其所在组织的和谐关系，因此，组织结构设计时要考虑到员工人际关系的协调。例如，跨国企业在中国设立分支机构时就要考虑到这一点。相反，在这个维度得分高的国家进行组织结构设计时，任务的明确性与责任的清晰性是设计考虑的关键因素。对跨国企业来说，在进行组织整体结构设计以及分支机构设计时，必须考虑到分支机构所在国家的文化特征，并在组织结构设计上体现出文化的多样性。

第 2 节　跨国企业的组织结构类型

权变理论将企业看作一个开放系统，究竟应采用何种组织结构，应视企业具体情况而定，不可能有普遍适用的组织结构模式。对跨国企业来讲，最佳的组织结构类型就是有助于实现组织目标，并与企业所在的行业、企业规模、技术、竞争环境、组织文化、民族文化等要求相适应。因此，“结构必须是动态的、有活力的，并且高度适应公司不断

---

① 斯蒂芬·P. 罗宾斯．组织行为学：第 7 版．北京：中国人民大学出版社，2003：428.

变化的需求”①。

通常跨国企业所采用的组织结构类型包括如下几种。

一、直线-职能式组织结构

直线-职能式组织结构，也叫生产区域制，或直线参谋制，是在直线制和职能制的基础上取长补短，吸取这两种形式的优点建立起来的。通常是以直线制为基础，在各级行政领导下设置相应的职能部门，如图7-3所示，即在直线制组织统一指挥的原则下增加了参谋机构，因此，直线-职能式组织结构也称为U型组织（U-form organization）或单一职能型结构、单元结构（unitary structure）。这种组织结构对于产品单一、销量大、决策信息少的跨国企业非常有效。美国标准石油公司就是采用直线-职能式组织结构的先驱。这种组织结构也是福特时代的汽车企业常采用的结构。

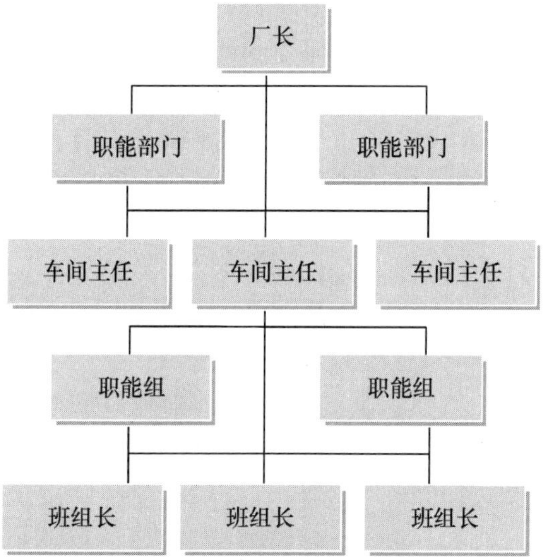

图7-3 直线-职能式组织结构图

一般而言，这种组织结构形式是把企业的管理机构和人员分为两类：一类是直线领导机构和人员，按统一指挥的原则对各级组织行使指挥权；另一类是职能机构和人员，按专业化原则，从事组织的各项职能管理工作。直线领导机构和人员在自己的职责范围内有一定的决定权和对下属的指挥权，并对自己部门的工作负全部责任。职能机构和人员则是直线指挥人员的参谋，不能直接对部门发号施令，只能进行业务指导。直线-职能式组织结构的优点是：既保证了企业管理体系的集中统一，又可以在各级行政负责人的领导下，充分发挥各专业管理机构的作用。其缺点是：职能部门之间的协作和配合较差，职能部门的许多工作要直接向上层领导报告请示才能处理，这加重了上层领导的工作负担，也造成办事效率低下。为了克服这些缺点，可以设立各种综合委员会或建立各种会

① 张新胜，王湲，拉索尔，伯瑞尔．国际管理学：全球化时代的管理．北京：中国人民大学出版社，2002：308.

议制度，以协调各方面的工作，起到沟通作用，帮助高层领导出谋划策。

直线-职能式组织结构适用于复杂但相对比较稳定的跨国企业，尤其是规模较大的跨国企业。

另外，直线-职能式组织结构与直线制组织结构相比，最大的区别在于更为注重参谋人员在企业管理中的作用。直线-职能式组织结构既保留了直线制组织结构的集权特征，又吸收了职能制组织结构的职能部门化的优点。

二、事业部制组织结构

事业部制是欧美日大型跨国企业所采用的典型的组织形式，是一种分权制的组织形式，如图 7－4 所示。事业部制最早是由美国通用汽车公司总裁斯隆于 1924 年提出的，故有斯隆模型之称，也叫联邦分权化，是一种高度（层）集权下的分权管理体制。它适用于规模庞大、品种繁多、技术复杂的大型企业和跨国企业，是国外较大的跨国公司所采用的一种组织形式。通常情况下，事业部制是分级管理、分级核算、自负盈亏的一种形式，即一个公司按地区或按产品类别分成若干事业部，从产品的设计、原料采购、成本核算、产品制造一直到产品销售，均由事业部及所属工厂负责，实行单独核算、独立经营，公司总部只保留人事决策、预算控制和监督大权，通过利润等指标对事业部进行控制。

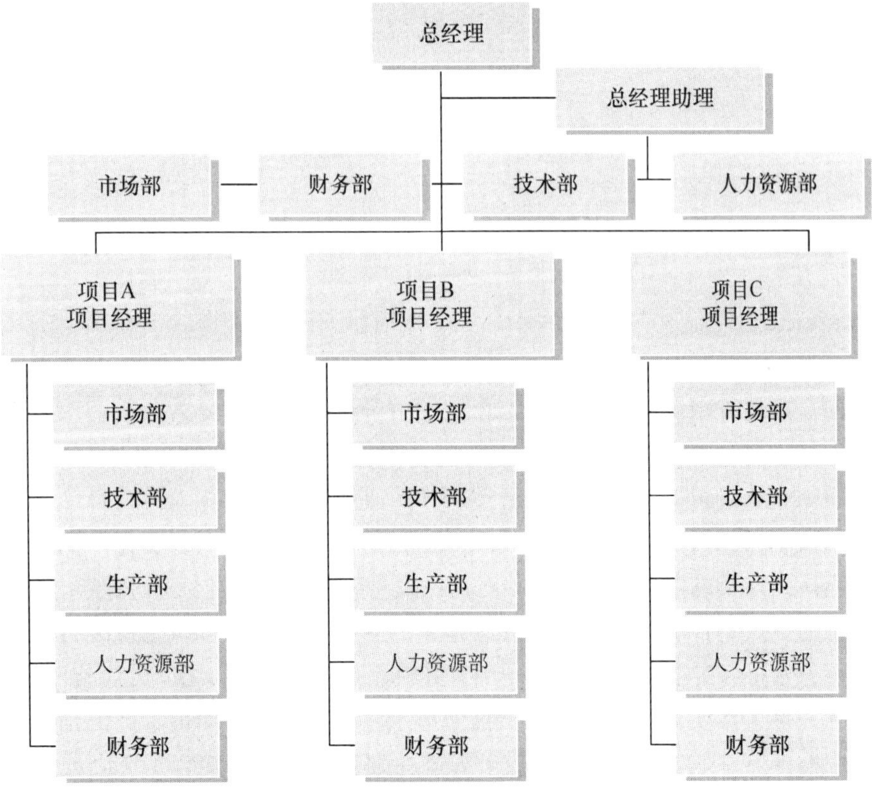

图 7－4　事业部制组织结构图

在跨国企业的具体运作中，事业部制又可以根据跨国企业在构建事业部时所依据的不同基础区分为地区事业部制、产品事业部制等类型，通过这种组织结构可以针对某个单一产品、服务、产品组合、主要工程或项目、地理分布、商务或利润中心来组建事业部。地区事业部制是按照企业组织的市场区域来构建跨国企业组织内部具有较大自主权的事业部门，如图7-5所示。产品事业部则依据企业所经营的产品的相似性对产品进行分类管理，并以产品大类为基础构建企业的事业部门。

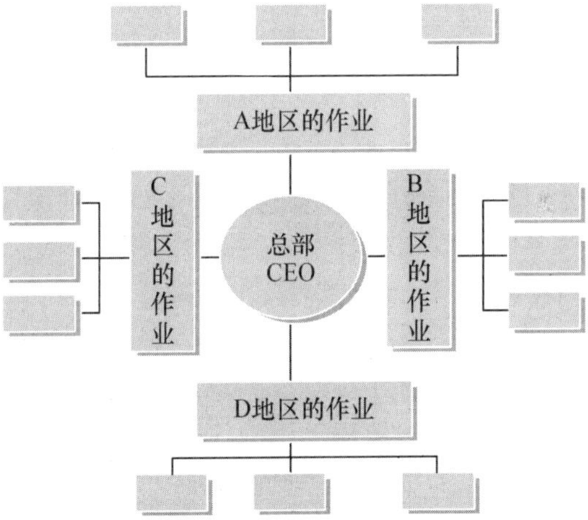

图7-5 地区型事业部组织结构图

三、分权化组织结构

分权化组织结构包括联邦分权化组织结构与模拟分权化组织结构两种类型。

联邦分权化组织结构（federal decentralization）最初是由皮埃尔·S. 杜邦于1920年为应对公司发展、改组杜邦公司提出来的。联邦分权化组织结构将公司分解成一群独立的经营单位，每一单位都有各自的绩效、成果以及对公司的贡献，每一单位都有各自的管理层。联邦分权化组织的业务虽然是独立的，但公司的行政管理是集权化的。因此，对联邦分权化组织而言，最关键的是要建立起一个强有力的核心管理层，该核心管理层只负责对重大事务决策。

联邦分权化组织具有高度的明确性和相当程度的经济性，使得自治的小经营单位的每个成员都很容易了解自己和整个企业的任务，信息交流与决策更为顺畅。显然，联邦分权化组织结构如果运用得当，可以减轻高层管理者的决策负担，使得高层管理者能够集中精力于方向、规划与目标。例如，西尔斯公司的一位副总经理就可以领导300个商店，每个商店都是一个自治性单位，对市场营销和利润目标负责。每个商店经理也可以领导30个部门经理，每个部门经理都经营一个自治性单位并对市场营销和利润目标负责。结果就是，在西尔斯公司，级别最低的部门经理和总经理之间只有两个层级：商店经理和地区副总经理。

模拟分权化组织结构（simulation decentralization）又称为模拟分散治理组织结构，是指为了改善经营治理，人为地把企业划分为若干单位，实行模拟独立经营、单独核算的一种治理组织形式。它不是真正的分权治理，而是介于直线-职能式与事业部制之间的一种组织结构模式。在此种组织结构中，其组成单位并不是真正的事业部门，但这些“事业部”具有较大的自主权，相互之间存在供销关系等联系（它们用一种内部决定而不是外部市场决定的转移价格进行买卖、计算利润、分摊成本）。这主要是由于企业的规模庞大，高层管理者感到采用其他组织结构都不容易管理，这时就出现了模拟分权化组织结构形式。但要注意，模拟就是要模拟事业部制的独立经营、单独核算，但不是真正的事业部，实际上是一个个“生产单位”，如图7-6所示。这些生产单位有自己的职能机构，享有较大的自主权，负有模拟性的盈亏责任，目的是要调动它们的生产经营积极性，达到改善企业生产经营管理的目的。

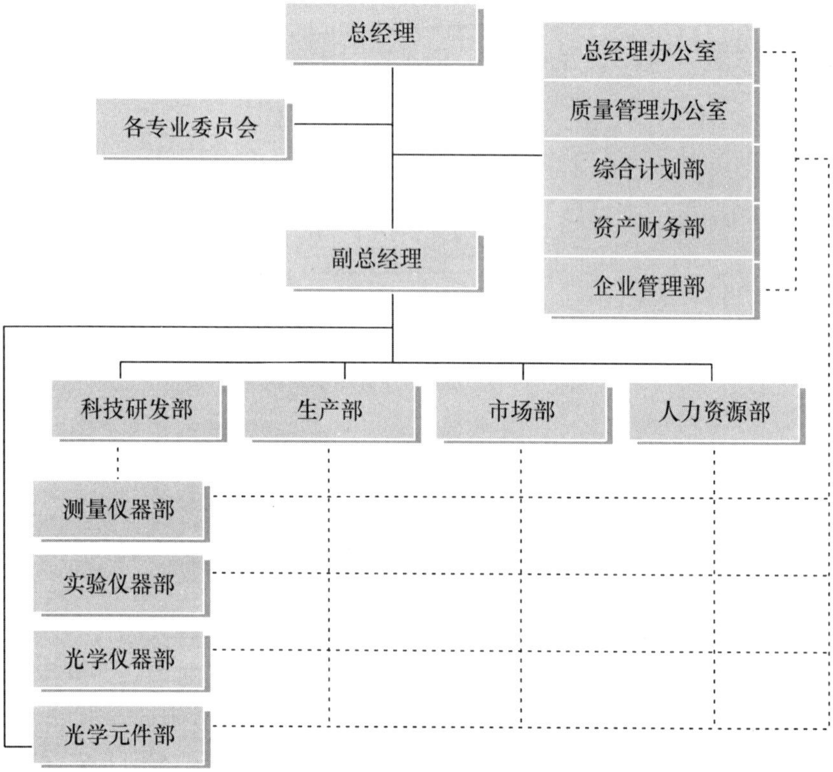

图7-6 模拟分权化组织结构

需要指出的是，化学工业、材料工业等行业由于产品生产上的连续性，通常采用这种组织结构。以连续生产的石油化工为例，甲单位生产出来的产品直接成为乙生产单位的原料，这当中无须停顿和中转，因此，它们之间的经济核算只能依据企业内部的价格而不是市场价格，也就是说，这些生产单位没有自己独立的外部市场，这也是与事业部的差别所在。毫无疑问，模拟分权化组织结构的优点除了调动各生产单位的积极性外，最大的优点是能解决跨国企业规模过大不易管理的问题。高层管理人员将部分权力分给生产单位，减少了自己的行政事务，从而把精力集中到战略问题上。缺点也很明显：不易为模拟的生产单位明确任务，造成考核上的困难；各生产单位领导人不易了解企业全貌，在信息沟通和决策权力方面也存在明显的缺陷。正是由于这些利弊，模拟分权化组织结构多适用于化学工业与材料工业、电子信息工业等领域。IBM就可以看作电子信息工业领域中一个典型的模拟分权化组织的案例。① 对于IBM我们并不陌生，IBM的业务复杂多样，企业规模庞大，职能制组织结构根本无法适用。为了配合企业全球化战略的需要，IBM以模拟分权化组织结构为基础，将其业务划分为两个部门，视同自主事业部，一个是营销与服务部，一个是发展与制造部，各自为一个盈亏中心，显然，这要求其员工能够高度自律。

总而言之，分权化组织结构的优点在于可以降低集权化程度，弱化直线制组织结构的不利影响；提高下属部门管理者的责任心，促进权责的结合，提高组织的绩效；减少高层管理者的管理决策工作，提高高层管理者的管理效率。

四、矩阵制组织结构

矩阵制组织结构是在直线-职能式组织结构的基础上，再增加一种横向的领导系统。矩阵制组织也可以称为非长期固定性组织。矩阵制组织结构（见图7－7）的独特之处在于使事业部制与直线-职能式组织结构的特征同时实现。矩阵制组织结构的高级形态是全球性矩阵制组织结构，目前这一组织结构模式已在全球性大型跨国企业如ABB、杜邦、雀巢、菲利普·莫里斯等组织中实行。

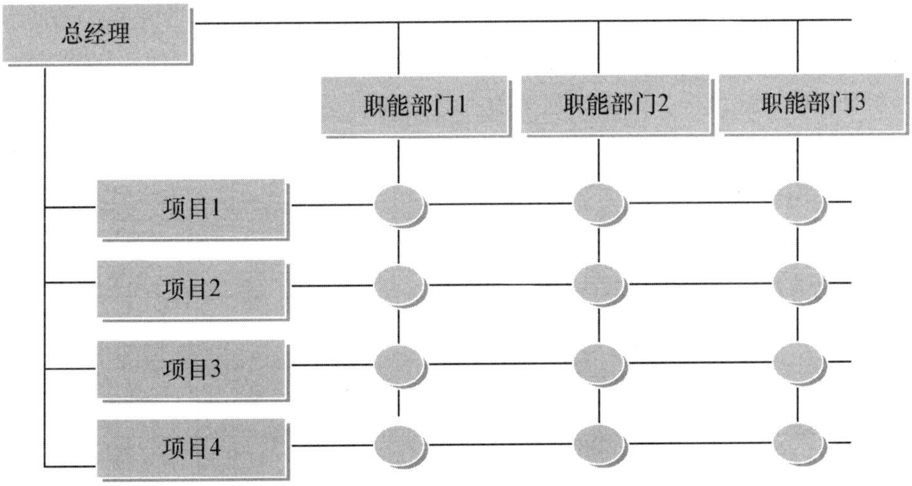

图7－7　矩阵制组织结构图

矩阵制组织结构是为了改进直线-职能式组织结构横向联系差、缺乏弹性的缺点而形成的一种组织结构。它的特点是围绕某项专门任务成立跨职能部门的专门机构，例如组成一个专门的产品（项目）小组去从事新产品开发工作，在研究、设计、试验、制造各个不同阶段，由有关部门派人参加，力图做到条块结合，以协调有关部门的活动，保证任务的完成。这种组织结构是固定的，人员却是变动的，需要谁，谁就来，任务完成后就可以离开。项目小组和负责人也是临时组织和委任的，任务完成后就解散，有关人员回原单位工作。因此，这种组织结构非常适用于横向协作和攻关项目。显然，矩阵制组织结

① 闫国庆．国际商务，北京：清华大学出版社，2004：226.

构的优点是：加强了横向联系，专业设备和人员得到充分利用；机动、灵活，可随项目的开发与结束组织或解散；同时，由于这种组织结构是根据项目组织的，任务清楚，目的明确，各方面有专长的人都是有备而来，因此在新的工作小组里，有助于各种专业人员互相帮助，互相激发，相得益彰，增加了责任感，激发了工作热情，促进了项目实施；加强了不同部门之间的配合和信息交流，克服了直线-职能式组织结构中各部门互相脱节的现象。

任何事物总有两面性，有利必有弊。矩阵制组织结构的缺点是：成员位置不固定，有临时观念，有时责任心不够强，对工作有一定影响；项目负责人的责任大于权力，因为参加项目的人员都来自不同部门，隶属关系仍在原单位，只是为“会战”而来，所以项目负责人对他们管理困难，没有足够的激励手段与惩治手段，这种人员上的双重管理是矩阵制组织结构先天的缺陷。

矩阵制组织结构适用于一些重大攻关项目。跨国企业可用来完成涉及面广、临时性、复杂的重大工程项目或管理改革任务。特别适用于以开发与实验为主的单位，例如科学研究，尤其是应用性研究单位等。矩阵制组织结构为现今众多大型组织和跨国企业所采用，尤其是产品部门化和区域部门化相融合的二维矩阵制组织结构，如图 7－8 所示，是跨国企业经营的基本模式：不同区域分公司形成矩阵制组织结构的横向结构，不同的产品事业部则形成矩阵制组织结构的纵向结构。一定要注意，尽管矩阵制组织结构具有灵活、高效、便于资源共享和组织内部沟通等优势，但是由于双重命令链的存在，员工往往无所适从，模糊性大大增加，容易导致混乱和冲突，使组织内出现争权夺利的倾向。在矩阵制组织中，区域分公司和产品事业部之间的权力争斗始终存在，矩阵制组织也经常在横向结构与纵向结构间摇摆，时而偏向于以区域分公司为主的横向结构，时而又强调垂直化，使组织向以产品事业部为主的纵向结构偏移。

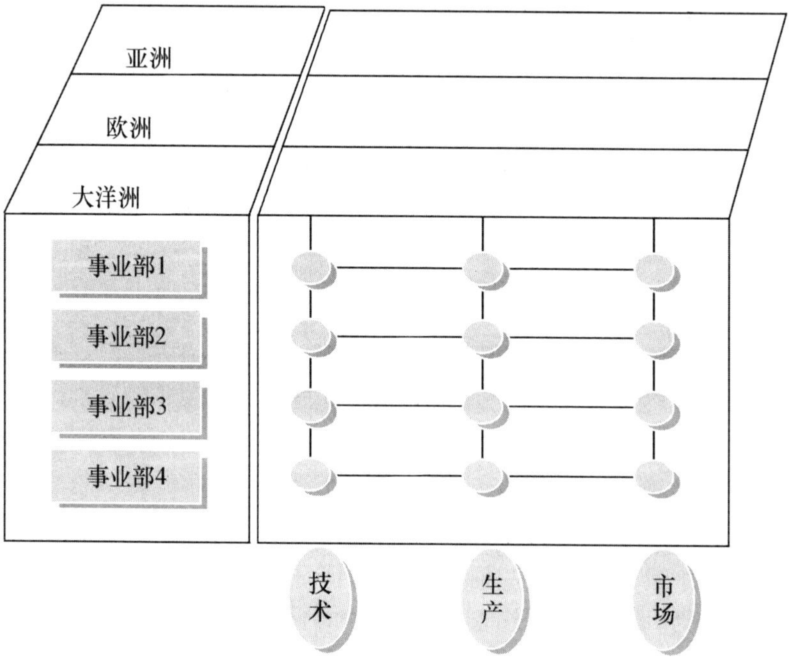

图 7－8　二维矩阵组织结构图

第3节　跨文化背景下跨国企业组织结构的变革

跨国企业是一种与现代化大生产相适应的企业组织形式。它是在一个国家（通常是在本国）设立总部，在其他一个或多个国家设立分支机构并从事国际化经营活动的集团型企业系统。正如我们所知，工业时代的组织结构根植于工业化大生产，强调规模经济，其组织结构是大而全。21世纪以来，随着经济全球化、信息技术的日新月异、内外部环境的多变与多样，跨国企业的组织结构不得不变革，扁平化、网络化、柔性化、非正式化等组织结构纷纷涌现。跨国企业由于所在国家文化的差异，组织结构的变革在不同国家、不同文化背景下会有所变化。

一、扁平化

目前，西方许多跨国公司的组织结构已经开始由传统的金字塔形向扁平形发展。组织结构扁平化是指通过减少管理层次和裁减冗员而建立起来的一种紧凑的扁平形组织结构，它使组织变得灵活、敏捷，从而提高组织效率和效能。

通用电气的前CEO杰克·韦尔奇非常痛恨层级制，为此，他开展了轰轰烈烈的“瘦身”运动。从1981年拥有40多万名员工到1992年精简为26万人，营业额由1981年的270亿美元上升到1992年的620亿美元，利润由15亿美元增加到47亿美元。有学者认为应对挑战的唯一方法就是比竞争对手更精干、更扁平化、更快捷。这就意味着更加以顾客为中心、责任更加分散、更多地激励员工、不断改进质量、提高效率，并更快地决策。因此，随着企业的不断发展，组织结构扁平化是当今组织结构变革的一大趋势。①

现代信息技术的发展为跨国公司组织结构扁平化提供了物质技术基础和手段。随着信息技术的进步，通过计算机参与决策管理，加快了信息的收集、传递和处理，缩短了组织结构中高层与基层之间的信息传递距离，提高了决策的速度，传统的组织结构正在变扁变平。变扁是指形形色色的纵向结构正在拆除，中间管理层被迅速削减。目前，英国已有90%的企业正在进行组织结构精简和扁平化，包括英国石油公司等在内的一大批跨国企业都在进行大刀阔斧的机构调整。这些举措表明跨国公司正在努力减少管理层次，提高企业内部信息沟通效率。

然而，不同国家/地区文化中权力距离大小的不同，个体主义倾向的不同，使得组织扁平化的程度有所差异，具体如图7-9所示。

---

① 齐振宏．管理变革之道：核心竞争力导向的企业变革．北京：清华大学出版社，2004：210.

国家/地区	权力距离	个体主义
巴基斯坦	55	14
印度尼西亚	78	14
泰国	64	20
土耳其	66	37
韩国	60	18
中国	80	20
波兰	68	60
日本	54	46
巴西	69	38
新加坡	74	20
西班牙	57	51
法国	68	71
意大利	50	76
澳大利亚	36	90
芬兰	33	63
爱尔兰	28	70
英国	35	89
瑞典	31	71
加拿大	39	80
美国	40	91

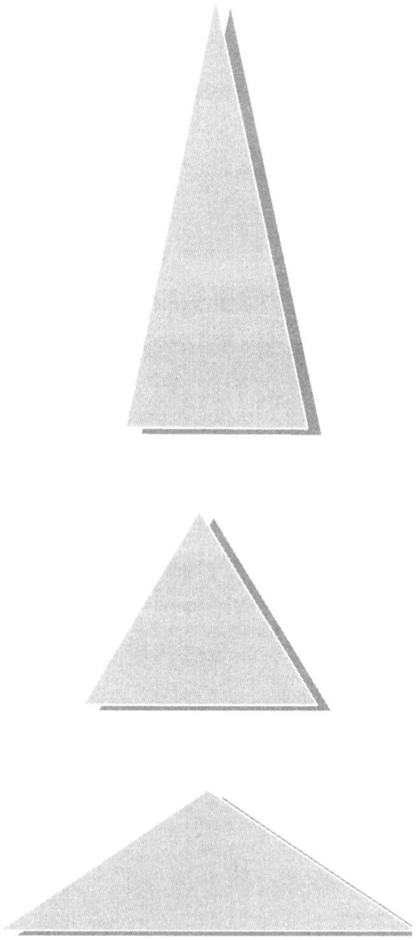

图 7-9　文化维度影响下的组织扁平化

资料来源：马尔科姆·沃纳，帕特·乔恩特．跨文化管理．北京：机械工业出版社，2004：195.

二、网络化

随着市场竞争日益激烈，越来越多的跨国企业认识到，庞大的身躯不利于竞争能力的提高。因此，跨国企业纷纷裁员、精简机构，并充分利用现代管理与新技术进行组织重构，突破层级限制，建立由小型、自主和创新的经营单元构成的网络化组织。

网络化组织是指在特定职能或工作（任务）上实行专门化的几个组织以一个组织为中心结合在一起形成一定网络的组织，如图 7-10 所示。网络化组织的构造是通过超越并扩大一个组织的范围完成的。

网络化组织有如下特征：一是不同的网络成员在完成生产和供销任务上有不同职能；二是由设置和召集成员的经纪人管理网络，这是网络化组织的核心；三是网络化组织通过签订契约进行控制。网络化组织实际上是依靠内部市场来维系网络运作的。网络化组织淡化了企业组织与外界环境的界限，淡化了卖主、顾客和竞争对手之间的区别。

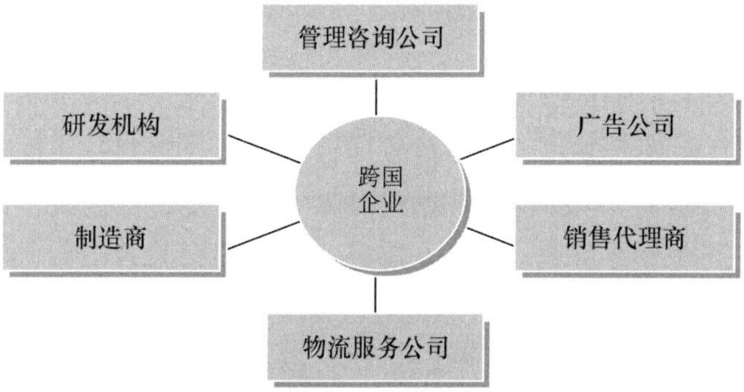

图7-10　跨国企业组织结构的网络化

公司与客户之间、为产品附加价值的生产伙伴、商业战略伙伴与竞争对手之间的区别也消失了，它们很自然地构成了一个价值链联盟，完全可以按照客户的具体要求进行量体裁衣式的生产，提供定制服务，更好地满足客户需要。例如，海尔集团为适应互联网环境的特征，针对性地提出了网络化战略，利用互联网技术搭建企业信息与资源平台，最大限度淡化内部单元间边界，秉持部门团队化、团队节点化的路径，鼓励扶持员工针对市场需求自主创业，形成完全独立的小微企业，与客户及商业伙伴等各市场主体围绕市场需求进行价值共创。

组织结构的网络化使企业之间打破了地区、国家的界限，企业将触角伸向世界的各个角落，在市场机制的作用下，在全球范围内寻找合作伙伴，共同开发新的市场、新的产品、新的业务项目。显然，网络化的结果就是跨国企业经营管理的本土化，这也迫使跨国企业必须考虑所在国、所在地区文化的差异。也正是跨文化因素使得跨国企业在组织结构设计、组织类型选择上都必须做到文化本土化。

也有学者认为跨国企业进行国际化的过程中，企业文化对其影响更深远，并有抑制国家（民族）文化（所在国或所在地区文化）的作用。例如，卡罗里、卢巴特金和维里研究发现，法国公司偏好对所收购的英国公司实施正式的运营控制，而不是通过团队工作进行非正式的控制。美国收购者常采用团队管理的模式。卡罗里、卢巴特金和维里认为，跨国企业进入国外市场时，很容易推行本国的实践。① 但是，大多数研究者仍然坚持认为在组织结构和方法的选取上国家（民族）文化依然发挥着重要作用。例如，霍夫斯泰德等文化理论研究者强调在跨国并购中应该有效整合收购国企业的组织体系、国家和地区制度、文化等，这样更有利于并购成功。

三、柔性化

传统层级制组织模式中权力过度集中于中高层管理者，基层管理者及员工几乎没有任何自主决策权，这种刚性化的权力关系使企业越来越不能适应外部环境的变化。

① 马尔科姆·沃纳，帕特·乔恩特．跨文化管理．北京：机械工业出版社，2004：55-59.

这是因为：一是顾客需求呈现日益多样化的特点，使得当今一大批跨国公司从以追求规模经济为目的的一元化经营转变为向纵深和横向发展的、以追求范围经济或全球化经济为目的的多元化经营，跨国企业生产方式也相应由依靠单一品种的大批量生产转变为以多品种、小批量和按订单组织生产为主的柔性化生产方式。跨国企业的组织结构应服从战略转变，职权关系不得不加以重新审视和调整才能适应经营思想和生产方式的变化。二是当今跨国企业基层员工直接面对客户的机会越来越多，为使他们充分了解和把握市场动态，授予基层员工合理的决策自主权是非常必要的。因此，建立能适应内外部环境变化的柔性化组织结构是现代跨国企业组织结构调整的一个基本方向。

组织结构的柔性化主要是指职权结构的合理化。合理化的标志是组织适应内外部环境变化的能力，主要体现为集权化和分权化的合理统一，即在分权化的同时，要实行必要的权力集中；在实行集权化的同时，要给予最灵活的和最大限度的分权。通过权限结构的调整，适当将中高层管理人员的权力下放到基层，充分授予基层员工应付突发性事件的自主权力，以提高决策的实效性。例如，起源于日本丰田的准时生产制，为确保产品质量，授予一线员工当发现质量隐患或问题时自动停机的权力，这种权力下放能够确保将质量隐患消灭在产品制造过程中。当然，授权还要考虑文化差异。图7－9形象地展示了在权力距离和个体主义两个维度上，由于文化差异的存在，不同国家对等级的接受程度有所不同，使得授权的范围、程度等都会有所差异。从图7－9可以看出，美国员工更倾向于被赋予更多的权力，自我管理能力也很强；权力距离大的国家的员工在层级多的组织中更游刃有余。

四、非正式化

随着互联网的广泛应用和信息技术的进一步发展，员工无须在固定的时间、固定的场所去完成固定的工作，也无须面对面地进行工作协商和工作汇报，只要能在上级规定的期限内完成规定的任务即可。上级对执行者的任务进度和完成结果的监控完全可通过企业内部网络进行。这种工作方式的变化使得跨国公司的组织结构呈现日益非正式化趋势，产生了非正式组织。组织为了实现有效的分权，对作业小组或项目团队的授权方式日益增多，这也得到众多企业管理者的认同。

在传统组织中，跨国企业是按照研发、生产制造、销售的顺序经营并给职能部门授权的，极不利于部门间的横向协调。面向作业小组或项目团队的授权方式则属于同步经营方式，不仅可以取代传统的职能部门，而且可以在团队内部建立一种新型的协作关系。其运作方式是根据产品或项目需要，设立一个或多个作业小组或项目团队，作业小组或项目团队均由不同专业的或不同部门的专家组成，完成产品或项目所需的全部或大多数工作任务，任务完成后作业小组或项目团队即告解散。

因为任务随市场需求而变动，所以团队成员之间没有长期的、稳定的协作关系，他们之间的结合是短期的、可变的，结合方式也由层级制组织结构模式的紧密型转向松散型。正是这种临时的、短期的、可变的作业小组或项目团队才具有随时适应市场变化的巨大应变能力。为了完成共同的任务，作业小组或项目团队内成员可以自主决策，最大限度地发挥自身潜能。这种全新的授权方式使得组织结构变动性较大，灵敏性较高，可以做到随时根据新的市场需求，迅速成立作业小组或项目团队，进行人力资源重组。由此可见，今后跨国公司组织结构的变化趋势不一定要有什么标准，不一定必须画出组织结构图，组织是可以随时变动的，甚至是没有具体形式的。

总之，跨国企业的组织结构处于不断的演化和变革之中，“著名跨国企业组织结构变革案例”说明了扁平化等变化趋势。

扩展阅读

著名跨国企业组织结构变革案例

德国文化与西门子的专业化事业部体制

西门子公司成立于1874年，它在德国电气工业史上举足轻重，是德国工业声望最高的品牌，其早期历史与德国工业的发展密切联系在一起，西门子公司是多国多分部管理最初的代表之一。

第二次世界大战后该公司经历了两次重大的组织结构变革，目的都是加强分权化和运营的灵活性，同时保持和发展组织协调的能力。第一次组织结构变革发生在1966—1969年，起初组建了6个事业部，后来增加到7个。这与德国文化保持了一定的一致性。如图7-11所示，德国文化是一种权力距离小，个体主义倾向强，强调事业成功，对未来不确定性容忍程度低，更注重眼前利益的文化，因此，西门子公司在进行组织结构调整时更侧重阶段目标的实现，强调运营的灵活性，以及组织结构更好地发挥员工个体的能力，突出分权。为此，西门子公司组建了5个总部职能部门，分别是计划/组织、财务、人事、研发和分配。这一结构实行到1989年。

之后，由于规模的扩张以及电气和电子市场的快速变化，西门子于1989年采纳了一种修正结构，即引入更小、更为专业化的事业部。

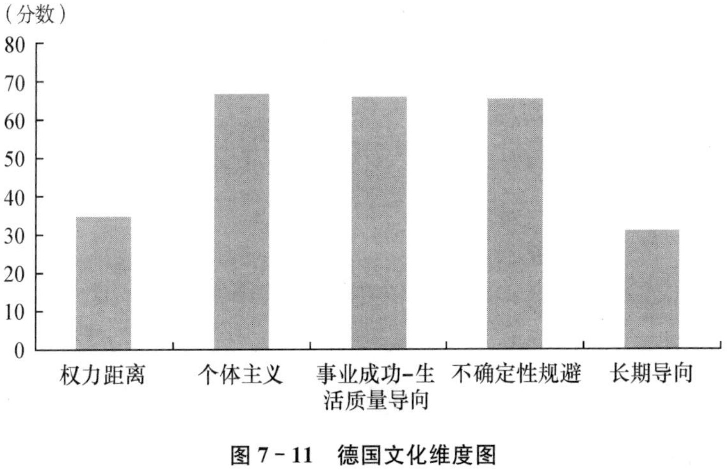

图7-11 德国文化维度图

联合利华公司的网络化组织结构

联合利华是一家跨国消费品公司，该公司在20世纪90年代进行了彻底重组。过去，联合利华是高度分权化的，各国的子公司均享有高度的自治权。在 80 年代后期和 90 年代初，公司开始引入新的创新和战略流程，同时重整其核心业务，1996 年启动的杰出绩效塑造计划使公司组织结构发生了实质性改变。

在 1996 年前，由荷兰和英国的董事长以及他们的代表组成的一个特别委员会和一个包括职能、产品和地区经理在内的 15 人董事会一直独揽着公司的决策大权，整个组织结构是矩阵式的，其中产品协调人（经理）负责西欧和美国的运营，地区经理则负责其他地区的运营。责任经常是模糊不清的，"我们需要明确的目标和角色：董事会使自己过多地卷入了运营，从而对战略领导造成了损害。"

杰出绩效塑造计划废除了特别委员会和地区经理这一层级，以一个 8 人（后变为 7 人）的董事会代替，由董事长加上职能和大类产品（食品、家庭和个人卫生用品）的经理组成。向他们报告的是 13 位（后来是 12 位）负有明确盈利责任的业务集团总裁，后者在特定地区对其管理的产品类别负有完全的利润责任。全球战略领导被明确地置于执委会一级，运营绩效则是业务集团的直接责任。

在这种正式组织结构调整之后，国际协调是由许多正式和半正式的网络进行的。研究和发展由国际网络创新中心负责，其领导责任通常属于该中心的专家而不是自动地属于英国或者荷兰的总部机构。产品和品牌网络——国际业务小组——在全球范围内协调品牌和营销。同时，职能网络也实行一系列计划以便就一些关键问题，如录用和组织效能，实现全球协调。所有这些网络均依赖于非正式的领导和过程，也依赖于电子邮件和内部网络方面投入的增加。是否参与这种协调在很大程度上是由业务集团而非公司总部确定并给予资助。

英国钢铁公司：从职能组织到多分部专业化

英国钢铁公司成立于 1967 年，由 14 个国有化钢铁生产商组成。在此后的几十年内，公司尝试过多种组织形式——按地区或者按产品组织，但为了整合其复杂的业务，一直在加强总部的控制。到 1983 年，英国钢铁公司成立了事业部，但权力仍牢牢地保留在总部，贸易、采购和工业关系职能都非常集中。在事业部缺乏对投入或产出政策控制的情况下，英国钢铁公司实际上是以职能模式组织的。1988 年，公司进行私有化，转向一种更注重盈利的组织形式。1990 年，该公司收购了英国主要的钢铁批发商 Walker Group，随之组建了批发事业部。1992 年，英国钢铁公司发动了名为"组织、深度变革、风格"的重组。该计划旨在大幅削减总部职能和成本，并将管理责任分散到 12 个业务单位，即分权化，其中关键的一条是业务单位领导不再在董事会任职，而是向相对独立的执委会报告。

资料来源．案例：大型跨国公司组织结构设计与变革．http：//www.doc88.com/p.1187106829845.html.

第 4 节　跨国企业的母子公司控制机制

跨国企业母公司对子公司的控制一般是采取一些对策和措施来规范子公司的经营活动，达到母公司的期望。母公司对子公司的控制在程度、机制和范围上有所体现。首先可通过决策集中程度来调节对子公司的控制程度，其次可通过不同的机制对子公司实施控制，再次可对子公司的业务活动范围实施控制。跨国公司母子公司控制机制常见的有两种分类：一种是分为结果控制、文化控制和行为控制；另一种是分为集中化控制、正式化控制、人力资源控制和信息控制。我国学者周璐璐和赵曙明（2013）[①] 在已有研究的基础上，将其整合为三种控制方式。

（一）人力资源控制

一般而言，跨国公司母公司对子公司的人力资源控制主要体现为外派 Q 人员对子公司的监控，国际外派的主要目标就是控制、协调和知识的转移。外派人员接受过严格的筛选和培训，通常是母公司具有丰富工作经验的成熟人才。外派人员在与子公司成员的共事和合作过程中不断灌输和调整母公司的管理策略，一方面满足母公司的期望，负责监管子公司活动；另一方面灵活响应当地的实际情况。通过人力资源控制，子公司的人力资源管理策略与母公司更为相似。

（二）正式化控制

正式化控制又称为规程控制，是指通过标准的规章制度、政策、手册对子公司进行控制。正式化控制通常适用于母公司具有成熟的管理模式，而且管理经验优于子公司的情况。当母公司的管理实践经验比较先进并成功应用时，母公司决策者会将其规程高效率地转移到子公司中。当母公司的管理实践可以编码为显性的规章和工作流程时，正式化控制最为有效。正式化控制通常用于规范子公司的成员行为和工作流程，但它过分强调非个人的或典型的自上而下的标准化方式，在实现本土响应方面是控制机制中最难实现的。

（三）结果控制

结果控制是指母公司通过可量化的结果对子公司进行控制。结果控制是母公司对子公司进行控制的重要机制，一般来说需要三个条件：一是有关未来结果的信息是可以获得的；二是个人可以控制这个结果；三是结果可以被有效测量。结果控制而不是过程控制，给予了子公司更多自主权。

事实上，在跨国经营实践中，这些控制机制并非独立存在，而是在不同的因素影响下形成控制机制的组合。早期跨国企业比较注重组织结构和正式化控制机制，后来就更关注松散的控制机制，例如网络、非正式沟通、社会化和文化控制，例如建立合资企业、战略联盟、国际外包等。但是非正式的控制机制不能完全替代正式化控制机制，正式化控制是必要的，特别是在复杂多变的跨文化情境下。未来跨国企业母公司对子公司的控制机制一方面需要考虑环境因素，充分考虑全球整合和本土响应。全球整合要求跨国公司运用资源整合方式开展全球活动，如把生产活动转移至最有利的低成本地区、提供标准化产品以实现经营效率最大化。同时，本土响应又要求跨国公司在不同国家或地区提

---

① 周路路，赵曙明．跨国公司的母子公司控制机制选择与人力资源管理实践研究．学海，2013（4）：34－40.

供差异化产品，以满足各国不同的市场需求和当地条件。另一方面要考虑子公司特征。如果子公司所处的环境比较稳定并位于较低组织层级，则母公司较多地采取正式化控制机制；当子公司处于战略领导者地位时，母公司则更多地采取一些非正式控制机制，如人力资源控制或文化控制。

小结

本章主要阐述了跨文化背景下跨国企业的组织结构及控制问题。主要包括文化差异对跨国企业组织设计六要素的影响、跨国企业的组织结构类型、跨文化背景下的跨国企业组织结构的变革等内容。

由于跨国企业经营环境更为复杂、更为多样，要求跨国企业的组织结构在设计上要区别于国内企业，需要从国际战略、国际化经营发展的水平等方面选择最佳的组织结构，更好地服务于跨国企业经营目标，文化差异就成了一个影响组织结构设计的重要因素。本章主要从所在国、所在地区文化差异的角度，从霍夫斯泰德的文化维度理论，即从权力距离、个体主义、事业成功-生活质量导向、不确定性规避、长期导向五个维度，分别分析了它们是如何对组织结构设计的六要素——工作专业化、部门化、命令链、控制跨度、集权与分权、正规化——产生影响的。

本章进一步论述了跨国企业应根据企业具体情况采用相应的组织结构。跨国企业采用的组织结构类型主要包括：直线-职能式组织结构、事业部制组织结构、分权化组织结构、矩阵制组织结构。尽管跨国企业的组织结构呈现扁平化、网络化、柔性化、非正式化等发展趋势，但是由于不同的国家、不同的地区存在文化差异，跨国企业组织结构的变革趋势或多或少呈现一定的差异。

文化无处不在。霍夫斯泰德等文化理论学者一再强调，经营的本土化、管理的本土化都离不开文化的指引。

关键术语

组织结构（organizational structure）　组织设计（organization designing）
工作专业化（work specialization）　网络化组织（network organization）
柔性化组织（flexible organization）　非正式组织（informal organization）

思考题

1. 简述组织结构设计对跨国企业的重要性。

2. 根据霍夫斯泰德的文化维度理论分别论述文化维度对跨国企业组织结构设计六要素的影响。

3. 为什么很多跨国企业会采取事业部制组织结构？结合西门子案例说明文化差异对西门子事业部制组织结构的具体实施有无影响，并说明原因。

4. 试分析如果跨国企业采用联邦分权化组织结构与模拟分权化组织结构各有何特点。

5. 联合利华公司采用了哪种类型的组织结构？分析其优缺点。

6. 论述跨文化背景下跨国企业组织结构变革趋势及原因。

案例分析 7-1

华为的组织结构变迁

华为，在短短十几年的时间里异军突起，不但令跨国通信巨头们头痛不已，更成为国内民族产业标杆性的存在。毋庸置疑，华为作为一流企业，拥有一流的管理水平，很多企业争先恐后地学习华为。学习华为，已经成为国内很多企业的必修课。

华为组织结构跟随战略而变化，即当企业采取不同的发展战略时，为了保证战略的成功，企业必须变革它的组织结构来适应企业战略的需要。华为从成立到现在已经走过近 30 年，其战略不断依据环境的变化做出调整，组织结构也在随着战略进行优化，因而华为一直都处在不断发展当中，成为世界通信行业的巨头和中国企业的典范。华为的组织结构变化大致分为四个阶段。

第一阶段（1987—1994 年）

和所有企业刚开始一样，它的目标就是活下去，无论什么企业在这一阶段活下去就是根本。华为一样从直线制组织结构演变到直线职能制组织结构。但是华为不仅仅完成了企业的第一阶段——活下去，它的组织结构是与华为的战略相契合的。从 1987 年任正非与 5 位伙伴共同创立华为开始，华为就在产品开发战略上采取跟随战略，后来演变成自主开发产品的集中化战略，进行单一产品的开发生产到销售。直线制组织结构很简单，就是直接向任正非汇报，所有的运作都接受任正非亲自管理和监督。到 1992 年华为员工人数达到 200 人左右，华为实行集中化战略，组织结构也开始从直线制组织结构转变为直线职能制组织结构，除了有业务部门，例如研发、市场销售、制造，也有了支撑业务的辅助性部门，例如财务、行政管理等。

第二个阶段（1995—1997 年）

到 1995 年，华为公司的销售额已经达到 15 亿元，员工数量达到 800 多人，成为全国电子行业百强排行榜里第 26 位的民营企业。华为的战略逐渐从集中化战略转向横向一体化战略，从单一研发生产和销售程控交换机进入到移动通信、传输等多种产品领域，战略朝着多元化方向发展，成为一个能提供全面通信解决方案的公司。地域方面采取国家化战略，同时聚焦国外市场和国内市场，优先发展国际市场。

在 1997 年更是开始引入 IBM 的一套业务改革流程，这也直接导致了华为的组织结构发生变化。产品开发流程引入 IPD，它以市场和客户需求作为产品开发的驱动力，使企业变成一个各方面紧密相连的有机整体。引入 ISC 改革供应链，是为了设计和建立以客户为中心、成本最低的集成供应链。在这一时期，华为原有的集权式的直线职能制组织结构的缺点日益明显，表现为：对外界的环境变化反应慢；高层决策堆积，导致决策迟缓；各部门之间很难进行协调和交流；各部门只重视自己的目标而忽略整个组织的目标。华为的横向一体化战略即企业兼并或收购同类产品生产企业以扩大经营规模，需要企业各部门、资源等更具有协调性。多元化战略在一定程度上又需要事业部架构的支撑，再加上引入的IPD和ISC需要以客户和市场为导向，华为就设立了事业部。除此之外，在此期间基于华为急于开拓国内外市场的需求，华为还设立了地区部。因此华为的组织结构就逐渐演变成事业部制与地区部制相结合的组织结构。

第三阶段（2004—2013年）

华为引入了IBM的一套业务改革流程，主要有IPD和ISC，直到2003年，该项改革获得了很大的成功。之后，华为除多元化和国际化之外又加了纵向一体化的战略，其组织结构也随战略的变化进行了相应调整。从原来的事业部与地区部相结合的矩阵式组织结构，转变为以市场和客户需求为导向的产品线制的组织结构，这就形成了企业的纵向管理系统。此外，企业依然分事业部，这构成了企业的横向管理，两者交叉运作依然形成矩阵式组织结构。一方面这可以得到跨越各职能部门的支持活动，灵活分配资源；另一方面可以加强参与到项目中的职能人员和项目负责人的积极性。由于组织规模较大，员工人数较多，为了提高处理业务的效率，快速决策，华为还建设了支撑这种组织结构的完整IT框架。

第四阶段（2014年至未来一段时间）

任正非提出，"简化组织管理，让组织更轻更灵活，是我们未来组织的奋斗目标。"2014年，华为围绕"共同为客户创造价值"的思路，在重新定义三会治理结构的基础上，将组织结构逐步调整为基于客户、产品和区域三个维度的组织结构。通过建立项目型组织结构，提高组织反应能力，快速发现机会，实现"精准打击"。

集团职能是聚焦业务支撑、服务平台，向前方及时提供准确有效的服务，区分不同客户群，针对其不同的商业规律和经营特点指挥作战。

从以上四个阶段的发展可以看出华为从创立到现在的组织结构的发展历程。作为中国企业的标杆，华为的组织结构也还在不断地优化当中，还在不断挑战自己，发展自己。

资料来源：刘子璇．华为三十年的组织结构变迁．企业改革与管理，2018（16）：7-10.

［问题］

1. 试分析华为组织结构变革的原因。
2. 试分析华为在实施全球化战略时为何采用矩阵式组织结构？
3. 华为的组织结构变革对其他企业有何借鉴意义？

案例分析7-2

京东集团组织结构变革

1. 京东集团简介

京东集团（以下简称"京东"）创立于1998年，创始人为刘强东。自创立之初，京东集团就秉持诚信经营的核心理念，坚持销售正品行货，倡导品质经济，依托于所有京东人的拼搏和激情，曾持续16年实现超过110%的年复合增长率。京东奉行客户为先、诚信协作、感恩、拼搏、担当的价值观，坚持以技术为本，定位于"以供应链为基础的技术与服务企业"，致力于成为全球最值得信赖的企业。目前，京东核心业务为零售、数字科技、物流、技术服务四大板块，总部位于北京，在北京、上海、广州、成都、武汉分别设有华北、华东、华南、西南、华中分公司。

2. 职能型向事业部制转变

京东成立之初，规模太小，尚谈不上组织结构。2004 年，京东开始涉足电商领域，公司规模逐渐壮大，并建立职能型的组织结构。2013 年 3 月为了提高组织效率，更好地为客户提供服务，京东将原来的职能型组织结构转变为事业部制的组织结构。具体来说，主要是通过资源整合设立营销研发部、硬件部和数据部三大事业部。其中，营销研发部主要负责管理前端的网站、零售系统、营销系统、供应链系统和开放平台；硬件部主要根据订单流程负责从配送到客服及售后的管理；数据部则负责管理整个系统的数据流。

3. 设立子（集团）公司和事业部

随着国际分工的不断深化以及通信和运输成本的降低，全球经济逐渐融合成一个密不可分的整体。经济全球化带来前所未有的机遇，同时也带来挑战，企业必须从国际化的视角来考虑组织结构的变革。对京东来说，在组织规模逐渐壮大之后，2014 年 4 月，为顺应国际化趋势，京东设立海外事业部，谋求拓展海外业务，包括在中国以外地区设立网站仓库和建立支付系统等。2019 年 11 月，京东又对旗下主营跨境进口商品业务的“海囤全球”与一般贸易进口业务整合升级为“京东国际”，并宣布将从供应链、营销、技术三个维度进行赋能支持。

2014 年 4 月为解决商城和金融集团经营模式的差异问题，京东一拆为四，设立子（集团）公司和事业部，即京东商城集团、京东金融集团、拍拍网（子公司）和海外事业部。这次变革体现了京东对阿里巴巴经营模式的学习与借鉴，即京东商城对标天猫、京东金融对标阿里金融、拍拍网对标淘宝、京东海外事业部对标阿里国际。

2015 年 8 月京东将原商城的采销体系整合为 3C 家电消费品和服饰家居四大事业部。2016 年 6 月，京东整合原大市场无线业务和用户体验设计部资源成立商城营销平台体系。2017 年 4 月，京东设立集团 CMO 体系，全面负责包括商城、金融、保险、物流、京东云等业务在内的整合营销业务以及集团整体的国内市场公关业务。同时，京东宣布组建物流子集团，以更好地发挥京东物流的专业能力。

4. 京东商城划分前中后台

2018 年 12 月京东以客户为中心，将组织结构划分为前中后台。其中前台主要围绕 B 端和 C 端客户建立灵活创新和快速响应的机制，包括平台运营业务部、拼购业务部、生鲜事业部、新通路事业部和拍拍二手业务部。其核心能力包括：对市场和客户行为的深刻洞察，服务客户的产品创新和精细化运营。中台主要通过沉淀、迭代和组件化的输出服务于前端不同场景，不断适配前台，包括新成立的三大事业群（3C 电子及消费品零售事业群、时尚居家平台事业群、生活服务事业群）商城市场部、商城用户体验设计部以及技术中台和数据中台，其核心特点是专业化、系统化、组件化、开放化。后台主要为中前台提供保障和专业化支持，包括 CEO 办公室商城财务部和商城人力资源部，其核心是专业化、服务意识与能力。

5. 调整京东数科架构，成立两大子集团

2018 年 9 月，京东金融更名为京东数科。2019 年 4 月京东数科将原来的 10 多个中后台部门精简为 8 个。2019 年 9 月，京东数科再次调整组织架构，在原个人服务群组和企业服务群组的基础上成立数字金融群组，以构建面对个人、企业、金融机构等不同客户的金融科技服务方案，实现闭环协同发展。2020年4月京东数科宣布将内部组织划分为三层，即面向客户的行业层、产品服务层和核心能力层，进一步做大做强金融科技、数字营销、AI技术及机器人智能城市四大核心业务。

资料来源：郭云贵，薛玉平．京东集团组织结构变革的动因与启示．管理工程师，2021，26（1）：20-24.

［问题］

1. 分析京东集团组织结构变化和业务变化之间的关系。
2. 京东集团组织结构的变革对其他企业有何启示？

第8章
跨文化人力资源管理

学习目标

- 了解跨国人力资源规划的概念和基本程序
- 熟悉外派人员的选拔标准
- 了解影响跨国企业绩效指标的因素
- 了解影响外派人员绩效的因素
- 了解跨文化培训的基本类型及主要培训内容
- 了解国际薪酬管理的目标及方法

引 例

联想集团并购 IBM PC 业务的跨文化人力资源管理

联想集团是一家成立于中国、业务遍及 180 个市场的全球化科技公司。联想集团由联想电脑公司和联想数码中国有限公司两大子公司组成。联想集团在全国各地拥有数千家代理经销网点，在欧洲、美洲和亚太地区设有海外销售平台。联想集团主要的研发中心位于中国北京、上海、深圳及美国北卡罗来纳州罗利，主要的运营中心位于北京、巴黎、罗利和新加坡。联想聚焦全球化发展，持续开发创新技术，致力于建设一个更加包容、值得信赖和可持续发展的数字化社会，引领和赋能智能化新时代的转型变革，为全球数以亿计的消费者打造更好的体验和机遇。

2004 年 12 月 8 日，在中国个人电脑市场占有近 30%市场份额的联想集团宣布，以 12.5 亿美元的现金和股票收购知名品牌 IBM 的全球台式电脑和笔记本电脑业务。届时，

IBM将持有联想集团18.9%的股份，成为联想的第二大股东。此次联想收购IBM全球PC业务，将组建起继戴尔、惠普之后的世界第三大个人电脑厂商。由于两家公司在地理位置上距离较远，分别属于东西半球，虽然IBM与联想的PC资源合二为一，但其实不属于人才的融合，其企业文化、人才理念和管理模式等很多方面都存在巨大的差异。由于来自不同国家和地区的人的文化背景和价值观不同，造成了IBM与联想在人力资源管理方面的冲突。面对巨大的冲突，联想进行了人力资源整合。

联想为了消除并购对员工造成的心理压力，承诺并购后暂不解雇任何员工，原IBM员工可以保持现有的工资水平不变，把他们在IBM的股权、期权改为联想的期权。在并购协议中规定，IBM PC部门的员工并入新联想2年之内，不得重投旧东家IBM的怀抱。这些措施尽可能降低了IBM PC的人员流失率，IBM PC部门9 700多名员工几乎全部保留下来，其中20名高级员工和新联想签署了1～3年的工作协议。

为了减少文化差异，增进交流，联想积极进行企业文化的融合与沟通。新联想把总部设到了美国纽约，杨元庆常驻美国总部。为了更好地促进双方的友好沟通，新联想对中外员工进行跨文化培训，将英语作为公司的官方语言，开展了中方员工“英语学习运动”，鼓励两企业员工进行文化交流。

并购前，联想的整体待遇水平比较低，IBM待遇比较高。并购后，为防止薪酬制度突变而带来的负面影响，实现战略性平稳过渡，新联想在薪酬制度上实行双轨制，并多次对外宣布：转投联想旗下的IBM员工，其薪酬和福利待遇大致会和IBM保持同样水准。在美国总部，联想设立了由Ezra领导的薪酬福利项目组，负责设置全球薪酬体系。融合后新的薪酬架构由原来联想的“3P”改为“p Three”即Prioriy（KPI的优先性）、Performance（绩效沟通和反馈）和Pay（报酬），根据KPI优先指标的达成，对员工的绩效进行反馈，然后据此支付其薪酬和奖金。

2005年9月底，联想基本完成并购后第一阶段的整合工作，这一时间比联想为收购案设定的18个月的过渡期大大缩短了。2005年8月9日，联想集团公布了一份不错的成绩单：将IBM PC首次计入公司业绩后，联想集团2005年第1季度实现净利润357亿港元，同比增长6%，集团营业额比2004年同期增长234%，大大超出投资人的意料。2007年11月，联想财务报表显示，其2007年第2季度营收高达44亿美元，营业额增长20%，电脑销量增长率高于行业15.7%的平均增长水平。至此，联想连续三季度在全球各区域、各业务实现全面盈利。联想集团内部对此定性为：国际化战略初战告捷。

资料来源：李欣羽．浅析联想集团跨文化人力资源管理．老字号品牌营销，2022（4）：128-130.

正如本章引例所示，跨国企业国际经营中需要进行诸如文化融合、跨文化培训、薪酬体系重构等国际人力资源管理活动。在国际经营过程中，具有差异性的政治、经济和社会文化环境使跨国经营的人力资源管理活动相比于在国内经营需要考虑更多的因素，这就导致跨国人力资源管理与在母国的人力资源管理有所区别。值得注意的是，在尊重文化差异的同时，我们要坚持“四个自信”，即“中国特色社会主义道路自信、理论自信、制度自信、文化自信”，特别是文化自信应该作为跨国企业文化建设的前提，在对外国员工的管理上也要做到习近平总书记强调的“以理服人，以文服人，以德服人，提高

对外文化交流水平，完善人文交流机制，创新人文交流方式”。本章简要阐述跨国人力资源管理的具体职能和管理问题。

第1节 跨国企业的人力资源规划

一、跨国企业的人力资源规划概述

跨国人力资源规划（international human resource planning，IHRP）又称跨国人力资源计划，是指在跨国母公司战略及其目标引领下，着眼于为未来的企业生产经营活动预先准备人员，持续和系统地分析跨国企业及其海外子公司在政治、经济、社会文化等不断变化的条件下对人力资源的需求，并开发制定出与跨国公司及其海外子公司未来需要相适应的人事政策的过程。跨国人力资源规划的任务是预测跨国公司及其海外子公司发展中人力资源的供给与需求状况，并采取相应措施，确保企业在需要的时间和需要的岗位获得所需的人选（包括人员数量、质量和结构），以实现跨国公司及其海外子公司人力资源的最佳配置，使企业与员工的需要得到满足。

跨国企业人力资源规划的特点是管理者必须及时了解当地以及国际劳动力市场供应状况，考虑确定外派经理的能力、判断影响外派经理成功的因素、为外派经理提供职业发展机会以及根据跨国企业经营战略适时调整国际人员方案。

跨国企业的人员需求主要与跨国企业经营战略、经营规模、经营范围、采用技术、管理水平以及东道国的环境（如国民教育水平、政治经济体制、社会文化等）等有关。如果这些因素发生了变化，跨国企业的人员需求将发生改变。跨国企业的管理者需要及时调整人员规划方案。下面以跨国企业海外子公司为例对跨国企业人力资源规划进行阐述。

二、跨国企业人力资源规划的基本程序

（一）国际人力资源状况检查

检查阶段是国际人力资源规划的首要过程，它的质量对整个工作影响很大，必须高度重视。

检查国际人力资源状况的关键在于检查公司现有人力资源的数量、质量、结构及分布状况。这部分工作需要结合跨国企业现有的国际人力资源管理信息系统和职务分析的相关信息来进行。国际人力资源信息应包括以下几个方面。

（1）个人基本特征。如姓名、性别、出生日期、国籍、身体状况、健康状况、婚姻、民族、所参加的社会团体等。

（2）录用资料。包括合同签订时间、候选人招募来源、管理经历、外语种类和水平、特殊技能，以及对企业有潜在价值的爱好和特长等。

（3）教育资料。包括员工受教育程度、专业领域、各类培训证书或者跨文化培训记录等。

（4）工资资料。包括雇员现有的工资类别、等级、工资额、上次加薪日期以及对下次加薪日期和量的预测。

（5）工作业绩评价。包括上次评价时间、评价或业绩报告、历次评价的原始资料等。

（6）工作经历。包括在国内和/或国外工作的单位和部门、特殊培训资料、升降职原因、是否受过处分及原因和类型、最后一次内部转岗的资料等。

（7）服务与离职资料。包括国内/国外任职时间长度、离职次数及离职原因。

（二）国际人员需求预测

这一步工作与国际人力资源状况检查可同时进行，主要是根据跨国企业的战略规划和海外子公司的内外部环境条件选择国际人力资源预测技术，然后对国际人员需求的结构和数量、质量进行预测。

在预测国际人员需求时，应充分考虑以下因素对人员需求的数量、质量以及构成的影响。

（1）国际市场需求、产品或服务质量升级或决定进入新的海外市场。

（2）国际产品和服务的要求。

（3）国际人员稳定性，如计划内更替（辞职和辞退的结果）、人员流失（跳槽）等情况。

（4）与公司变化的需求相关的国际人才跨文化培训和教育情况。

（5）跨国企业为提高生产率而进行的跨国技术和跨国组织管理革新。

（6）相关国家的法律法规，比如工作时间规定等。

（7）预测海外职务可能面临的变化可能性。

（8）母公司和海外子公司各部门可用的人员预算情况。

在国际人员需求预测过程中，人力资源管理者对公司的市场、战略及发展的判断是否准确是关键。同时，还需要对公司外派人员的管理能力进行有效的判断。一般来说，国际业务因素是影响需要员工的类型、数量的关键变量，人力资源管理者应通过分离国际业务因素，在收集以往外派资料的基础上进行预测。人力资源需求是人员能力、产量、销量、税收等的函数，但对不同的跨国企业及其海外子公司，每个因素的影响并不相同，需要人力资源管理者将前瞻性、科学性和经验有效结合。

（三）国际人员供给预测

国际人员供给预测也称为国际人员拥有量预测，是国际人力资源规划的又一个关键环节，只有进行国际人员供给预测并把它与国际人员需求预测匹配后，才能制定具体的规划。国际人员供给预测包括两部分：一是跨国企业和海外子公司内部国际人才拥有量预测，即根据公司现有国际人力资源及其未来变动情况，预测规划的时间点上国际人员拥有量；二是对公司外部国际人力资源供给量进行预测，确定外部市场各时间点上的各类国际人员的可供量。公司内外部国际人才的综合即为国际企业可供给的国际人员总量。当然，具体进行供给预测时，还要根据外部情况如政治、社会经济变化进行调整。

（四）起草国际人力资源供需匹配计划

国际人力资源供需匹配计划主要包括：

(1) 确定国际人员净需求量。这一步主要是把预测到的各规划时间点上的国际人员供给与人员需求进行比较，确定国际人员在质量、数量、结构及分布上的不一致之处，从而得到母公司及其海外子公司净人员需求量。

(2) 制定国际人力资源具体计划。通过制定国际人力资源匹配的具体规划来促使国际人力需求与供给在规划各时间点上匹配。国际人力资源具体计划主要包括：国际人员晋升规划、国际人员补充规划、国际人员培训开发规划、国际人员配备规划等。

(3) 确定国际人力资源规划的具体行动方案。

（五）执行国际人力资源规划并对规划进行监控

国际人力资源规划应包括人力资源的预算、目标和标准设置，也负有执行和控制的职责，通过建立一整套报告程序来保证对国际人力资源的监控。监控报告主要包括母公司和海外子公司的国际人才雇用总数量和为达到招聘目标而招聘的国际人员数量，同时应报告与预算相比国际雇用费用情况，损耗量和雇用量的比率变化趋势等内容。

对国际人力资源规划进行监控的目的在于为总体规划和具体规划的修订或调整提供可靠信息。在国际人力资源需求和供给预测中，由于不可控因素很多，经常会遇到和发生令人意想不到的变化或问题，如果不对国际人力资源规划进行动态的监控和调整，国际人力资源规划最后就可能成为一纸空文，失去指导意义。因此，对国际人力资源规划进行监控是国际人力资源规划过程中一个十分重要的环节。

（六）评估国际人力资源规划

跨国企业和海外子公司应根据规划期内人力资源的现状，在对预测结果进行初步评估的基础上，由人力资源管理人员、专家、用户及有关部门主管人员组成评估组来完成国际人力资源规划的评估。

国际人力资源规划的评估者应考虑以下具体问题：

(1) 国际人员预测所依据的信息的质量、广泛性、详尽性、可靠性以及信息的误差及原因。

(2) 国际人员预测所选择的主要因素的影响与人力需求的相关度，预测方法在使用的时间、范围、对象的特点与数据类型等方面的适用性程度。

(3) 国际人力资源规划人员熟悉人事问题的程度以及重视程度。

(4) 国际人力资源规划人员和使用人力资源规划的人事、财务部门以及各业务部门经理之间的工作关系如何。

(5) 国际人力资源规划人员与相关部门之间信息交流的难易程度。

(6) 跨国企业和海外子公司决策者对人力资源规划中提出的预测结果、行动方案和建议的利用程度。

(7) 国际人力资源规划在跨国企业和海外子公司决策者心目中的价值如何。

（8）国际人力资源规划实施的可行性。评估预测结果是否符合母国和东道国的政治、经济、社会文化等环境条件，能否具备达到预测成果所必需的人、财、物、信息、时间等条件。

为了提高国际人力资源预测的可靠性，有必要使评估连续化，除了上述因素可以为国际人力资源规划提供重要参考外，还要对如下几个因素进行比较：

（1）实际招聘国际人员数与预测的国际人员需求量比较。

（2）国际人力资源劳动生产率的实际水平与预测水平比较。

（3）实际的与预测的国际人员流动率的比较。

（4）实际执行的行动方案与规划的行动方案比较。

（5）实施行动方案后的实际结果与预测结果比较。

（6）国际劳动力和行动方案的成本与预算的比较。

（7）国际人力资源规划行动方案的收益与成本的比较。

国际人力资源规划的评估要客观、公正和准确，同时要进行成本-效益分析以及审核规划的有效性；在评估时一定要征求中高层部门经理和基层管理者的意见，这些管理人员是国际人力资源规划的直接受益者，最有发言权。

第2节　跨国企业的人员招聘与选拔

一、跨国企业人员招聘和选拔的基本方法

跨国企业在招聘员工特别是经理人员时，一般可以采用以下四种方法：民族中心法、多中心法、地区中心法、全球中心法。

1. 民族中心法

采用这一方法，公司总部进行战略性决策，总公司派出人员对国外子公司进行管理，国内与国外公司中的主要职位由总公司的管理人员来担当，国外子公司很少有自治权。该方法的优点是便于母公司控制和协调，确保子公司遵守母公司的战略目标及政策，让那些有潜力的经理人员获得国际经营管理经验，对派出人员比较了解等。缺点是所在国人员的升迁机会受到限制，有时母公司人员适应所在国的时间较长，母国人员可能会将母国方法不恰当地用于国外子公司，母国人员和所在国人员薪酬存在较大差异。

2. 多中心法

采用这一方法，跨国企业将各个国外子公司看成是独立的实体，子公司具有相应的决策权，国外子公司由东道国人员进行管理。这一方法的优点是：适用于母国劳动力市场中很多人不愿意调换公司，且东道国人员有相应管理能力的情形；雇用东道国人员可以消除语言沟通障碍；削减高昂的跨文化培训费用；尽快提高国外人员的跨文化适应能力；充分利用当地的薪资优势；可以适当减少人员聘用成本；等等。缺点是：当地管理者难免存在与母公司的隔阂，他们的管理经验可能与母公司的要求相去甚远；公司总部的控制和协调可能受阻；所在国人员在子公司之外的职业生涯受限；招聘所在国人员限

制了母国人员的国际工作锻炼机会；可能会助长“地区主义”而非全球发展。

3. 地区中心法

该方法下人员到国外任职只限定在一个特定的区域内。东道国所在地区的经理人员不被提拔到母公司任职，但在所管辖范围内有一定的决策权。地区中心法可以看作全球中心法的开始步骤。

4. 全球中心法

这是一种在全球范围内寻找最佳人选的跨国人员获取方法。该方法的优点是：在全球范围寻找人才的策略本身是主动积极的，便于找到更适合的人才，便于跨国企业全球产业布局和管理，便于获得更多的国际经营人才。这种人员获取方式也存在一些问题，如人员获取的费用非常昂贵，对管理者及其职业生涯需要进行大量的投资。著名的跨国公司高露洁的人员选拔就采取全球中心法。高露洁具有超过50年的国际化经验，其产品畅销170多个国家，该公司60%以上的员工来自当地，所有的高层主管人员至少会两种语言，重要的会议均在全球各地召开。

从美国和西欧的国际人员配备经验来看，需要考虑母国与东道国的经济和文化差异，也需要考虑跨国企业自身的国际经营水平，从而有效地运用以上四种方法。比较有意思的是，从20世纪80年代开始，日本企业一直热衷于采用民族中心法配备海外重要人员，2009年的一个研究中提到日本海外企业中99%的经理人都是母国外派人员，日本企业的外派成功率一如既往是最高的。因此，并不是说顺应国际化潮流选用全球中心法是最好的，跨国企业也要根据实际情况采用有效的海外人才配备方法。

近年来，越来越多的跨国企业在中国发展，成功的在华跨国企业采用哪些人员配备模式？陈慧、关丽丹以进入中国多年的10家《财富》500强企业为研究对象，通过对这些公司的CEO或人力资源总监的访谈得出在华跨国企业人员配置典型模式。

扩展阅读

在华跨国企业人员配置典型模式

1. 基于成本考虑的本土化模式（多中心主义模式）

有些跨国企业出于成本考虑采取本土化的高管人员配置模式，这些跨国企业的本土化程度比较高。例如，研究中的联合利华公司在高管人员设置上遵循中国子公司本地的人力资源管理习惯，主要雇用或选拔中国人作为高级管理人员，公司60%的高管人员是中国人。不过联合利华公司认为为了更好地贯彻公司的发展战略和管理模式，子公司的总裁应由母国管理者担任，当地管理人员不应占据这一层次的管理职位，因此中国区的总裁还是由欧洲人员担任。通用电气公司也属于这种情况。

2. 出于战略考虑的全球中心模式

出于战略考虑，可口可乐公司在中国采取了全球中心模式，各部门的高级管理人员基本上来自世界各地。

可口可乐公司的全球中心模式是在世界范围内招聘和选拔人才，满足当地对高管人员的需求，同时在全球范围内培养和配备人才。可口可乐公司将人力资源管理的重点放在协调全球目标与当地反应能力上，将文化差异转化为企业经营的机会，使用不同国家的高管人员来提高企业的创造力和灵活性，为有潜质的管理人员提供成长的机会。

3. 基于地区合作的地区中心模式

并购企业沿用母公司的高管人员设置模式，没有完全本土化。2000年3月，法国的达能集团收购了乐百氏公司54.2%的股份。新乐百氏公司在中国设置的高管职位遵循母公司模式——地区中心模式，从整个东亚地区来配备人员。高管层由来自中国、马来西亚、新加坡、印度的人员组成，中国子公司的高管人员也可以在整个东亚地区任职。各子公司的经理人员在本地区的流动可以加强地区内部各子公司的合作，有利于逐渐向全球中心的人力资源管理模式过渡。

4. 基于文化考虑的民族中心模式

与以往的研究结论类似，在华公司乐天和东芝都采取了民族中心法的人力资源管理模式，其高管人员都是从公司本部派来的。在这两家公司，中层以下的本土管理人员流动性极高，基本上很少有中层以下的管理者在公司连续工作两年以上。这是中外文化差异、理念差异以及职业上的差异造成的。

民族中心模式是由母公司的管理手段与文化主宰子公司的运营，只有母公司的管理人员才是公司高级经理人员的首选。母公司对子公司员工严格控制，中国子公司的关键岗位人员（如总裁、财务总监）均由母公司直接派遣，聘请的中国高级管理人员仅限于人力资源和信息服务部门的高管，中国员工普遍从事次要或辅助性的工作。员工的评价和晋升也采用母公司标准。

5. 不断调整的高管配置

很多跨国企业进入中国多年，在经营发展过程中高级管理人员的设置不断发生变化。如英国的利洁时公司，其高管人员的构成变化如表8-1所示。

表8-1　利洁时（中国）公司高管人员地区构成变化

时间	中国区总裁	财务总监	信息系统总监	人力资源总监	销售总监	供应链总监	市场总监
2003年前	英国	英国	中国	中国	德国	英国	中国
2006年	中国	英国	中国	中国	中国	中国	中国

利洁时公司是快速消费品行业的跨国企业，公司刚进入中国市场时高管人员以来自母国的管理人员为主，属于民族中心模式。随着利洁时公司在中国的发展壮大，从2003年开始，人员构成发生了较大变化，高管人员的设置逐步过渡到本土化模式。这不仅可以节约成本，而且本土化的销售和供应部门也更熟悉中国的政策和了解如何与政府部门打交道，有利于业务开展。

资料来源：陈慧，关丽丹．走出国门：如何选择人力资源管理模式．中外管理．2006（12）：74-76.

二、外派人员的筛选

（一）外派人员的概念

外派人员（expatriate），也称驻外雇员、外派雇员，是指从原工作所在国被派往其他国家任职的员工。他们可能是普通员工，也可能是高级管理人员。通常我们所讨论的外派人员不是指普通员工，大多是专业人才或管理人才。在一个跨国组织中，雇员一般有三种类型：第一种是来自母国企业的雇员，他们被称为母国国民（parent-country nationals，PCN）；第二种是母国和东道国之外被派往母国之外任职的员工，被称为第三国国民（third-country nationals，TCN）；第三种是东道国国民，即在分支结构所在地雇用的员工。

（二）外派人员的选拔标准

外派人员的选拔标准是外派人员能否成功开展工作的基础。确定合适的选拔标准来招聘外派人员是跨国公司人力资源管理中的一个重要问题。由于国外工作的复杂性，确定外派人员的标准需要考虑母公司的国际化过程、母公司的人力资源战略、外派人员的自身特征（如年龄、在组织中的层级、知识和能力、性别、健康、婚姻状况、社会适应能力等）。不同的研究者对选拔外派人员的标准有不同的看法，偏重点也有所不同。综合起来，外派人员选拔的标准如下。

1. 专业技术能力

外派人员的专业技术能力是指完成外派工作任务必须具备的技能和知识。除了与母国相应的技术能力之外，外派人员还应掌握东道国经营管理相关的知识和技能。对不同层级的管理人员，对专业能力有不同的要求。跨文化管理能力（cross-cultural management abilities）是个能力体系，主要涉及国外企业不同文化下的管理技能，具体包括跨文化组织、跨文化激励、跨文化沟通、跨文化团队建设、跨文化谈判等方面的能力。

研究表明，专业技术能力是跨国公司选拔外派人员时考虑的重要因素。邓巴和奥都（Dunbar and Oddou）指出，虽然在国际上取得成功还有其他一些重要因素，但美国的跨国公司似乎只注重专业能力，将其作为唯一的选拔标准①；麦克内里和德斯哈内斯（McEnery and DesHarnais）对美国密歇根州40家公司的调查表明，工作或专业能力是这些公司最重要的选拔标准。② 普华公司1997—1998年对184个欧洲公司（这些公司的总部约1/4设在美国）进行调查，这些欧洲公司最重要的选拔标准是外派人员的工作能力（99%）。日本企业的外派成功率是全世界最高的，它们的选拔标准中永远将专业能力排在第一位。

2. 跨文化交际能力

跨文化交际能力是外派人员在国外成功的基础。对模糊的容忍性高、行为具有弹性、决策和判断是非审判和武断性的、具有较高文化移情和较低的自我中心民族优越感的外派者往往更能够成功。

3. 语言能力

语言是沟通和交流的主要工具。外派人员在具有不同语言和文化的异地工作需要具备相应的语言能力。外派人员应掌握东道国语言，了解东道国文化并具有同东道国同事进行非语言交流的技巧。外派人员还应具有强大的跨文化沟通能力，对异国的语言和文化具有高度的敏感性。一项较新的研究表明③，东道国语言能力与外派人员跨文化适应

---

① Mendenhall M，Dunbar E，Oddou G. Expatriate Selection，Training and Career Pathing：A Review Critique. Human Resource Management，1987，26（3）：331-345.

② Mcenery J，DesHarnais G. Culture Shock. Training and Development Journal，1990，VoL 44，No. 4：43-47.

③ Selmer J，Lauring J. Host Country Language Ability and Expatriate Adjustment：The Moderating Effect of Language Difficulty. The International Journal of Human Resource Management，2015，26（3）：401-420.

显著正相关，东道国语言难度越大，这种相关性越强。外派人员的社会化程度越高，则满意度也越高。较强的语言能力可以让外派人员融入当地文化及社会，适应性越强，工作绩效越高。

4. 外派人员的出国动机

外派人员的出国动机是影响其出国后的工作行为和工作绩效的不可忽视的因素。出国动机受到外派人员的文化背景、工作性质和工作成就感的综合影响。在文化背景方面，不确定性规避得分高的国家的个体更多地以职业安全感为工作动机，不确定性规避得分较低的国家的个体更多地以获得个人成就为主要工作动机。从工作性质来看，管理人员更多从国际工作经历看待出国外派，技术人员更多地从工作安全角度来看待出国外派。在工作成就感方面，外派人员到不同文化背景的国家工作，必须具有成就感，其国外工作生涯应该与其自身的职业发展路径相一致。外派人员必须对国外工作和东道国的文化感兴趣，愿意理解甚至模仿东道国新伙伴的行为和态度。工作成就感是外派人员到国外工作的基本动机，是促使其在国外工作成功的基本驱动力。

5. 外派人员性别、年龄、婚姻及其家庭状况

以往的外派人员大多是男性，但随着女性社会经济地位的提高和能力的提升，越来越多的女性进入国际外派的行列。比如，美世咨询公司2005年的一份调查报告显示，外派人员中女性的比例有明显提高，从之前的18%上升到35%。美世咨询的报告认为，在外派管理方面，外派女性的增多可能需要跨国企业改善配偶支持政策。从年龄来看，一项对美国国际企业的调查发现，外派人员的年龄多集中在中年，且35岁以下外派女性人员多于男性。关于婚姻状况，外派者中已婚者较多，没有结婚的女性外派者数量超过男性，约有71%的外派者没有小孩，具体如表8-2所示。

表8-2 美国公司外派人员年龄、性别与婚姻状况等统计

特征	男性	女性
低于35岁	31%	57%
未婚	14%	51%
没有孩子	33%	71%
外派经历不到3年	37%	58%

资料来源：美世咨询公司调查报告，2005.

海外任职既会对雇员本人产生影响，也会影响其配偶和子女。有助于海外任职的家庭状况是外派人员成功的关键。外派人员家庭状况方面需要考虑的一些关键因素包括：配偶愿意到国外生活的程度、可能派遣的地区对配偶的职业生涯和子女教育的影响、配偶的交际能力。随着双职工家庭的增多，跨国公司可能还需要提供两个工作职位或者对配偶减少的收入进行适当的补偿，以保证另一方任职成功。这方面的例子较多，比如，荷兰皇家壳牌公司向外派人员配偶和未婚伴侣提供职业顾问；Sara Lee公司对为外派人员配偶寻找工作的花费提供了补偿；德勤会计师事务所在公司内部网为外派人员配偶提供了一个寻找工作的数据库；3M公司为外派人员配偶提供了一次性的外迁津贴。美国政府也意识到帮助外派雇员的配偶的重要性。针对这种情况，美国国务院的家庭联络部门已经在包括埃及、新加坡、日本和墨西哥在内的10多个国家建立了外派人员配偶求职协助项目（SNAP），以帮助外派人员配偶找到工作。例如，麦肯锡咨询公司就是SNAP在韩国的当地顾问，它与派往韩国的雇员的配偶密切合作，帮助他们。①

除考虑上述五个方面的因素之外，还要考虑外派人员的自我衡量情况。这是因为外派人员对外派任命往往进行思考，比如，国外工作时间长短、国外工作地点、家庭迁移、配偶的职业生涯、国外生活成本、国外工作对自己职业生涯的影响等。对这些因素进行充分思考是外派人员选拔的重要条件。

（三）影响外派人员选拔标准的因素

对所有的外派任职而言，外派的成功因素并非同等重要。库伦和帕伯替阿（Cullen and Parboteeah）认为，成功因素的重要优先性取决于四个方面的任职条件，这四个条件是：任职的时间长短、文化相似性、同东道国雇员的交流与沟通以及工作复杂性和责任。每个条件都影响选拔标准。

（1）任职的时间长短。如果外派人员预计在东道国停留和工作的时间从一个月左右或更短到若干年不等，则短期任职的选拔标准通常主要强调其技术与专业能力。

（2）文化相似性。如果母国和外派国的文化差异很大，则外派人员通常更难适应；如果母国和外派国文化背景相似，则外派人员通常更容易适应。

（3）交流与沟通。一些工作需要与东道国人员（如下属、供应商、顾客、合作伙伴）进行更多的交流与沟通。在这种情况下，增强个体的交际能力以及对东道国语言和文化的了解就更为重要。

（4）工作复杂性和责任。对外派工作，专业/技术能力总是十分重要的。对组织而言，工作越重要，在选拔标准中就越应看重候选人的技能和以前在相关工作上的成功经历。

表8-3总结了外派人员选拔因素的先后次序。根据外派工作的任职条件的差异，专业技术能力等因素有不同的重要程度。

表8-3　选拔外派人员：根据任职条件排列的成功因素的优先次序

外派人员的成功因素	任职条件			
	更长的持续期	更大的文化差别	与当地人更多的交流与沟通要求	更高的工作复杂性和更大的工作责任
专业技术能力	高	无	中	高
跨文化交际能力	中	高	高	中
出国动机	高	高	高	高
家庭状况	高	高	无	中
语言能力	中	高	高	无

资料来源：库伦，帕伯替阿．国际企业管理：战略要径：第3版．北京：清华大学出版社，2007：419.

① 库伦，帕伯替阿．国际企业管理：战略要径：第3版．北京：清华大学出版社，2007：416-417.

（四）外派人员的选拔手段

在选拔母公司外派人员时，需要借助一定的手段对候选人的个性、能力等进行测试。跨国企业的选拔测试主要针对那些关系到海外企业发展的重要关键性管理和技术岗位人才。外派人员的选拔方法主要有面谈、标准测试、评估中心、个人资料、工作样本、推荐等方式。表 8－4 是一些外派成功因素所对应的选拔方法。

表 8－4　外派成功因素对应的选拔方法

关键性成功因素		选拔方法					
		面谈	标准测试	评估中心	个人资料	工作样本	推荐
专业技术能力	技术能力						
	行政能力						
	领导力						
跨文化交际能力	沟通能力						
	文化容忍力和接受力						
	对模糊性的容忍度						
	灵活适应新的行为和态度						
	适应能力						
出国动机	愿意接受外派职位的程度						
	对派遣地区文化的兴趣						
	对国际任务的责任感						
	与职业发展阶段吻合						
家庭状况	配偶愿意到国外生活的程度						
	配偶的交际能力						
	配偶的职业目标						
	子女的教育要求						
语言能力	用当地语言沟通的能力						

资料来源：库伦，帕伯替阿．国际企业管理：战略要径：第 3 版．北京：清华大学出版社，2007：419.

需要注意的是，许多测量候选人的品质特点和能力的工具的效度至今没有定论。也就是说，按照这些指标测量所得到的分数，并不能完全预测该候选人对于外派的适应能力和工作绩效。

三、东道国员工的筛选

对于东道国员工的筛选，主要侧重于两个目的：一是为海外子公司配备人员；二是为母公司挑选合适的员工。

如果为海外子公司配备人员，则筛选标准的重点要放在候选人的受教育程度、专业技能和相关工作经验等方面。跨国企业在招聘东道国员工时，必须仔细研究东道国相关法律法规和社会习俗，避免招聘过程中出现不必要的麻烦。比如在某些国家，有关一些个人隐私如家庭、爱好、父母和宗教信仰等方面的问题是不可询问的。如果缺乏在东道国的雇用经验，母公司可以通过当地的专业人才服务机构为子公司配备一名东道国人力资源经理，将海外公司配备员工的职能本土化。

合资和独资经营方式对东道国员工的招聘也存在差异。跨国企业中的独资企业有更多的决策权和判断力，但是对于合资企业来说，雇用问题将变得复杂，它还受到东道国的合作者在雇用问题上的具体目标和操作方法等影响。

将东道国员工调至公司总部任职是选拔东道国员工的第二个目的。通过选拔到母公司，能培养、提升东道国员工，让他们到公司总部学习更多的专业技能。这一选拔还能促使东道国员工增强归属感，使母公司增强对其他文化的适应能力，便于企业建立全球性文化。跨国企业挑选东道国员工到公司总部任职的原因多种多样，具体的筛选标准和方法也会因不同的动机而有所差异。

从东道国选拔员工就是跨国企业人力资源本地化。人力资源本地化（localization of talents）指跨国企业海外子公司大部分重要管理和技术人员、绝大部分基层一线员工都从东道国选拔和培养的人才配置和开发方式。当前，全球化不断推进，跨国企业的人力资源本地化也在不断深入和扩展。

对于跨国企业来说，人力资源的全球化和本地化是重要内容之一。一项研究表明，公司高获利性取决于人力资源管理与公司战略的高度融合。良好的人力资源管理是跨国企业维持高生产率和竞争优势的持久源泉。

国际人力资源管理的一个重要发展趋势是人力资源本地化。人力资源本地化具有传统和现代两种模式。传统模式是指跨国企业的外派人员获得东道国国籍或长期居留许可证，逐渐成为本地人。它主要发生在经济发达程度基本相同的国家之间。现代模式是指跨国企业大量启用东道国本地人员，并逐渐由优秀的本地人员取代外派人员来经营管理公司。该模式的重心是对东道国的优秀员工的培养和重用。基于对用人成本的控制、对东道国社会关系的利用以及对文化差异的尊重，跨国企业的人力资源本地化不仅是雇用本地员工，而且包括人事政策的制定、招聘、管理和培养等一系列人力资源战略活动。随着海外子公司的不断发展，当地的员工逐渐积累经验和管理知识，能够独自承担子公司的管理任务。

在全球化的发展中，跨国企业之所以要采取人力资源本地化，主要是为了应对文化差异所带来的问题以及降低成本的要求。

文化差异所带来的经营困难是人力资源本地化的首要原因。不同文化背景下的员工不仅在沟通上存在障碍，在绩效考核、提拔升迁、管理方式等诸多方面也会存在很多的差异，给经营管理带来困难。跨国企业之所以采用人力资源本地化就是由于本地员工深受本地文化熏陶，在为人处世和经营管理方面更容易和当地情况相结合，顺利地与东道国政府、居民、其他公司相处。

人力资源本地化的第二个原因是东道国经理的薪酬成本优势。依据美国学者弗农（Vernon）的产品周期理论（product cycle thesis），一旦某产品达到标准化阶段，公司就着手降低成本，以提高产品价格的市场竞争优势。由于外派经理多是从经济水平较高的国家向较低的国家外派，母公司大多数员工不希望被外派到这样的国家，因此，外派人员的薪酬水平通常会比在母公司的高，而且要加上公司支出的生活补贴、回国探亲费用、子女入学费用等。

正是出于以上诸多原因，跨国企业非常重视通过人力资源本地化来提高人力资源使用效率，降低企业成本，提高管理效果。

扩展阅读

华为的人才本土化

华为是全球最大的电信网络解决方案提供商，全球第二大电信基站设备供应商，全球第一大通信设备供应商，全球第四大智能手机厂商，也是全球领先的信息与通信解决方案供应商。华为作为中国企业走出去的典型代表，其人才战略一直备受业界瞩目。华为总裁任正非说："华为唯一可以依存的是人，员工是华为最大的财富。"截至2022年底，华为全球员工总数约20.7万，来自全球162个国家和地区。华为重视本地化建设，在海外各国共招聘当地员工4 000多人，海外员工本地化率为63.8%。

1. 员工招聘

作为一家国际化公司，华为重视员工的多样性，致力于建立一个包容和机会平等的工作环境。华为拥有一套完善的人力资源组织体系，人事处和海外人事处是两个并立的重要部门。许多跨国经营的企业在招聘时都强调人才国际化，华为是"国际化""本土化"双管齐下。华为在招聘政策中做出规定，跨国招聘应当遵循属地化管理原则。在遵从当地法律制度的前提下，当地用人需求优先考虑在当地聘用。华为在海外的中高层管理人员本地化比例不断提升。华为注重本土化，努力融入东道国的经济体系，选聘当地人来保障消费者对产品和企业的认同，提高满意度。

2. 员工培训与发展

为提升当地主管的基础管理能力，更好地发挥当地骨干员工的价值，华为对当地基层主管、骨干员工及海外中方管理者进行培训赋能。

（1）为当地基层主管量身定制管理学习方案。针对跨文化差异，定制化赋能内容，用当地熟悉的语言系统进行教学设计，提升了培训效果。

（2）完善跨文化管理系列课程，助力打造互信的多元化团队。华为员工遍布全球，为帮助员工适应文化差异，公司精心开发了"跨文化团队管理""跨文化适应""跨文化留声机"等课程和案例集，聚焦工作场景，助力各级主管和员工提升文化胜任力。

（3）开发高品质课程，提升海外中方管理者领导力。开发"基层领导力的三项修炼"课程，作为海外中方管理者的领导力赋能必修课。课程推出后广受欢迎，培训效率和效果超出预期。

3. 员工绩效管理

华为实行了全球统一化的管理和工作流程。据了解，华为拥有一个统一的管理平台，这意味着无论对海外员工还是国内员工的管理都是透明公开且直接的。华为还将 IT 系统覆盖到公司主要业务操作和日常的公司事务管理中，互联网将国内、欧洲、拉美及全球的分支机构连接到一起，纵使山高水长，一切员工及公司动态尽在管理者的控制之间。IT 系统的运用创造了一个非常公正的员工绩效管理体系。同时，适应性也是必须考虑的一个因素，华为在设计这些统一化管理平台的同时，也考虑了东道国的语言、文化、法律规范等因素的影响。

4. 员工薪酬管理

华为与顾问公司长期合作，定期对海内外工资数据调查，根据调查结果和公司业绩对员工薪酬进行相应调整。华为素以高薪水出名，无论在国内还是海外的机构，华为始终设定与同行业竞争者相比较高的薪酬水平，以此吸引有用人才。华为还会提供额外的津贴给母国员工，这是跨国公司经常会采取的手段之一。但是华为同时保证相同级别同一海外分支机构的母国员工和东道国员工薪酬差异保持在一个合理的范围内。在不同地区，华为会设置不同的薪酬计算方式。例如，在拉丁美洲，华为采用适合当地的资历工资法，而在中国台湾地区，华为更多地使用奖励薪酬的方式，更加倚重个人表现。

华为还建立了完善的员工保障体系，为员工购买了海外当地法律规定的各类保险。华为发布了《员工保障管理规定》《员工医疗保障管理规定》等系列文件。对海内外员工建立健康与安全的预防体系，并根据不同海外地区政策和法律规定的不同，做出相应的调整。

华为采取了灵活的人力资源管理方式，有效提高了企业经营活动和内部管理的有效性，使员工成为企业的一大核心竞争优势，有助于企业实现组织目标。

资料来源：华为 2022 年可持续发展报告；张玥辰．对跨文化管理中员工管理的思考：以华为为例．商场现代化，2016（27）：114－115.

四、对第三国员工的筛选

跨国公司招聘第三国员工的目的通常是将其作为派往海外子公司的驻外管理人员。前面所讨论的挑选母公司外派人员的标准大部分也适用于对第三国员工的筛选。专业技术能力、跨文化交际能力、跨文化适应能力、语言能力同样是跨国企业挑选第三国员工时的重要标准。

其他因素对筛选第三国员工也起着重要作用。如工作许可证、东道国政府的其他行政措施（如拒绝第三国员工入境或工作）等对第三国员工的筛选都有重要影响。

不同的跨国企业招聘第三国员工所采用的手段也有很大差异，比如，美国的跨国企业通常将美国的各类商学院中的外国学生作为招聘第三国员工的主要来源，欧洲常用的招聘渠道则是在报纸上公开招聘。跨国企业招聘第三国员工还包括那些在第三国出生的东道国公民。目前，在中国工作的外派管理人员许多是来自马来西亚、新加坡等国的华人。跨国企业普遍认为，这种人员配置策略能够减少海外子公司内部的跨文化冲突。

第 3 节　跨国企业的员工绩效评估

由于存在文化差异、数据资料可比性、地域和时间差异、产品和经营方式的多样化等因素，跨国企业海外子公司员工的绩效指标及其绩效评估等方面远比国内企业复杂，以下分别进行阐述。

一、影响海外子公司绩效指标的因素

有许多因素影响跨国企业海外子公司的绩效指标，主要表现如下。

（一）总公司在海外的整体竞争战略

跨国企业在有许多选择时，常常是从总公司整体利益的角度出发进行战略和市场决策。比如，跨国企业创办海外子公司的目的并不一定是盈利，可能是为了威慑或者抑制占市场统治地位的竞争对手，这样，它们的海外子公司可能会在相当长的一段时间里处于亏损状态，但是这种市场竞争策略可能会使总公司在其他市场上打败竞争对手，赢得总体上更好的回报。因此，竞争战略是影响海外子公司绩效指标的关键因素。

（二）经营环境的多变性

全球化使行业竞争日趋激烈，加上技术的快速发展和基于各种经济利益的战略联盟的兴起，促使海外子公司为适应市场变化而制定更为灵活多样的中长期目标。当然，总体上看，虽然海外子公司面临复杂多变的环境和不确定性，但是它们必须与总公司的战略目标保持一致，海外子公司管理人员应尽量避免绩效目标的盲目性。

（三）地理和时间距离

空间地理距离使母公司和外派人员之间不容易进行经常性的面对面交流沟通，同时，也使得绩效信息相对滞后，这些因素都可能使对外派人员考评的客观性和真实性受到影响。虽然当今信息技术已经很发达，但绩效管理中面对面沟通仍然无法被完全替代。地理和时间因素导致母公司与海外子公司管理者之间缺乏面对面沟通，会影响母公司人员对外派人员绩效评估的公平性和客观性。

（四）国际企业发展阶段

国际企业的发展阶段也影响外派人员的绩效评估。对于那些处于发展初期的海外子公司来说，产品和服务被东道国及其附近国家（地区）认同的程度、品牌影响力、所获得母公司的具体业务支持等均可能会遇到障碍。为了使经营业绩更好，海外子公司可能在人、财、物和工作投入方面花费更多的时间和精力。在确定外派人员绩效指标和标准时，应将子公司的发展阶段差异纳入母公司管理者的考虑范围。

二、对外派人员的绩效评估

（一）外派人员绩效评估指标体系及其绩效标准

外派人员的绩效标准主要包括硬指标、软指标（工作行为和态度）。硬指标是指客观的、容易定量的、可以直接测量的标准，比如目标达成率、产品市场占有率、营销额、服务质量和及时性等。软指标是指以各种技能、行为或品质为基础的标准，如领导技能、管理技能、人际沟通技能、语言技能、谈判技能、工作主动性、积极性、团队合作性、工作灵活性、变革意识和能力等。表 8－5 是外派人员绩效考核指标体系的例子。

表 8－5　外派人员绩效考核指标体系示例

考核领域	绩效考核指标示例
不同层次经营管理目标	母公司下达的目标、海外子公司目标、部门工作目标等目标完成情况
外派者工作业绩	外派者个人岗位工作结果（如产品市场占有率、销售额、服务质量和及时性等）
外派者技能	领导技能、管理技能、人际沟通技能、语言技能、谈判技能
外派者工作行为	外派者工作主动性、积极性、团队合作性、工作灵活性、变革意识和能力

对于衡量海外子公司人员绩效，需要设定适当的业绩指标标准。在确定硬指标、软指标时，需要结合特定的情境因素。在这里，情境因素是指那些与外派人员业绩相关的环境因素。仅仅靠硬指标来评价外派人员的绩效是不够的，外派人员硬指标和软指标的结果与其所在的工作环境有关。外派者目标的达成必然受东道国社会、政治、经济、文化等众多因素的影响，因此，必须结合东道国某些特定的情境因素来考察环境对外派人员绩效的影响，以便客观公正地评估外派人员的绩效。

（二）实施绩效评估的主体

外派人员的绩效评估主体主要包括：外派人员本人、东道国下属、东道国同事、母公司上级主管和东道国客户。由于文化差异性，这些评估主体评估的质量与评估者的文化背景有关联。总体上看，各类评估者都存在局限性。自我评估容易产生自我表现中心和扭曲事实。东道国下属评估可能会更多地出于自我需要而不是企业组织需要，文化背景的差异性也会影响评估结果。东道国同事的评估与评估者和被评估者相互信任、评估者的激励状态和文化背景有关。母公司上级评估者的评估可能由于距离、时间和环境差异导致的信息不对称而造成偏差。东道国客户的评估容易受到其已有的消费习惯影响而歪曲事实。在评估主体上，外派者的上级管理者评估最为关键，上级管理者的评估结果将极大影响外派人员的绩效结果。①

不同的评估主体对应着不同的评估标准和不同的评估时期。表 8－6 提供了一份海外

① 余建年．跨文化人力资源管理．武汉：武汉大学出版社，2007：91.

雇员业绩考核的评估主体、评估标准及评估时期的参考。

表 8-6　海外雇员业绩考核的评估主体、标准和时期

评估主体	评估标准	评估时期
自我评价	实现目标 管理技能 项目成功	6 个月和在主要项目结束时
下属	领导技能 沟通技能 下属发展	主要项目完成后
外派管理者和东道国管理者的观察	团队建设 人际交往技能 跨文化沟通技能	6 个月
现场监管	管理技能 领导技能 达到目标	在重大项目结束时
顾客和主顾	服务质量和及时性 谈判技能 跨文化沟通技能	每年

资料来源：库伦，帕伯替阿．国际企业管理：战略要径：第 3 版．北京：清华大学出版社，2007：423.

（三）外派人员的绩效反馈

绩效反馈是外派人员绩效管理的一个重要组成部分，由母公司的管理人员向外派人员的绩效反馈既能促使母公司管理者掌握海外子公司的业务进展情况，又能激励外派员工，并对外派员工不断提高工作绩效有重要意义。

三、影响外派人员绩效高低的因素

跨国企业在对外派人员进行绩效评估时，除了需要制定合理的海外子公司绩效指标、选择合适的考核主体并做好绩效反馈外，还要注意文化差异、总部的支持与承诺、东道国外部环境、文化适应、外派人员的人格等因素对外派人员绩效的影响。

（一）文化差异

文化差异可能会导致外派人员在执行总部分派的工作任务时遇到在母公司时没有遇到的问题。比如，母公司对外派人员工作任务要求与东道国同事对外派者的期望之间可能会发生冲突。低权力距离文化背景下的员工可能难以适应高权力距离文化背景下的管理者的决策方式及其任务指派方式。如果在绩效评估上不考虑这一点，则会导致对外派员工绩效的不公正对待。

（二）总部的支持与承诺

在海外截然不同的文化环境、工作环境和生活环境中，跨国企业总部对外派人员的支持是很重要的，没有总部的一贯支持与承诺，比如不能兑现之前协助外派人员家人寻找工作、帮助其孩子接受适当教育的承诺等，那么该员工对组织的忠诚度、责任感乃至工作效率难免会受到影响。因此，在绩效评估中，必须考虑总部对外派人员的支持力度、承诺及其效果。

（三）东道国外部环境

东道国外部环境是影响外派人员工作绩效的不可忽视的因素。这些社会、法律、经济及技术环境可能导致外派人员的工作受到与母国不同的压力，产生不同的结果。因此，对外派人员的绩效评估应该考虑东道国具体的工作环境。

（四）文化适应

跨文化适应过程对于外派人员的工作绩效也有很大影响。如果外派人员与其家庭在适应新文化环境上存在较大的困难，则必然会影响这些人员的绩效。

（五）外派人员的人格

外派人员的人格特征决定他们的心理和基本行为倾向。实证研究表明，外向性、开放性、宜人性、责任心和神经质性五大人格中的维度都是跨文化适应与沟通的有效预测因素。[①] 加里鸠瑞（Caligiuri）在对外派人员的研究中发现，外向性、宜人性和情绪稳定性与外派者的离职负相关，责任心与外派者的工作绩效正相关。[②]

四、对东道国员工的绩效评估

在对东道国员工进行绩效评估时，跨国企业通常的做法是：海外子公司为东道国员工建立与当地有关工作行为的文化等相匹配的绩效评估系统。评估系统必须符合总公司绩效管理系统的要求。

对调往总部工作的东道国员工的绩效评估往往是基于总部对他们的角色期望进行的。如果存在文化差异，东道国员工与母公司管理者之间的心理距离依然很大，则东道国员工很难适应在总部工作的角色期望和工作标准。不少到公司总部工作的东道国员工往往由于文化适应问题工作绩效不甚理想，结果被调回东道国工作。[③]

---

① Ward C，Berno T，Main A. Can the CCAI Predict Sojourner Adjustment? In P. Boski，F. J. R. Van De Vijver，& A. M. Chodynicka (Eds) . New Directions in Cross-Cultural Psychology. Warsaw，Poland：Polish Academy of Sciences，2002：409－424.

② Caligiuri P M. Selecting Expatriates for Personality Characteristics：Expatriate Managers. Journal of World Business，2002 (37)：127－138.

③ 陈慧等．跨文化适应影响因素研究述评．心理科学进展，2003 (6)：704.

第4节　跨文化培训

一、跨文化培训概述

由于文化价值观念、管理观念和手段存在不同，来自不同国家的人员之间很容易产生跨文化冲突。对于外派人员，跨文化培训是防止和解决跨文化冲突的有效途径。

跨文化培训（cross-cultural training）是为实现跨国企业战略目标，提高外派人员和东道国人员的素质，运用系统培训手段，通过制定培训方案、实施培训、评价培训效果等方式进行人员开发的过程。跨文化培训是为跨国公司整体战略服务，减少外派人员与东道国人员之间的文化冲突，提高外派人员和东道国员工的工作绩效。此外，对东道国员工进行培训还直接关系到跨国企业的劳动力成本。研究表明，提前跨文化培训能降低外派人员的失败率，提高外派人员的工作绩效。①

跨文化培训涉及培训方式、培训内容、培训强度等方面，下面分别阐述。

二、跨文化培训方式

跨文化培训方式是跨文化培训设计的重要内容之一，它直接影响跨文化培训的效果。派往的国家不同、企业对外派人员跨文化技能要求的差异、外派人员跨文化认知和跨文化敏感性的差异等因素决定了企业对外派人员跨文化培训的不同的培训方式。高嘉勇和吴丹总结出事实法、分析法和体验法三种主要的跨文化培训方式，这三种跨文化培训方式的侧重点不同，在应用中各有优缺点，如表8-7所示。

表8-7　跨文化培训方式总结

跨文化培训方式		描述	优缺点
事实法	● 讲座 ● 区域学习	强调认知目标，主要包括具体文化情节讲授和文化传统教育	优点：材料容易准备，简单、方便；针对性强，直接介绍目的国的文化；成本低 缺点：缺少真实的海外生活体验；不便于受训者自我检查跨文化交际行为
分析法	● 文化同化法 ● 案例研究 ● 文化比较培训	强调认知领域，主要由一系列描述跨文化冲突的关键事件和案例组成	优点：方便，受训者可以自学；成本低 缺点：受训者学到的知识在现实生活中大多会失效；受训者的跨文化交际行为难以得到改善
	● 敏感性培训	强调情感目标，通过学习文化和交流来提高对文化差异的敏感性，包括敏感性训练小组（亦称T小组）培训和角色扮演	优点：在加强受训者对不同文化环境的适应性和文化意识方面效果较好 缺点：缺少概念性结构框架；难以很好地培养受训者的行为能力和洞察力；没有强调学习方法

① Black J S，Mendenhall M. Cross-cultural Training Effectiveness：A Review and a Theoretical Framework for Future Research. Academy of Management Review，1990，Vol. 15 No. 1：113-136.

续表

跨文化培训方式		描述	优缺点
体验法	● 体验式培训 ● 实地观摩 ● 文化模拟 ● 角色扮演 ● 实地体验 ● 互动式学习	强调情感目标，通过模拟或实地体验来掌握具体的文化细节	优点：以受训者为中心；以解决具体问题为中心；培训初期很有效 缺点：难以提高受训者适应真实环境的能力；侧重于环境，忽略了政治、人际关系等其他因素
	● 行为修正	受训者进行观察和实践，并不断练习，以掌握某种示范行为	优点：针对习惯性行为的培训很有效 缺点：成本高；要求受训者不断学习

资料来源：高嘉勇，吴丹．西方跨文化培训设计研究评介．外国经济与管理，2007（10）：40－42.

事实法是指向受训者提供有关东道国国家概况知识的跨文化培训方式，其目的是提高受训者的跨文化认知水平。事实法以培训者直接授课为主，主要包括讲座和区域学习两种方式。分析法是指由培训专家与受训者通过分析影像资料或书面材料，共同对文化差异引发的冲突事件进行分析，以提高受训者认知文化差异和接受异文化行为的能力的培训方式。分析法主要包括文化同化（通过对管理中遇到的关键事件的学习来进行培训）、敏感性培训（T小组培训和角色扮演）、案例研究（通过培训者对典型案例和事件的描述来提高受训者跨文化技能）等方法。体验法是指通过培训者与受训者之间的互动过程或受训者的亲身实地体验来培养受训者的跨文化认知技能和行为方式的方法。体验法主要包括体验式培训、文化模拟、实地观摩、行为修正、角色扮演等。

国外学者的研究表明，将事实法、分析法和体验法这三种培训方式结合起来，能够最有效地帮助外派人员学习东道国文化，提高跨文化技能。①

三、跨文化培训内容

国外学者对跨文化培训内容的划分不尽相同。跨文化培训的内容主要涉及跨文化认知、跨文化情感和跨文化行为三个维度。

跨文化认知培训是指通过介绍东道国社会、历史、制度、文化和习俗等方面的知识，来培养和提高外派人员的跨文化认知能力。跨文化认知培训是跨文化培训的一项基础内容，使受训者对于跨文化的知识建立理性认识。跨文化认知培训的主要内容包括文化差异学习、东道国文化培训、东道国价值观介绍、母国文化认知、东道国语言等。

跨文化情感培训是帮助外派人员在不同文化工作环境下控制、调节并保持稳定情绪状态的培训。跨文化情感培训内容包括应对变化、压力管理和自我反省等。

跨文化行为培训是指通过受训者的亲身体验，来提高他们在异文化环境下应对跨文化冲突的能力的培训。文化具有广泛的影响力，其中有一些与工作密切相关，如员工行为、管理风格、决策、行业规范、职能部门等。应根据不同的工作性质和任务特点，将

① Harrison J K. Developing Successful Expatriate Managers：A Framework for the Structural Design and Strategic Alignment of Cross-Cultural Training Programs. Human Resource Planning，1994：17.

文化对特定领域的影响告诉受训者。例如，在美国堪称谈判专家的人到了韩国可能会被认为过于傲慢。因此，外派人员需要事先理解文化如何影响管理、谈判以及领导风格等。这与工作息息相关，可能直接影响工作绩效。这方面的内容可以引申出“什么才是适当的行为”，是行为实践的基础和依据。跨文化行为培训的主要内容包括实地体验或模拟实地体验、人际交往技能培训等。体验式跨文化培训有助于受训者将对东道国文化的认知应用到模拟的或实际的工作场所中。

众多国外学者证实，较之选择单一的跨文化培训内容，将上述三种跨文化培训内容结合起来能够显著提高跨文化培训效果。①

四、跨文化培训模型

布莱克、格雷格森和门登霍尔（Black，Gregersen，Mendenhall）等构建了一个较为经典的跨文化培训模型，如图 8-1 所示。该模型指明了不同培训强度的培训方式、培训内容和所需培训时间之间的匹配关系。在这里，培训强度是指要求培训者和受训者为海外任职受训的努力程度。低强度培训意味着培训是短暂的，培训方式以信息传递法即讲座为主，具体包括生存语言培训、电影/书籍分析、文化简介和地区简介四部分。低强度培训的目标是提供有关东道国商业和国家文化的背景信息以及有关公司经营的基本信息等。若培训时间为一周至一个月，则培训强度中等，中等强度培训应将讲座法和情绪法结合起来，增加案例研究、角色扮演、文化同化等培训。中等强度培训的目标是提供有关东道国文化的一般知识和具体知识，减少民族中心主义。如果培训时间为两个月，则宜安排高强度培训，这时应将讲座法、情绪法和融入法三者结合起来，增加广泛语言培训、敏感性培训、实地体验培训等，并进行培训评估。

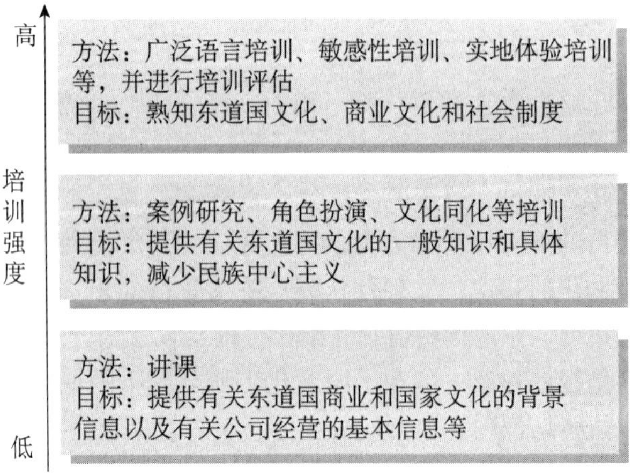

图 8-1 跨文化培训模型

资料来源：Black J S，Gregersen H B，Mendenhall M. Global Assignments：Successfully Expatriating and Repatriating International Managers. Jossey-Bass，San Francisco，CA，1992.

① 高嘉勇，吴丹．西方跨文化培训设计研究评介．外国经济与管理，2007（10）：42.

外派人员培训强度还受到海外任职条件的影响。任职时间越长、母国与东道国之间的文化差异越大、要求与员工的接触和沟通越多、工作的复杂性与职责越大，为海外任职做准备的培训强度也越高。图 8-2 显示了培训强度与海外任职特点之间的关系。此外，对于在不同文化中长期任职的培训可能还包括对家庭成员的培训而不限于外派人员。

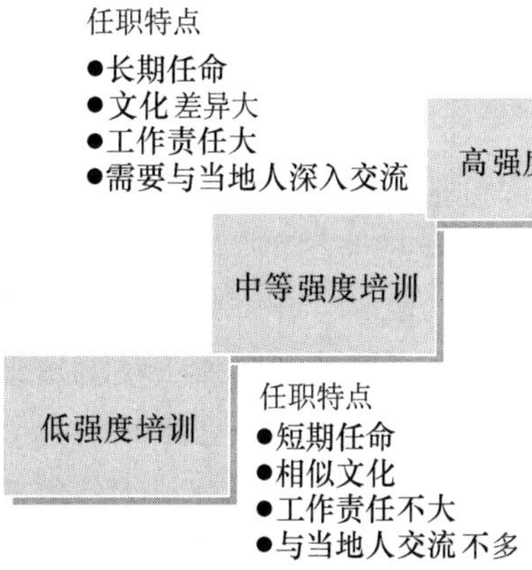

图 8-2　培训强度和海外任职特点

资料来源：Mendenhall M，Dunbar E，Oddou G. Expatriate Selection，Training and Career Pathing：A Review Critique. Human Resource Management，1987，26（3）.

为了培养真正的全球管理者，一些美国公司在外派人员职业生涯的早期就提供全球培训和派遣，下列公司的具体实践体现了这一点：

（1）通用电气公司提供语言与跨文化培训来为其市场经理在全球环境下经营业务做准备。通用电气公司认为具有全球眼光是至关重要的，即使一些管理者可能永远没有机会被派往海外任职。

（2）在宝洁公司的宝洁学院培训，对新管理者和中层管理者着重强调国际事务。

（3）高露洁公司为美国和其他国籍的管理人员提供全球营销管理培训，他们成为在美国和其他国家的产品管理者，如果想成为更高层次的管理者，他们必须能够在 6～18 个月内从一个国家转移到另一个国家。一些管理者在最初 5 年职业生涯中已经有 3 次国际任职。

（4）美国运通公司将其低层管理者派往海外任职 2 年，不论他们是来自美国还是其他国家。目标就是使管理者在职业生涯早期而不是在他们成为副总裁之时就具有全球眼光。

（5）德勤会计师事务所有一个全球培训项目，即把来自世界各地的有潜力的员工派往其他国家工作。这个项目对于员工很有帮助，他们可以提高外语能力，学习其他国家的商业经验和文化，与其他国家的人共同工作。

五、外派人员抵达后的培训

外派人员工作失败与其不能适应跨文化工作环境和工作习惯等有关。因此，给予外派人员抵达东道国后的培训是不可或缺的一个环节。为了使外派人员尽快适应新的工作和生活环境，适应工作角色，母国或者东道国的人力资源部门应及时提供诸如工作环境介绍、东道国同事介绍、实际工作情况介绍、所在地生活环境和基础设施介绍等。这方面较好的培训方法是请在当地工作过的外派人员讲授在该子公司的工作生活体会，这些先行外派人员的现身说法有助于尽快减轻外派人员的陌生感和紧张情绪。

六、东道国员工的跨文化培训

对东道国员工进行跨文化培训包括对东道国员工的跨文化技能培训和对东道国人员的国际培训。对东道国员工进行跨文化技能培训主要是提高员工对母公司文化的认识，使这些人员与外派者有效沟通和合作，减少文化冲突。通过跨文化培训可以提高当地劳动力雇用水平，降低海外公司的劳动力成本。与外派人员的培训不同的是，跨国企业一般将东道国员工跨文化技能培训授权给当地的子公司进行。

对于那些因工作需要调到总公司或其他海外子公司工作的东道国员工，还需要到母公司和在东道国子公司接受国际培训，比如跨文化适应性培训和外语培训等。将东道国员工派往母公司总部和在东道国子公司接受培训如今已经成为跨国公司常用的培训手段。让东道国员工到母公司或者东道国子公司接受国际培训，一方面可以提高这些人员的管理技能，拓宽其工作视野，提升语言能力，提高其工作积极性和工作绩效；另一方面便于东道国人员将所拥有的特别知识和技能传递给总部和目的地企业。以松下公司为例，该公司曾每年“输入”100名海外经理，让其与日本总部同事一道工作，这一做法促使松下成为一个有远见的跨国企业。

当今许多跨国企业对外派人员和东道国员工进行各种形式的跨文化培训，以下案例是我国三一集团跨文化培训的具体实践。

扩展阅读

三一集团：用培训解决跨文化沟通难题

三一集团有限公司始创于1989年。自成立以来，三一集团秉持“创建一流企业，造就一流人才，做出一流贡献”的企业愿景，打造了业内知名的“三一”品牌。

三一集团在中国长沙、北京、上海、沈阳、昆山、珠海等地建有产业园，在印度、美国、德国、巴西建有研发制造中心，业务覆盖全球150多个国家和地区。为了促进中外员工相互了解，解决跨文化人才管理和培养难题，三一集团特地邀请某知名咨询公司量身打造了一个跨文化交流培养项目，旨在提升员工交流沟通与相互理解的能力，提升员工的文化认同度。该项目于2011年9月启动。中国区项目分为三个阶段，分别是跨文化内部讲师培训、跨文化理论知识培训与文化交流培训。

1. 跨文化内部讲师培训

如何有效提升员工的跨文化工作能力？三一集团首先从内部讲师入手。只有培养出一批合格的讲授跨文化课程的内部讲师，才能提高对不同地域员工的培养效率。基于此，三一集团首先针对美、印、德、巴分公司和长沙地区的跨文化内部讲师进行了为期十天的培训。此次培训旨在提升内部讲师的跨文化课程设计能力，培训素材的收集能力。此外，还要训练讲师的培训技巧以及使用授课效果评估工具。短短几天的学习，让公司内部讲师掌握了引导式的授课技巧，并学会如何设计跨文化课程及培训，有效地提高了内部讲师的授课水平和自信心。

2. 跨文化理论知识培训

为了让学员全方位了解跨文化交流的理论知识，学会在不同文化背景下的沟通策略，掌握解决跨文化交流问题的方法，三一集团在长沙地区各单位挑选20名与美国有业务联系的员工进行了为期两天的跨文化理论知识培训。鉴于此次培训的基础性和实用性，培训范围覆盖了研发、营销、制造、商务等多个方面，主要向学员讲授如何打造成功的国际化团队，如何提升国际化领导力。

3. 文化交流培训

该课程针对中外文化的理解误区与学员进行探讨，对五大文化维度和跨文化交流的四步法进行了深入学习。其中，跨文化交流四步法不仅解决了中外学员们的实际问题，而且解决了其他文化交流问题。

资料来源：芦韬．三一集团 用培训解决跨文化沟通难题．培训，2012（1）：3.

第5节　跨国企业的薪酬计划

一、跨国公司制定国际薪酬政策的目标

薪酬是企业根据员工付出的劳动所给予的回报。国际薪酬是跨国企业和员工共同关注的核心问题，完善灵活的薪酬体系关系到跨国企业人才队伍的稳定和企业的可持续发展。

首先，从国际企业层面看，国际薪酬政策既要考虑跨国企业的人力资源成本，又要考虑能最大限度地吸引、留住和激励国际人才，使跨国企业在市场中保持核心竞争力。其次，国际薪酬政策要与跨国公司的总体经营发展战略和企业的需求一致，要有助于企业的战略及目标的实现。再次，国际薪酬政策应能将人才吸引到跨国企业最需要的地方并留住他们。因此，国际薪酬政策必须体现一定的竞争性，而且要考虑如出国服务的激励、税收平衡、海外生活的合理费用等因素。最后，国际薪酬政策还应便于公司以最经济有效的方式调整和调动外派人员，便于母公司管理的公平和便利。①

从外派人员角度看，其个人目标和需要也要通过跨国公司的薪酬政策的实施来实现和满足，这些个人目标和需要包括：员工能得到在国外的福利、社会保险和生活费等经济上的保障；通过外派员工能够增加收入；保证在海外工作时的住房、子女教育以及娱乐等基本条件；有助于职业生涯发展，并有满意的回国安排。②

---

① 赵曙明，道林，韦尔奇．跨国公司人力资源管理．北京：中国人民大学出版社，2001：151.

② 同①153.

二、外派人员薪酬的构成

外派人员的薪酬主要由基本工资、奖金、津贴和福利构成。

（一）基本工资

基本工资是外派人员劳动后的直接收入，主要以现金方式发放。外派人员基本工资的确定应与外派人员的岗位、东道国的法律、外派人员及其家庭的海外生活成本、当地物价情况、住房成本、子女教育费用、保险和个人所得税的缴纳、东道国对外派人员的税收优惠等因素挂钩。岗位方面的因素还可以细化为：岗位级别、外派任务难度、外派时间长短、是否加班加点等。

一般而言，外派人员的基本工资要高于东道国同级别的员工，但随着企业国际化程度的提高，东道国人员的劳动报酬也将逐步接近母国外派员工。

基本工资也是确定外派员工津贴和福利的基础。

（二）奖金

奖金是对员工基于某一段时间的业绩或者某个项目完成情况给予的奖励。外派人员的奖金发放涉及的主要问题有：是继续保留在国内时的现有奖金还是参加东道国的奖金项目；东道国的奖金项目是否与母国奖金项目有差异；外派人员的基本工资方案中是否补足了母公司和子公司奖金的差额；等等。

过去跨国企业经常性的做法是，第三国人员的基本工资和奖金往往低于母国外派人员，母国外派人员享受的某些津贴和福利第三国人员也可能享受不到。在国际化程度越来越高的今天，这种做法在逐步减少，一个基本发展趋势是第三国人员的报酬逐步接近母国外派人员的报酬。

（三）津贴

为保证外派人员的生活水准不低于在母国时的水平，跨国企业往往为其提供生活津贴。津贴通常只提供给母国外派人员和第三国员工以作为到海外工作的一种补偿。生活津贴主要包括：国外服务津贴、异地迁移津贴、探亲差旅津贴、子女教育津贴、配偶津贴、住房津贴、退税津贴和其他津贴（如申请驾照、办理签证、汽车维修、俱乐部费用等）。为了确定相应的津贴数额，跨国企业通常会请专业咨询公司提供不同国家最新的生活费用信息。

一般而言，外派人员的津贴数额为基本工资的 5％～49％。具体的数额往往随职位高低、任职时间长短以及税收政策变化等而发生变化。

（四）福利

福利是指员工所享有的、企业为员工将来的退休生活及一些可能发生的不测事件（如疾病、事故）等提供的保障，其费用部分或全部由企业承担。企业福利计划的直接目标是希望以此凝聚和保留员工。由于国与国之间存在很大差异，因此外派人员的福利管理比较复杂，医疗保险、养老金计划、人身意外伤害保险等在不同的国家有不同的标准。一般来说，跨国企业在设计外派人员的福利项目时，首先要解决以下问题：是否维持外派人员原先在国内的福利方案？是否让外派人员加入东道国企业的福利方案？外派人员是否愿意接受母国或东道国企业的社会福利？

大多数美国跨国企业的外派人员愿意保有国内的福利计划。在某些国家，外派人员也必须执行本国的福利计划。如果福利计划较为复杂，跨国公司可以咨询相应的专业机构，并将部分业务外包，以提高外派人员的福利管理效率。

此外，帮助外派人员适应当地生活的各种福利支持必不可少。相关研究表明，企业对外派人员的福利支持有助于他们在生活、工作以及人际交往方面更快适应。① 如通过当地社区组织提供家政服务；通过当地医疗卫生系统提供医疗和健康服务；通过当地商务或劳动组织帮助配偶求职；通过当地教育部门解决孩子上学问题；当遇到情感、工作角色压力或其他心理方面的问题，提供心理咨询援助；定期组织外派人员聚会，沟通交流文化隔阂等问题；确保舒适的生活环境（住宿、交通、通信、医疗及安全等）；提供合理的报酬和各种保险，让外派人员有经济和安全保障；安排合理的探亲假期和休闲假期，让外派人员可以定期与家人及朋友团聚，缓解思乡之情对工作的影响。

三、外派人员薪酬计算方法

跨国公司人力资源管理中对外派人员薪酬的计算主要有现行费率法、资金平衡法和全球支付法。

（一）现行费率法

现行费率法（going rate approach）是外派人员的工资报酬基于当地劳动力市场的比率，与东道国员工的工资结构直接相联系。跨国企业根据对东道国的薪酬调查，确立外派人员薪酬的参照点。一般用于比较的参照对象有三类：东道国员工（host country national）、同一国籍外派人员（same country national）、所有跨国公司的外派人员（all national）。比如，一家中国银行将在新加坡设立分行并外派人员，在确定新加坡分行外派人员薪酬标准时一般可以参照三类员工的薪资：当地类似岗位员工的工资水平、当地其他银行中国籍员工的工资以及当地所有外国银行员工的工资水平。采用这种方法时，如果东道国是一个低收入国家，那么跨国公司通常还要用额外的津贴和福利等来弥补外派人员因基本工资较低造成的生活水平降低。

现行费率法的优点主要有：一是体现了外派人员与东道国员工薪资的平等性。如果东道国是一个收入水平较高的国家，那么很容易吸引本国公民或第三国公民到东道国工作。二是使用起来较为简单，外派人员也容易理解。三是能较好地体现公平公正且有助

① 王玉梅，何燕珍．跨国外派管理实践对外派人员跨文化适应的影响：基于中国企业的实证研究．经济管理，2014（5）．

于当地员工认同外派人员。

现行费率法的缺点是：一是如果东道国的经济比母国不发达且薪资水平偏低，将可能影响外派人员的工作积极性（员工往往更乐意接受到发达国家的外派任命）；二是外派人员到发达国家的任期结束回到母国，他们又将难以接受比东道国低的薪资水平，这可能影响他们在母国的工作积极性。

具体实践方面，诺基亚公司就采取过现行费率法。

扩展阅读

诺基亚北京公司的薪酬体系

诺基亚认为，优秀的薪酬体系不但要求企业有一个与之配套的公平合理的绩效评估系统，更要在行业内具有良好的竞争力。为确保自己的薪酬体系在行业内具有竞争力又不会带来过高的运营成本，诺基亚在薪酬体系中引入了比较率（comparative rate）——诺基亚员工的平均薪酬水平/行业同层次员工的平均薪酬水平。为了让比较率保持客观性和及时性，诺基亚每年都会拨出一定的经费，让专业的第三方进行市场调查。根据这些客观数据，再对企业内部不同层次的员工的薪酬水平做适当调整，务求每一个岗位的比较率都能保持在1～1.2的区间内。

诺基亚启动了名为“人力投资”（invest in people，IIP）的项目：每年要和员工完成两次高质量的交谈。一方面要对员工的业务表现进行评估；另一方面帮助员工认识自己的潜力，告诉他们特长在哪里，应该达到怎样的水平，以及某一岗位所需要的技能和应接受的培训。通过IIP项目，员工可以清晰地感觉到，诺基亚希望员工获得高绩效并拿到高薪酬，不遗余力地帮助员工达到这个目标。另外，诺基亚将帕累托法则（80/20法则）运用到人力资源管理中，推崇重要员工管理理论（key staff management theory）。诺基亚的薪酬比较率随级别升高而递增，级别越高的员工，其薪酬越有行业竞争力，让高层次人员的稳定性有很好的保证，促进企业持续发展。

另外，诺基亚北京公司薪酬体系中的现金福利中，有一个排满中国节日的福利发放表，包括元旦、春节、元宵节、中秋节、国庆节等，还包括员工生日。现金福利项目表现出诺基亚对中国文化的理解与对中国员工的尊重，使员工们“受尊重、被确定”的组织认同需求得到满足。

资料来源：赵静，张应语．从在华知名企业看跨国公司薪酬体系及其本土化．商场现代化，2007（27）：309－311.

（二）资金平衡法

资金平衡法（balance-sheet approach）也称为资产负债表法，即外派人员的基本工资根据母国的工资结构决定，跨国企业通过各种经济补偿手段使外派人员维持在国内的生活水平，也称为以总部为准的支付体系。

资金平衡法首先需要计算外派人员的费用与国内同样工作的人员费用之差，然后提供一个与这一差额相等的一揽子薪酬补偿计划。这些补偿的内容包括食品、教育、搬迁、医疗保健等方面。

资金平衡法的优点是：第一，能消除外派人员因薪资不同而产生的不公平感；第二，外派人员回国时不会因国内外薪资差异过大而产生不平衡感。

资金平衡法的不足之处主要在于：第一，管理起来非常困难。由远在千里之外的母国来测算并管理外派人员在东道国具体的生活费用等事项难度较大。第二，很容易导致外派人员与东道国员工薪酬不一致，使东道国类似岗位的员工产生不公平感，影响这部分人的工作积极性。

（三）全球支付法

随着全球化的发展，为了解决全球任职报酬问题，一些跨国企业采取了全球支付法（也称为全球支付系统）。全球支付法（global payment approach）采用世界范围的工作评价和业绩考核方法，目的在于评价工作对跨国企业的价值并公平地支付国际雇员报酬。全球支付法与资产负债表法在一些方面具有相似性，仍然保留由于海外生活费用、税收、子女教育和住宅方面与母国的差别而支付的补贴。但是，全球支付法并没有对报酬加以平衡以保证外派人员维持在母国的生活水准。公司采用世界范围的报酬基准，对这一基准只进行必要的调整，其目的是减少对外派人员额外补贴造成的浪费，消除造成接受任职前后报酬差异的因素，从而促进所有长期国际骨干的报酬平等。全球支付法顾及外派人员全球范围内的收入平等，使管理者在国与国之间迁移，其生活方式只受到最低限度的影响。Seagram 公司的国际薪酬采取的就是全球支付法。

扩展阅读

全球支付法

韬赛咨询公司 2001—2002 年的全球薪酬调查研究报告显示，越来越多的公司为了保持竞争力，正在采用全球支付法。实施这种统一的报酬支付方式的目的在于通过规模经济实现成本节约，并在公司内部可比较的职位之间实现内部平等。随着员工有机会得到关于其他公司的薪酬信息，全球支付法受到支付方式日益增强的透明度的推动。Seagram 公司采用的就是全球支付法。

该公司是一家国际化公司，它成立于加拿大，人力资源部位于伦敦，CEO 居于纽约。Seagram 公司收入的 65% 来自北美以外的地区，其 1 万名职员分布在 60 个不同的国家。这家公司需要经验丰富、敬业的跨国管理者而不论他们是欧洲人、亚洲人还是美洲人，当公司需要有变时，跨国管理者都能轻松有效地在国与国之间流动。为了促进其跨国战略，这家公司最近制定了一个名为“国际骨干政策”的国际报酬计划，这个计划起着“全球凝聚力”的作用。

这项报酬政策适用于国际骨干中 1 000 多名全球管理者。国际骨干的成员并不是那类在任职结束后就想返回美国或其母国的典型外派人员，这些管理者期望他们的整个职业生涯都在国际职位上度过。

国际骨干报酬体系源于一个全球工作评估系统，保证同工同酬。为了在不同地区间平衡这个报酬体系，Seagram 公司实行了一个支付系统，它将管理者的报酬置于当地报酬的最高级别。管理者为维持这种报酬级别，必须实现利润绩效目标。所有的奖金都是按照基本工资的百分比来计算的。

资料来源：库伦，帕伯替阿．国际企业管理：战略要径：第 3 版．北京：清华大学出版社，2007：425.

小 结

本章主要讲述跨文化人力资源管理问题。从跨国企业人力资源规划、外派人员招聘选拔、跨文化培训、跨文化绩效考核、国际薪酬等方面进行阐述。

跨国企业人力资源规划的基本程序包括国际人员资源状况检查、国际人员需求预测、国际人员供给预测、起草国际人力资源供需匹配计划、执行国际人力资源规划并对规划进行监控、评估人力资源规划等。

在招聘方面，一般可以采用以下四种方法为海外企业配备人员：民族中心法、多中心法、地区中心法、全球中心法。

外派人员的选拔标准是外派人员能否成功开展工作。可以将外派人员选拔的标准归为如下几个：专业技术能力；跨文化交际能力；语言能力；外派人员的出国动机；外派人员性别、年龄、婚姻及其家庭状况。外派人员的选拔方法主要有面谈、标准测试、评估中心、个人资料、工作样本、推荐等。

有许多因素影响跨国企业海外子公司的绩效指标，主要包括：总公司在海外的整体竞争战略；经营环境的多变性；地理和时间因素；国际企业发展阶段。外派人员的绩效标准包括硬指标、软指标（工作行为和态度）。文化差异、总部的支持与承诺、东道国外部环境、文化适应、外派人员的人格等因素是影响外派人员绩效的主要因素。

跨文化培训方式是跨文化培训设计的重要内容之一，它直接影响跨文化培训的效果。派往的国家不同、企业对外派人员跨文化技能要求的差异、外派人员跨文化认知和跨文化敏感性的差异等因素决定了企业对外派人员跨文化培训采用不同的培训方式。事实法、分析法和体验法是三种主要的跨文化培训方式。

跨文化培训的内容主要涉及跨文化认知、情感和行为三个维度。

从国际企业层面看，国际薪酬政策既要考虑跨国企业的需要，又要考虑员工的需要。一般而言，外派人员的薪酬福利主要由基本工资、奖金、津贴和福利构成。

跨国企业人力资源管理中对外派人员薪酬的计算方法主要有现行费率法、资金平衡法和全球支付法。

关键术语

跨国人力资源规划（international human resource planning，IHRP）

跨文化管理能力（cross-cultural management abilities）

跨文化培训（cross-cultural training）

人力资源本地化（localization of talents）

现行费率法（going rate approach）

资金平衡法（balance-sheet approach）

全球支付法（global payment approach）

思考题

1. 简述跨国企业人力资源规划的基本程序。

2. 跨国人员招聘和选拔有哪些基本方法？其基本含义是什么？各有什么优缺点？

3. 外派人员的筛选有哪些标准？

4. 外派人员的筛选手段主要有哪些？

5. 简述东道国员工的筛选目的。

6. 影响海外子公司绩效目标的因素有哪些？

7. 外派人员绩效评估指标体系主要包含哪些方面？影响外派人员绩效标准的因素有哪些？

8. 阐述影响外派人员工作绩效高低的因素。

9. 什么是跨文化培训？如何做好跨文化培训？

10. 外派人员启程前培训主要有哪些方面？

11. 简述跨国企业制定国际薪酬政策的目标。

12. 简述外派人员薪酬的构成。

13. 简述外派人员薪酬中资金平衡法、现行费率法的含义及其优缺点。

14. 全球支付法的优点主要体现在哪些方面？

案例分析

中鼎国际的跨文化人力资源管理

随着“走出去”战略的实施，中信、中建、中铁等央企进入国际市场。与这些企业不同的是，中鼎国际建设集团有限责任公司（以下简称“中鼎国际”）开辟了一条既具有中国特色又另辟蹊径的跨文化人力资源管理道路。

中鼎国际是江西省投资集团所属企业，是集工程施工、矿产资源开发、房地产开发、劳务输出、国际贸易于一体的综合性跨国经营企业。其前身萍乡矿务局出国办公室于1990年开始组织赴阿尔及利亚分包水利灌溉工程，从此走上海外创业发展之路，到2006年12月，萍乡矿业集团将旗下的国外工程公司、建筑安装公司、房地产公司、设计院、矿建公司五家单位整合正式组建中鼎国际。经过多年的海外风雨历程，中鼎国际成为全国第一家到海外承包工程的煤炭企业，全国第一家在海外投资煤矿的企业，世界第一家在印度尼西亚这个煤炭大国以井工方式开采煤矿获得成功的企业。

中鼎国际针对一般国家对国外承包商往往会设置一定技术和市场障碍等情况，为充分利用当地人力资源和政策法律环境，降低企业运营成本，规避经营风险，中鼎国际以文化融合为先导，推进人力资源属地化管理。

1. 制定人力资源属地化配置方案

在对所在国及第三国政策、国情、文化进行研究分析的基础上，结合企业自身、所在国所在地、第三国劳务等实际情况，制定相应的人力资源属地化配置方案并对海外项目进行分类指导，采取案例分析、经验交流等方式进行推广。中鼎海外项目聘用所在国和第三国人员，通过人力资源属地化管理取长补短，减少沟通障碍，提高劳动效率，促进项目顺利实施。以印度尼西亚朋古鲁煤矿投资项目的人力资源属地化配置方案为例，项目部根据印度尼西亚政治环境较为稳定、劳动力资源丰富，国民工作勤勉度相对较高，以及每输入一个中国员工必须同时雇用4名当地员工的规定，针对印度尼西亚在煤炭井工开采技术及安全管理方面处于空白的现状，按管理人员、专业劳务两个层次制定相应的人力资源配置方案。

（1）管理人员。选聘当地有一定知识水平和管理工作经验的人员担任人力资源相关部门的管理人员。加强对他们的培训，使他们尽快熟悉和适应中国企业的管理文化和管理模式，明确中鼎的企业目标和企业文化，充分发挥他们熟悉当地政治、经济、财税、法律、技术标准和文化习俗，具有信息和人脉关系等优势管理属地员工，使项目在当地站稳脚跟甚至进一步拓展市场。

（2）专业劳务。印度尼西亚在煤炭井工开采技术及安全管理方面均是空白。中鼎国际坚持相应的跨文化管理指导原则，组织国内专业技术人员采取“师带徒”的方式，以实际操作为主进行针对性的专业培训，培训出了一大批井下采掘、皮带、溜子工、钳工、电工、挖机司机等岗位的印度尼西亚员工。现在印度尼西亚员工超过了中国员工人数，形成了一支符合煤矿生产安全要求的相对稳定的专业劳动力队伍。

2. 将文化培训作为人力资源属地化管理第一要务

中鼎国际海外项目部注重利用各种会议和工作中的具体案例，对全体员工尤其是属地员工和第三国员工进行文化敏感性培训。将中外具有不同文化背景的员工集中在一起进行专门培训，打破他们心中的文化障碍和角色束缚，增强他们对不同文化环境的反应和适应能力。

（1）文化宣贯。将中鼎国际项目管理制度、行为规范、统一的企业形象识别系统以及中国员工认可的“吃苦耐劳、执着奉献、诚信合作、创新担当”等基本文化要素，通过现场展示、培训宣贯、舆论引导、模范人物的榜样示范，以及规章条例、奖惩制度、管理方式等制度约束，变成项目所有员工共同认可的价值观，变成中鼎各国员工在法律劳动契约之外的一种心理契约，成为整个项目组织的基本观念和文化，外籍员工也逐渐适应并慢慢地成为该文化的执行者和维护者。

（2）工作环节和管理制度培训。以情景模拟关键工作环节的方式对属地员工进行培训，让员工学会处理问题和困难的方法，并有意识地按中鼎文化的特点思考和行动，提高员工的适应能力。针对性地对出勤奖励、薪酬评级、先进评选等激励措施和缩短试用期和合同期、规范评级考核等制度进行培训，引导外籍员工逐步适应、自觉遵守中国式的项目作业作息方式。

（3）语言学习。中鼎国际海外项目部还会因地制宜地开设语言学习课程，让外籍员工与中国员工相互教学，在学习中增进交流。教学内容力求实用，包括日常用语、手势、符号、礼节和习俗等，以提高中外员工对不同文化的适应能力。以阿尔及利亚奥兰项目部为例，同一个项目部就开设了法语、汉语等四种语言课程。

3. 注重与外籍员工的人文情感交流

（1）尊重外籍员工的宗教信仰。

（2）到外籍员工家中走访慰问。在驻在国传统节日期间，项目部（组）会组织人员到被评为企业先进或者家庭生活困难的外籍员工家中进行走访慰问，这种让外籍员工感受到人文关怀和温暖并让其友邻四舍称赞羡慕的做法，不仅让外籍员工更加认同中鼎国际，而且让更多的驻在国家庭认识了解中鼎国际，甚至主动找到项目部要求到中鼎国际来工作。

（3）组织中外员工广泛参与文化活动。中鼎国际的海外项目部（组）会结合自身条件，因地制宜组织各种类型的有利于中外员工增进友谊、相互交流的文娱活动。以阿尔及利亚为例，中鼎国际的10多个项目部（组）每年轮流举办的职工篮球赛不仅是中外员工相互配合并肩作战的体育活动，更是中外员工在紧张的工作之余相互交流的盛会。

4. 对第三国劳务人员采取两度融合凝聚

为降低劳动力成本，中鼎国际大胆尝试从越南等第三国招聘熟练劳务人员直接派往阿尔及利亚等项目所在国从事劳务。为处理好多元文化背景下的文化融合，中鼎国际在管理上采取与第三国劳务公司相互配合支持的方式，进行两度融合凝聚，消除沟通障碍，提高劳动效率。

（1）加强与第三国劳务公司合作前期沟通洽商。商定合作模式，理清出境手续的办理流程，确定劳务人员薪酬发放方式，并着重提醒注重不同文化背景下的文化融合，提供相关资料让第三国劳务公司对劳务人员进行文化融合培训，使之尽快熟悉适应中鼎国际的管理模式以及项目驻在国文化环境。

（2）加强对第三国劳务的招聘考核。由中鼎国际劳务部门组织专家对第三国劳务人员进行思想、身体等方面的面试和劳动技能考核。

（3）加强第三国劳务人员的薪酬管理，对熟练的第三国劳务人员实行计件工资。由中鼎国际劳务部门向第三国劳务公司发放其劳务人员的薪酬，以利于对其管理控制。通过有计划培训使第三国劳务人员技能不断提高达到项目部要求后，即采取计件工资制，让第三国劳务人员通过辛勤劳动获得更多的收入，进一步调动其工作积极性。

（4）充分利用驻在国司法力量处理第三国劳务人员内部的矛盾纠纷。越南劳务人员思想较为活跃，内部有时会因酗酒等各种原因产生纠纷，项目部利用驻在国警察等司法力量出面处理纠纷，不仅较好地维护了项目部制度的权威性，而且避免与第三国劳务人员直接冲突。

（5）组织第三国劳务公司管理人员到驻在国考察。通过现场有说服力的充分沟通，使其进一步理解、支持、认可中鼎国际，调动其与中鼎国际继续合作的积极性。

5. 评选和优待外籍劳模，发挥其影响和辐射作用

中鼎国际自2011年开始在全国首开先河，常态化在所在国普通员工中评选外籍劳模和最佳合作伙伴，给予他们超常的待遇，以他们的亲身感受和示范作用，聚集大量的外籍员工安心在中鼎国际项目努力工作，让所在国社会各界对中鼎国际、对中国更加了解和认同，提升中鼎国际在所在国的品牌影响力和市场竞争力。

（1）邀请他们到中国总部接受表彰，并安排到北京、上海、广州等地旅游观光。既让他们分享中国现代化建设的巨大成就和感受中国文化，又让他们对中鼎国际企业的实力和文化有了更深的认识。

（2）将他们在中国的活动拍摄照片和视频资料，由海外经理部联系所在国主流媒体进行报道。以传播中国文化和中鼎国际企业文化，进一步扩大活动影响。

（3）外籍劳模回国后不仅更加认真工作，而且现身说法、口口相传在中鼎国际项目工作能拿到在当地较高的薪酬，受到中国管理者的尊重，表现优秀还能出国受表彰，进

一步发挥外籍劳模的影响和辐射作用。

资料来源：地方国有企业海外项目跨文化管理．江西省企业家协会网站，http：//www.jxqlw.org/Html/newslist/？4-2726.html，2015-12-22.

［问题］

1．中鼎国际的跨文化人力资源管理举措中有哪些是与本章内容一致的？哪些是有特色的地方？

2．中鼎国际的海外项目多在一些不发达的国家或地区，你认为这些跨文化人力资源管理举措也适用于发达地区的项目吗？为什么？

第9章

跨国管理者的出国与归国

学习目标

- 了解跨国企业海外派遣的必要性和循环过程
- 熟悉跨文化震颤及其适应过程
- 了解逆文化震颤的原因
- 掌握提高外派成功率的几个关键之处

引　例

南航新疆分公司德黑兰办事处销售经理辛星驻外百味

伊朗和中国的饮食文化相差极大，伊朗当地餐饮结构较为单一，蔬菜的种类甚少，这让辛星很不适应。夏季的德黑兰，基本上没有雨水的眷顾，平均气温在43°左右，此外还有时差、风俗习惯等差异，都需要在这里的驻外工作人员花很大精力适应。

对于一个完全陌生的环境，沟通障碍无疑是最大的困难，辛星刚到伊朗的第一天，面对迎接他的当地员工，除了见面时几句简单的问候之外，其余混搭着波斯口音甚至波斯语的英语都让他似懂非懂，几乎没有办法进行正常沟通。面对这样的挑战，辛星变压力为动力，从第一天上班开始，尽可能主动与当地员工交流，即用手势、图画多种方式努力去尝试，勤奋让他在短期内沟通能力有了很大进步。不仅是语言沟通，心灵的沟通也是营销工作的一个重要方面。一次，一位旅客在现场出票后发现身上所带现金还差300美元，对这样一个素昧平生的旅客，辛星犹豫了一下还是决定先将票款帮旅客垫付。过了三天，旅客通过同事将钱归还给辛星，辛星得知该旅客是中国知名企业华为公司的员工，接下来的几个月，这位旅客主动联系辛星订票50余张。

资料来源：刘化伟．南航新疆德黑兰办事处销售经理辛星驻外百味．民航资源网，http：//news.carnoc.com/list/166/166496.html.

引例描述的是海外派遣人员在东道国的生活和工作的小片段。对他们来说，国外的世界是陌生的，在那里他们永远有一种“非本地人”的感触。没有家乡的味道，大部分人用他们听不懂的语言进行交流。在陌生的文化中，尽管有时候能交到朋友，但自己很难真正融入他们的生活。他们每天在母公司的国外分支机构中工作，处理公司的管理和技术性问题。虽然通常他们能比在家乡享受到更高的薪酬和福利待遇，还能在海外的职业生涯中增长自己的技术能力和管理才干，但大多数人都怀着终有一日能回到家乡的美好愿望。这就是外派人员的生活。

对公司来说，外派人员是拓展海外业务的关键人物，是保持公司与海外分支机构联系的重要纽带，也是让中华文化走向世界的传播者。习近平总书记指出，要“把跨越时空、超越国度、富有永恒魅力、具有当代价值的文化精神弘扬起来，把继承传统优秀文化又弘扬时代精神、立足本国又面向世界的当代中国文化创新成果传播出去”①。一名成功的外派人员能使母公司大大受益。母公司很容易忽视一个非常重要的问题——外派的成功需要母公司作外派前的准备、外派中的支持以及帮助外派人员成功地回归（归国），以保证外派职位的吸引力。本章深入阐述外派的必要性、外派的过程、跨文化震颤和归国的管理等问题。

第 1 节　外派概述

一、外派的必要性

总体来说，外派管理者的总收入通常是国内管理者的 3～4 倍。跨国公司除了要支付高额的外派人员薪酬之外，还需要为他们提供诸如高级别墅或者高级公寓等。这不仅是为了弥补东道国与母国生活水平的差异，给予外派人员心理上的慰藉，而且有利于维护跨国企业的形象。很多跨国公司还为外派人员提供高级会所的会员资格，日本的跨国公司甚至有为外派人员提供高级高尔夫会所会员资格的惯例。除此之外，跨国公司还需为外派人员提供探亲、子女教育、交通等众多项的津贴。图 9－1 是美国国务院提供的一个以华盛顿特区生活费用为基准的外派管理者生活费用的对比指标。

外派人员驻外工作的一个经常被提到的问题是外派失败。外派失败（expatriate failure）是指外派人员过早返回，也就是说在任期没有结束就回国。② 如果外派失败，跨国公司需要承担的损失远远高于国内雇用失败的损失。Tungli 和 Peiperl（2009）的研究表明，对于跨国公司而言，一个外派人员没有完成任务而提前回国的损失平均为 198 000 美元。

① 习近平．加强文化遗产保护传承 弘扬中华优秀传统文化．求是，2024（8）.

② 赵曙明，道林，韦尔奇．跨国公司人力资源管理．北京：中国人民大学出版社，2001：63.

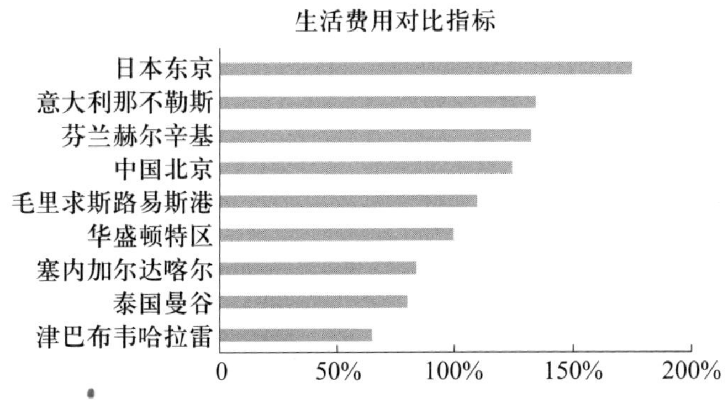

图 9-1　外派管理者生活费用的对比指标

资料来源：Adapted from data reported by the U. S. Department of State，2003.

尽管如此，很多跨国公司仍将外派作为管理海外分支机构的一个重要手段，赋予其重要的战略地位。究其原因，主要有以下几个方面。

（1）企业成功的国际战略离不开外派人员对全球信息的收集。跨国公司需要考虑全球市场的资源、环境以及顾客特征制定自己的发展战略。与国外分支机构汇报到母公司的信息相比，外派人员所收集到的信息更契合母公司的战略发展需要。与短期访问的人员相比，海外人员任职的时间较长，他们有足够的时间收集复杂的信息。跨国公司的发展需要具有全球眼光的管理者，他们理解国外的顾客、国外的政府，对国外市场的潜力有更透彻的了解。全球任职让外派人员能够掌握关于国外市场的关键细节信息，外派管理者对于当地市场有更深入的了解。①

（2）传递母公司的组织文化。一些组织希望外派员工可以作为组织文化的传递者。它们认为这些雇员长期受组织文化的熏陶，能够将组织的核心价值观传播到其他国家的分支机构中。母公司希望其组织文化、成功的管理经验、方法能够在国外分支机构得到复制，这不仅是为了提高海外机构经营业绩，也是为了保证分散在世界各地的分支机构能够整合起来。母公司的外派人员无疑是母公司组织文化传递的重要媒介和纽带。

（3）监管的需要。与当地员工相比，外派人员更有可能看重本公司的利益，他们更愿意服从母公司的领导，会给母公司更少的压力。外派人员的职业发展更多地贴近母公司的需要，他们不会像当地雇员那样更多地支持东道国政府的政策而不顾及母公司的利益。有些公司认为，外派人员可以帮助母公司对东道国的公司进行财务上的监管。

（4）学习的需要。徐笑君②认为中国企业国际化时间较晚，多数企业的国际化还处于成长与发展时期，国际经营管理经验不足，技术上处于追随者地位。中国企业派大量员工到海外子公司或办事处任职，不仅需要他们经营管理海外子公司，而且希望他们能学习东道国的政治、经济、文化和市场知识，学习先进的国际经营管理经验和技术，回国后将其转移到母公司，进而推动企业的国际化发展。因此，中国企业向海外子公司或

① 库伦，帕伯替阿．国际企业管理：战略要径：第 3 版．北京：清华大学出版社，2007：414.

② 徐笑君．外派人员跨文化沟通能力对工作绩效的影响研究：专业知识学习的中介效应．研究与发展管理，2016，28（4）.

办事处外派员工既是一种控制机制或者协调机制，又是一种知识学习和转移机制。外派人员在海外派遣期间，学习效果如何不仅影响他们本人的工作绩效，而且影响中国企业国际化战略能否成功实施。

二、外派人员的外派全过程

离开母公司所在的国家，外派到东道国任职，外派人员的驻外生涯经历了如图 9－2 所示的循环。该循环始于母公司对外派人员的招募和筛选。确定了候选人的范围后，公司要确定候选人在多大程度上适合外派，候选人也要确定是否接受外派的任务。接下来是对外派人员进行文化技巧、语言等适应东道国生活的培训。之后，外派人员就在家人的陪同下开始了他们的国外履职生涯。履职结束后，外派人员重返母国。总体上说，外派的全过程包括：国内准备、国外履职以及重返母国三个阶段。其中容易被跨国公司忽略的就是“重返母国”（归国、回国）这一阶段。

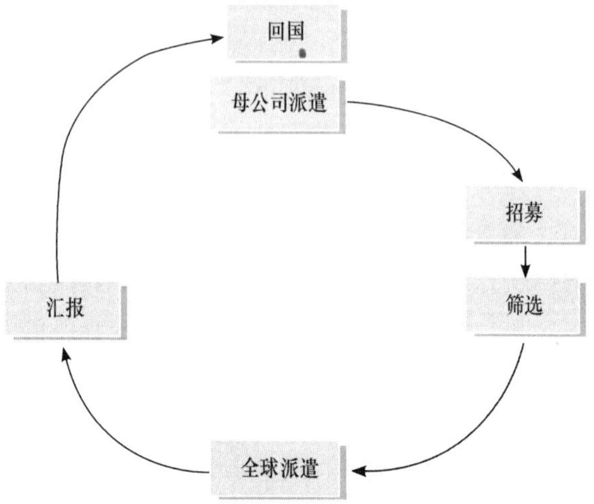

图 9－2　外派人员外派生涯经历

资料来源：南希·阿德勒．国际组织行为：第 4 版．北京：北京大学出版社，2004：174.

美国国际人事管理协会（American Society of Personnel Administration International，ASPAI）建议跨国公司实施全面的计划，包括三个步骤：准备、适应以及归国（回国）。如图 9－3 所示，这些内容反映了跨国公司外派的主要内容。公司可以依据这三个步骤来开展跨国外派活动。

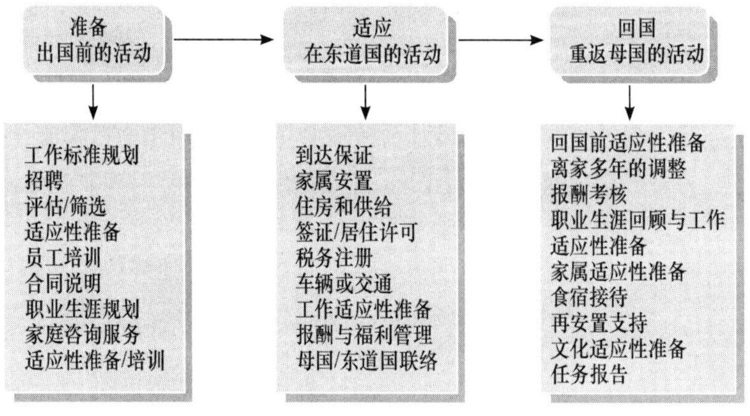

图 9－3　全面外派计划的组成部分与活动

资料来源：霍尔特，维吉顿．跨国管理：第 2 版．北京：清华大学出版社，2005：386－387.

第 2 节　海外派遣的跨文化震颤

一、跨文化震颤与适应的阶段

在踏上异国土地的那一刻，外派人员便开始了他们的驻外生涯。在外派的初始阶段，外派人员对于他们的新工作、新生活充满了向往，因异国与众不同的环境而激动。一段时间过后，生活的琐事开始慢慢磨损这种新鲜快乐的感觉。不知道该到哪里去购买自己需要的物品，不熟悉交通线路，也不知道该怎样叫到出租车。也许这个城市没有可供周六休闲的酒吧，陌生的邻居让他们感觉被孤立。在上述焦虑和挫折感中磨合了一段时间后，外派人员开始慢慢适应陌生的环境，情绪也开始好转，开始有效地工作。

多年前，奥伯格（Oberg）提出了外派人员经历的跨文化情感适应的四个阶段，分别是：蜜月阶段、危机阶段、恢复阶段和适应阶段。蜜月阶段，主要的情感是最初的陶醉和狂热。危机阶段，突出的特征是混乱、挫折和焦虑。这时外派人员会经历一种“文化震颤”的现象，即在新的文化环境中外派人员失去熟悉的社会交往的符号和象征而产生焦虑和挫折。这种消极的态度会持续数月之久，外派人员的情绪坠入低谷。此后，外派人员开始了对新文化的适应。危机阶段之后是恢复阶段，找到了在新环境中解决问题的方法，然后进入适应阶段。

切里（Cieri）等将外派人员的文化调整和适应过程分为如下几个阶段：情绪高涨阶段、情绪低落阶段、心情好转阶段、适应新环境阶段，如图 9－4 所示。其中关键是情绪低落阶段。在情绪低落阶段，新工作环境让外派人员感到不适应，外派人员的情绪低落，导致外派人员对环境的评价都是消极的。外派人员如何以积极有效的方式来调整好自己的心态适应新环境对其完成任务和工作成效有重要影响。

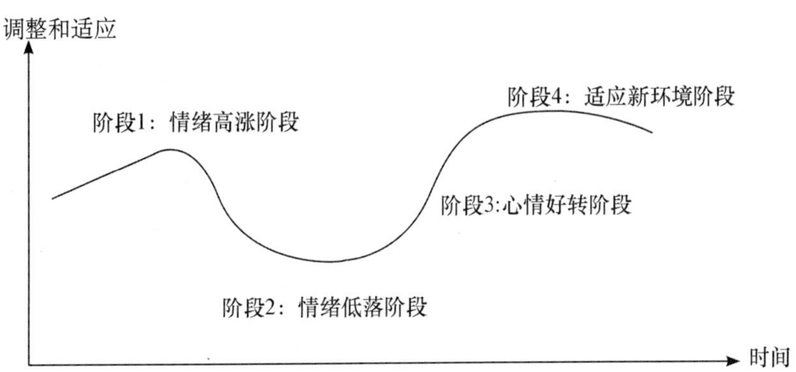

图 9－4　外派人员的文化调整和适应过程

资料来源：De Cieri H，Dowling P J，Taylor K F. The Psychological Impact of Expatriate Relocation on Partners. The International Journal of Human Resource Management，1991，2（3）：380.

有证据表明，由于不能适应当地情况而提前回国的经理及其家庭已经成为跨国企业的一个沉重负担，有20%～50%的公司外派人员由于不能良好地适应当地社会文化环境而提前回国。① 在跨文化适应问题上许多跨国企业付出了巨大的代价。

跨文化接触会影响人的适应能力，影响跨文化适应的因素有内外部因素。外部因素包括生活变化、旅居时间、社会支持、文化距离、歧视与偏见等；内部因素包括认知方式、外派动机或意愿、应对方式、人格、与文化相关的知识和技能以及人口统计学特征。表9－1总结了跨文化适应的这些内外部因素。

表9－1 影响跨文化适应的内外部因素

外部因素	生活变化	一系列给外派者带来压力的生活变化
	旅居时间	跨文化接触的时间长度对适应的影响
	社会支持	来自同胞和当地社会成员的支持
	文化距离	外派者母国文化与当地文化的距离
	歧视与偏见	当地社会对外派者的态度
	母国支持	来自母国的支持，如选拔机制和标准、跨文化培训、后勤支持以及精神支持等
	角色转换	工作角色转换的问题，如角色差异、角色权限、角色模糊性、角色冲突等
	家属适应	所携带家属对当地文化、生活、教育等的适应情况
内部因素	认知方式	对跨文化接触的认知，如期望
	外派动机或意愿	外派人员被外派的意愿程度
	人格	如内向或外向、“大五”人格
	与文化相关的知识和技能	与跨文化接触联系在一起的知识和技能
	应对方式	采用何种方式对待文化适应带来的压力
	人口统计学特征	性别、年龄、受教育程度、婚姻状况等

资料来源：陈慧等．跨文化适应影响因素研究述评．心理科学进展，2003（6）：708；王玉梅，何燕珍．跨国外派管理实践对外派人员跨文化适应的影响：基于中国企业的实证研究．经济管理，2014（5）．

每个外派人员体验到的跨文化适应和文化震颤的强度并不相同。有一些外派人员可能最终无法认同东道国的文化，也不能很好地适应，他们很少与东道国人员一起休闲，生活在一种自我优越感中。一些外派人员处于另一个极端，他们接受当地的文化，与东道国人员能很好地相处，并渐渐被当地人同化。总部和其他外派人员常常会谴责他们的“入乡随俗”，因为他们有时过于为东道国组织和雇员的利益考虑，使总部担心他们会忽视总部的利益，并在交付他们任务时感到压力。虽然有研究显示，那些与东道国国民发展了关系的人比那些保持距离的人更容易获得成功，但是最成功的外派者不属于这两种类型的人。②

对于文化震颤，不同外派人员的感触是不同的。越是成功的外派人员感觉到的文化

① Black J S. The Relationship of Personal Characteristics with the Adjustment of Japanese Expatriate Managers. Management International Review，1990，30（2）：119－134.

② 莫妮·泰耶．跨国管理：理论与实践．北京：中国社会科学出版社，2006：272.

震颤越强烈，那些效率不是很高的外派人员反而没有感觉到很强烈的文化震颤。有经验的外派人员感觉到强烈的文化震颤正是尝试适应文化差异的表现。文化冲突不一定是负面的，它是外派人员面对文化差异并将自己融入新文化的自然反应。

二、外派的压力和应对策略

（一）压力

在工作中，外派人员常常会抱怨组织对他们的支持太少，当地的组织对他们不够理解，把他们看作母公司派来的监管人员，他们又觉得自己被母公司遗忘。①

在生活中，配偶可能中断了自己的职业生涯来到东道国，他们常常会受到东道国政府工作限制规定的制约，即使找到了工作，报酬和兴趣也无法与国内的工作相比。国际人力资源管理咨询公司温达姆国际（Windam International）的调查显示，只有21%的配偶参加了外派的面试，只有半数接受过跨文化培训，配偶的跨文化适应能力多半都被跨国公司忽略了。外派人员在自身无法很好适应的情况下，还要担心配偶的适应问题。也有一些双职工夫妇决定暂时各行其路，公司可以为其提供探亲补助，方便团聚。外派也难免会带来子女教育中断问题。新的学校的教育思想和进程可能与国内大相径庭，如果他们不付出比同龄人更多的努力，就很可能落在后面，这对父母来说是非常难接受的。由于文化教育的差异，孩子很可能在新环境中很难交到朋友，例如日本家庭来到美国，通常会将自己与美国的家庭隔离开来，以免自己的孩子受到美国文化的不良影响。这种社会交往的缺失很可能对孩子的个性发展带来负面影响。

（二）应对跨文化差异的策略

成功应对文化差异带来的冲击需要利用一些有效的缓解压力的策略。很多成功的跨文化管理者都倾向于利用一种叫做“稳定地带”的策略。他们将工作和生活隔离开来。在工作时，他们明确自己的责任，将精力集中在母公司交付的任务上，这时他们需要花费精力，努力融入新文化。在生活中，适应新文化的努力也是必要的。然而，有些时候，他们也将自己从这种适应的努力中抽身出来，完全回到母国的文化中，以创造一种“稳定地带”来放松自己。比如，去本国人开的酒吧、只和本国人交谈、到本国人开办的俱乐部等。

最常见的“稳定地带”是公司提供的俱乐部会员资格。众所周知日本公司为员工提供昂贵的高尔夫会员资格。美国、澳大利亚以及加拿大的外派者被吸引到所在国的健身俱乐部。在中东工作的德国驻外人员定期聚集在希腊或意大利的海滩胜地，享受“啤酒节”的乐趣或者庆祝欧洲的节日。有时公司还会为雇员提供探亲以及去东道国之外的国家度假的机会。有些公司会将外派者的家安置在大多数住户都是母国人居住的社区里。总之，外派人员需要“稳定地带”来帮助他们度过文化震颤的情绪低迷期，使他们在外

---

① 查尔斯·W. 希尔. 国际商务：全球市场竞争. 北京：中国人民大学出版社，2002：660.

派期间达到情绪上的平衡，公司对于“稳定地带”给予的支持能够在很大程度上为外派人员提供帮助。

三、外派失败的原因

尽管为了让外派人员在国外更好地适应公司付出了高额的费用，但还是会有很多的外派以失败告终。广义上说外派失败可以被定义为：外派经理提早回国。① 外派失败的标准多是主观的、相对的，没有一个公认的标准。对于公司来说，外派失败可能是外派人员在东道国的业绩没有达到公司期望的水平；或者公司派遣管理人员到海外就职是为了增强其国际管理经验，但由于种种原因，例如不适应或者过度适应，外派的管理人员没能获得公司所期望的成长；也有可能是外派人员的家属无法适应，造成了外派者提早回国。对于外派人员来说，外派失败可能是回国后职业生涯发展受阻，也可能是配偶中断了自己的职业生涯，回国后没能继续原来期望的职业道路，或者是家庭的另外一些问题。

2000年，福斯特（N. Foster）在所写的《国际经理人》一文中指出，从心理上说，让大多数人都能妥善处理外派带来的混乱以及巨变是不可能的。也有研究指出，外派失败归根结底是因为外派公司和外派人员的准备不足。②

研究显示，在美国派往国外子公司的员工中，有16%～40%的员工提前离职，提前回国的概率更是高达70%。③ 在那些平均年薪在25万美元以上的美国外派人员中，大约有30%～50%被公司认为外派无效或者勉强有效。④ 据估计，在过去的几十年中，美国和加拿大外派人员的失败率为25%～40%。特别是外派到发展中国家的外派经理，失败率高达70%。对于欧洲公司的研究显示出低得多的失败率，从瑞典公司的3%到法国公司的14%，平均10%的欧洲经理人提前结束任务或被召回。在对日本跨国公司的一项研究发现，日本外派经理人的失败率大约只有5%。⑤

唐（Tung）在研究中对各国的外派失败的原因进行了总结。⑥ 美国跨国公司外派失败的原因按照重要性排列如下：

（1）配偶难以适应。

（2）外派者本人难以适应。

（3）其他家庭问题。

（4）外派者个性和情感的成熟度。

---

① Black J S, Mendenhall M, Oddou G. Towards a Comprehensive Model of International Adjustment. Academy of Management Review, 1991 (16): 291－317; Shay J, Bruce T J. Expatriate Managers. Cornell Hotel & Restaurant Administration Quarterly, 1991: 30－40.

② Foster N. The Myth of the “International Manager”. International Journal of Human Resource Management, 2000, 11 (1): 126－142.

③ 查尔斯·W. 希尔. 国际商务：全球市场竞争. 北京：中国人民大学出版社，2002：657.

④ Black J S, Mendenhall M, Oddou G. Towards a Comprehensive Model of International Adjustment. Academy of Management Review, 1991 (16): 291－317.

⑤ 霍尔特，维吉顿. 跨国管理：第2版. 北京：清华大学出版社，2005：385.

⑥ Tung R L. Selection and Training Procedures of U.S., European, and Japanese Multinationals. California Management Review, 1982 (25): 57－71.

（5）难以担当起跨国职责。

日本公司外派失败的原因有以下几点（依然是按照重要性顺序）：

（1）难以担当起跨国责任。

（2）难以适应新环境。

（3）个性或情感问题。

（4）缺乏技术能力。

（5）配偶难以适应。

对于欧洲的外派人员而言，他们一致认为外派失败的原因只有一个，那就是外派者的配偶无法适应新的环境。①

从以上结果我们可以看出，适应问题是外派成功的关键，无论是外派人员自己的适应问题还是配偶的适应问题。在美国和欧洲的外派人员的调查中，配偶的不适应是外派失败的最主要原因。对于日本的外派经理人员来说，配偶难以适应也是重要原因之一，之所以其重要性比较靠后，唐认为可能是因为日本的外派人员大多是男性，日本女性的地位比较低。一家人力资源管理咨询公司——国际定向资源（International Orientation Resource）的研究表明，60%的外派失败都是由配偶与外派者无法适应环境及其家人无法适应环境导致的。② 在唐之后也有大量研究证实了这一情况。

大多数外派人员的配偶是女性，在外派过程中，大量的迁移工作都是由配偶完成的，例如孩子教育档案的转移、家庭的搬迁、新家的安置等。如果配偶有工作，她的职业生涯通常会被完全割断，一些移民法规中对配偶就业的禁止条款更加剧了这一问题。她们离开了朋友和亲人，在一个陌生的环境中，为外派的丈夫承担很多的后勤工作。丈夫还有工作，他们会得到跨国公司的支持，对配偶的支持却被忽略了。当然也有一些公司认识到，对外派人员家庭适应国外生活的支持既有必要，又很合算。有时很少的支出就能够大大提高外派人员的外派成功率。例如，通用电气、美国电话电报公司、ABB公司以及英特尔公司，它们为外派人员提供了全面的家属计划，让妻子和子女参加管理国外公司委任的会议，参加对她们及其丈夫进行评估的筛选计划，让她们参加委员会的面试，并且给她们提供专门为家庭事务设计的定向培训。研究显示，仅有5%的跨国公司为妻子提供了支持和适应性培训。③

不适应是外派失败的主要原因，也反映了跨国公司在筛选外派人员时存在的问题。在筛选时，偶然因素、个人喜好可能决定了谁会成为外派人员，即使有公平的筛选机制。经验显示，跨国公司过多地注重技术能力、管理能力和语言能力这些会带来外派成功的因素，但忽略了那些会造成外派失败的隐患。如果文化适应能力不强，或者家庭的适应很困难，即使有处理海外公司业务的能力，可能也无法有效地加以施展。更有甚者，有些公司将在国内无法得到晋升的人员外派以解决组织问题。与适应能力同等重要的还有员工的态度问题，如果他们仅仅因为无法在国内得到晋升而被外派，这种被动的外派必然会带来外派人员积极性不高的问题。当然，也会存在组织内非常优秀的人员不情愿被

① 查尔斯·W. 希尔. 国际商务：全球市场竞争. 北京：中国人民大学出版社，2002：658.

② Salomon C M. Success Abroad Depends upon More Than Job Skills. Personnel Journal，1994：51－58.

③ 霍尔特，维吉顿. 跨国管理：第2版. 北京：清华大学出版社，2005：393.

外派的情况，因为他们觉得被外派到海外的分公司会让他们远离组织的业务、权力中心，在这种情况下，组织也应该尊重他们的想法，即使他们勉强同意外派，主动性也是不够的。

第3节　归　国

一、逆文化震颤

从外派经理的选拔、培训到海外任职，再到任职期满，重新回到母公司，回国成为这一过程的最后一个环节。很多研究表明，归国是外派过程中的重要挑战之一。管理者返回母国重新在母国组织从事工作时所面临的困难被称作“归国问题”。归国后人们必须重拾母国的文化观念、价值和信仰，这称为“逆文化震颤”（reverse cultural shock）。① 人们往往认为，回到习惯了的母国文化中，应该不存在不适应的问题，而且在异国文化中的生活和对重返母国的期待往往使人们将母国的生活过于理想化，当回到母国时，理想与现实的差距造成了外派人员巨大的心理落差，加上跨国公司很少会对外派人员重新融入母国社会提供支持，结果，归国给外派人员带来的创伤体验比在国外所遭遇的更加严重。英国的一项调查研究显示，在被调查的公司中，70%以上的公司都存在外派人员归国问题。对美国公司的调查显示，回国的外派人员中，有25%的人计划离开公司。② 另一项对外派回国的研究显示，在被调查的外派人员中，60%～70%的人对他们回国后从事的工作一无所知；60%的人认为他们的组织对其归国问题、新角色以及将来在公司的职业发展态度不明确；77%的人回国后在母国担任的职位要低于其海外公司的职位。有15%的外派人员在回国一年内就离开了公司，40%的人在3年内离开了公司。③

从归国人员描述的逆文化震颤的情况来看，逆文化震颤所经历的阶段和跨国外派时所经历的文化震颤的阶段类似。起初，同样是甜蜜阶段，不同的是，前者是对重新回到母国的欣喜，后者是初涉新文化的兴奋。之后都会经历一个情绪的低潮期，所不同的是，逆文化震颤的甜蜜阶段较短，大约在一个月左右的时间之后，回国人员就会体会到现实与理想之间的差距，出现情绪低落的情况。在重新适应后，回国人员的情绪会逐渐平复。

也有学者将外派人员归国的过程概括为：准备、搬家、过渡以及重新适应四个阶段。④

（1）准备阶段。准备阶段开始于回国之前，主要涉及将来的计划以及新岗位信息的收集。从文献中发现，跨国公司不像重视出国前培训那样重视归国前的准备。

（2）搬家阶段。将个人的东西托运回国，并与同事和朋友道别。根据福斯特的调查

---

① 库伦，帕伯替阿．国际企业管理：战略要径：第3版．北京：清华大学出版社，2007：426.

② 同①.

③ 查尔斯·W. 希尔．国际商务：全球市场竞争．北京：中国人民大学出版社，2002：663.

④ 赵曙明，道林，韦尔奇．跨国公司人力资源管理．北京：中国人民大学出版社，2001：172-173.

资料，搬家公司或者搬家咨询人员为外派人员提供帮助，可以减轻外派人员及其家人因回国而产生的不确定感、压力和生活中断的感觉。

（3）过渡阶段。在临时住处先安顿下来，安排子女的学校以及其他生活事项。

（4）重新适应阶段。面对逆文化震颤和职业生涯的情况。

随着全球经济一体化不断深化，不少跨国企业对归国问题给予了高度重视。

二、谁是最有效的回归者

（一）惧怕反应

对于谁是最有效的回归者这一问题，重返者和其跨国公司老板及同事之间存在很大的分歧。对于自认为重返后工作效率更高的人员，其老板和同事的看法正好相反，对于那些对自己回国后工作效率评价不是很高的人，其老板和同事反而认为他们的工作效率较高，即母国的老板和同事认为那些“最不外国化”的重返人员最有效，这种情况被称为“惧怕反应”。① 大多数人都不会期望自己的下属和身边的同事与自己的想法相差较大。此类跨国公司多半并非因为希望增强员工的跨文化管理能力而将其外派，而是因为公司事务方面的需要将其派遣到海外分支机构去监管或督导业务。当外派人员回国时，母公司希望他们能够继续之前的工作，他们越是能够像离职之前一样进行工作，越是能够得到上级和同事的肯定。从另一个角度来说，这也是对外派人员所获得经验的一种浪费。首先，外派人员所获得的经验并非对他们改进原来的工作方式是没有裨益的。即便对他们原来工作的效率的提高裨益很少，他们所获得的经验也应当被传达给母公司，知识共享，以便更好地指导公司战略的制定和海外业务的发展。其次，外派人员的外派经验得到肯定和承认时，能更好地提高外派人员的自我认同感和工作效率。

（二）三种不同类型的回国者的工作效率

不同类型的回国者具有不同的工作效率，具体如下。②

1. 本国取向的回国人员

此类回国人员，在海外很少进行积极的文化适应，一直处于一种身在东道国文化之外的状态中。他们的思维仍一直停留在母国模式，因此回国后也最少受到文化冲击。当他们回到母国时，如果母国的管理者恰好不需要利用他们的海外任职经验，他们的回国适应常常会受到母国管理者的赞赏，因为他们几乎能像从未离开母国公司一样，继续他们之前的工作。这类人员在东道国时也是最少体验到跨文化震颤的人，这说明跨文化震颤未必是坏事，那是外派人员积极融入东道国文化的一种表现。

2. 东道国取向的回国人员

东道国取向的回国人员有时候被认为是“入乡随俗”过头的外派人员。他们完全融入了东道国的文化，即使在回国后仍然觉得那样的文化比母国的文化更好。回到母国后，

---

① 南希·阿德勒．国际组织行为：第4版．北京：北京大学出版社，2004：184.

② 同①186－187.

他们常常会感到他们的国际管理经验没有很好地被运用。这种外派人员与其说是被母国孤立了，不如说是被他们自己的“他国文化情结”孤立了。在这种情况下，文化回归对他们来说难度太大，他们的国际管理经验通常无法很好地为公司做出贡献，他们的工作满意度很低，国内的管理者和同事们会觉得他们的工作效率较低。

3. 积极适应的回国人员

积极适应的回国人员并不沉溺于东道国文化，也不因为对东道国文化的排斥以及对母国文化的执拗而故步自封。在东道国时他们能够积极地适应，广交朋友，并开展工作，搜索、积累国际化管理可以利用的管理信息、市场信息。在回到国内时，他们也能从国外的生活中走出来，调整国外价值观、生活方式与母国之间的偏差，尽快适应。他们是积极的适应者、成功的外派者，他们善于观察两种文化之间的差异，明确自己的职责对于自己的要求，与各地的同事一起有效地开展工作。回国后，他们能够找到国外经验与国内工作的契合点，在工作中提出更有创意和效率的解决问题的方式，因而，较国内员工和其他外派人员而言，他们是更加有效的。当然能否使他们的经验得到利用，让他们的能力得到更好的发挥，取决于组织对他们的经验和能力的认同，以及组织对这些优秀的回国人员的重用。

总体而言，拥有不同战略类型的跨国公司对于不同类型的外派人员回国后的工作效率会有不同的评价标准。跨国公司应当意识到，在国际竞争日趋激烈的今天，对国际市场的深入了解是跨国公司成功的必要条件，外派管理者对东道国的市场情况有着惊人透彻的掌握，善于利用这一资源将对跨国公司的经营大有裨益。

三、回国人员面对的挑战

从海外归来再度融入母国的公司组织、社会生活，外派人员面临的挑战来自多个方面，很多外派人员在临近回国时，就开始了对归国后的职业生涯、生活安置等的计划。总体说来，这些挑战主要可以分为工作与生活两大方面。

（一）工作方面的挑战

1. 职业生涯的发展困境

外派人员回到母国时常常发现组织并未对其职业生涯发展有所计划。20 世纪 80 年代中期，绝大多数的跨国公司会为外派人员提供归国后的工作保证，例如，在他们回国后，组织内会有一个相同级别的职位提供给他们。但是，后来，公司做出这种保证的情况逐渐减少，即使有，也只是一个大概的承诺，很少提及外派人员回国后职位的级别高低。从过去的情况看，跨国公司提升重返的外派管理人员的人数不到一半。从短期看，对许多人来说，全球经验对他们职业生涯的影响是负面的。很多外派人员回国后得到的只是一个暂时性的后备岗位，有数据显示，在归国 3 个月后，仍有 1/3 的前外派人员停留在暂时的岗位上。[①] 由于这样的岗位无法发挥他们的能力，很多回国人员被迫离职，

① 库伦，帕伯替阿．国际企业管理：战略要径：第3版．北京：清华大学出版社，2007：626.

自己去找新的工作。

如果在外派期间公司进行了重组，情况会更加复杂。重返的员工发现，原来的组织承诺已经消失，如果新的雇主无法重新安顿他们，他们不得不自己寻找在组织中的发展机会，或者更换雇主。事实上，更换雇主也未必是一件容易的事情，因为外派人员在外派期间的薪酬和福利都比较高，新雇主会担心他们很难适应国内的薪资水平。因此，除非雇主需要具有特殊外派经验的雇员，否则，他们更愿意在国内的求职者中进行选择。

2. 对海外任职经验的忽视

虽然大部分组织不会完全忽略重返的外派人员，但能够给回国人员提供适合他们能力的职位的情况非常少见。他们有可能会被安排在一个类似于特别任务小组或者项目组的临时岗位上，做一些与他们在国外工作中得到的经验没有丝毫关系的工作。一项调查指出，61%的外派人员觉得，他们没有机会运用自己的国际经验。① 这样的情况用一位澳大利亚的回国人员的话来说就是："你取得了很多的经验，但是在这里一点也用不上。"② 一位挪威的重返人员也有类似的观点："回国后的工作很难令人满意，与我的能力相比，我现在的工作太简单了。直到三个季度之后，我才找到了一份相关的工作。"③

3. 社会文化与组织文化的双重跨越

虽然很多跨国公司都会将自己的文化带到海外的分支机构，但那只是组织文化的一个方面，长期社会文化的熏陶会给处于其中的组织带来很大的影响，尤其是海外组织的员工多半是东道国人员时。例如，在中国，中国的员工比起美国的员工更谦虚谨慎，中庸之道的传统思想对中国人的影响很大。在中国的美国外派经理需要好长一段时间才能意识到，中国人的谦虚不是因为他们能力欠缺，而是由于不想过于自我表现的心理作用。这种潜移默化的影响可能都不为外派经理所知觉，回国后，突如其来的组织文化的差异会使重返人员出现心理上的紧张以及暂时的工作效率下降。

4. 自主性和组织地位的下降

这主要是因为外派者在海外分支机构通常都是做决定的人员，他们在海外分支机构通常是最高管理者，享有很高的自主性和组织地位。回到母国后，他们又再次成为某位管理者的下属，需要上级的批示才能决策。在国外，他们是组织的中心，回国后，他们变成了组织的一个零件，更不用说，有的时候回国后组织只给他们安排了一个"凑合"的岗位，让他们感到自己已经远离了权力中心。

5. 配偶的职业发展问题

外派人员经常会因配偶的职业发展问题而烦恼。配偶常常因为陪同外派人员出国而中断了自己的职业生涯。通常配偶在国外是不容易找到合适的工作的，即使有，也很难衔接上自己的职业生涯发展阶段。有一些国家限制配偶工作的法律规定更是增加了配偶在海外找到工作的难度。有的跨国公司会给配偶提供在其海外分支机构里的一份工作，

---

① 库伦，帕伯替阿．国际企业管理：战略要径：第3版．北京：清华大学出版社，2007：626.

② Welch D. Determinants of International Human Resource Management Approaches and Activities: A Suggested Framework. Journal of Management Studies, 1994, Vol. 31, no. 2: 148.

③ Jensen A J, Attunes J. International Human Resource Management in Norwegian Companies. SiviløKonom Thesis, Norwegian School of Management, Oslo, 1996: 92.

但这对于职业生涯发展的弥补也是有限的。在配偶随同外派人员回国后，几年的空白、年龄的增长、出国前的工作经验又能否帮助他们找到一份适合其专长的工作呢？普华公司的调查指出，有些公司在外派人员回国后，会帮助其配偶寻找工作（21%帮助寻找工作，9.8%提供咨询，还有6%提供再教育的经费）。①

扩展阅读

外派人员配偶的职业发展

约翰·汉德尔（John Handel）在一家跨国公司的日本子公司工作了3年，现回到国内已有2个月了。坐在空荡荡的办公室里，看着天空，约翰回顾了自己的情况。在日本，他曾晋升到财务经理的职位，他不得不承认自己在日本度过了一段令人兴奋而且富有挑战的时光。更重要的是，他接触到了不同的工作方法和程序，能够与来自美国总部的同事和日本当地的同事交流。他以前在亚太地区办公室工作时，也曾有过像在日本那样的经历。约翰知道在日本他获得了有价值的经历与自信。

然而，他带给家庭的并不都是激动。他的妻子安妮虽然没有抱怨，但是约翰知道她因为他的跨国任职而度过了一段艰难的日子。其中一个原因是，两个10多岁的孩子不得不到离日本子公司很远的国际学校学习，这意味着他们只能周末回家。这也使得在日本不工作的安妮感到非常寂寞。她确实承认她经常怀念自己以前从事的作为病理学学者的工作。回国后，安妮找工作遇到了麻烦，由于政府资助减少，她从前在医学院的那个部门已经关闭了。

两个孩子喜欢国际学校的环境，适应得要比约翰期望的好。回到澳大利亚后的情况使孩子受到了伤害。长子被他自己所选择的大学拒绝了，因为他所上的国际学校不是被认可的学校，至少长子彼得是这么说的。小儿子杰森也不那么容易适应国内的情况。

昨天的晚餐气氛不大好，约翰知道也许今天会更糟。一家人为了他的职业生涯发展作出了那么大的牺牲，如今却一无所获，他该如何解释呢？他重新回到澳大利亚的亚太区办公室的时机很不好，可以说是最差的时候。总部已决定重组全球的企业，亚太地区办公室升级为区域总部，并且选在日本。约翰知道从企业的角度看这样更合理，因为大多数的亚太地区的活动都是围绕日本、东南亚以及中国的市场开展的。如果将地区总部设在澳大利亚，在如今高度竞争的业界是不合理的。“但是这给我留下了什么呢？所有的工作正在往北方转移，我的岗位会被来自其他总部的人或更有可能被日本人占据。我也不能要求我的家庭再次搬到日本去。”约翰这样想着，再加上今天又一则消息说，有几位亚太地区办公室的同事已经被辞退了。“我当初接受的那份国外任职如今对我的职业生涯来说是一种自杀行为，不止对于我个人，”约翰想，“我必须寻找其他适合我的职位，这样我今晚才能够面对安妮和孩子们。相信会有其他公司重视我在国外工作的经历。”

资料来源：赵曙明，道林，韦尔奇．跨国公司人力资源管理．北京：中国人民大学出版社，2001：182.

（二）生活方面的挑战

除了职业发展方面的挑战之外，生活上的适应也是一个不容忽视的方面。这里主要讨论的是薪酬福利的降低、失去了之前的社交网络以及孩子的适应三个方面的问题。

① 赵曙明，道林，韦尔奇．跨国公司人力资源管理．北京：中国人民大学出版社，2001：182.

1. 薪酬福利的降低

在经历了国外的高薪酬、高福利的生活之后，再次回到国内生活，可能会因为生活水平的落差而产生心理上的不适应。这种情况会因为配偶能否尽快找到工作而好转或变得更差。刚回国的一段时间里，外派家庭的开销都依赖外派人员的工资。因为通货膨胀无法找到与离国前同样的房子，更不用说与在海外任职期间的居住条件相同的住所。再安家的费用、购置生活用品的费用等都是一笔不小的开支，这给原本就降低了收入总额的外派家庭带来更大的负担。当然，大部分的跨国公司都会给外派人员的安家提供一定的经济支持，这可以在一定程度上减轻他们的经济负担。

与薪酬水平同步降低的还有福利和津贴，类似于海外度假这种弥补海外生活适应困难的福利已经被取消。

2. 社交网络的重建

多年不见，对朋友的状况可能已经不太了解；生活在另一个社会中，对家乡的变迁也可能不知情。再次回到母国，可能发现当初的邻居已经搬走，曾经社交圈中的朋友也没有以前那样亲密，变得陌生。老朋友间共同的话题变少了，回国的人的兴趣和价值观可能已经改变，当初的朋友现在的生活重心已经转变。朋友们对他们的外派经历没有那么大的兴趣，聊天变得有点尴尬。在这样的情况下，一段时间内，回国人员可能体验到疏离的感觉，直到他们再次融入或者建立新的社交圈。

3. 孩子的适应

孩子与大人不同，虽然外派只是短暂的几年，但是对他们的成长产生了很大的影响。孩子的性格、价值观都处于没有成型的阶段，东道国文化的熏陶更可能在他们的身上留下烙印。如果是从发展水平较低的国家回到母国，孩子可能会因为与别的孩子的差距而感到自卑。如果东道国与母国的文化差异非常大，那么孩子的适应会更加困难。如果孩子觉得自己无法在母国交到知心的朋友，他会感到孤独，这种孤独对孩子的影响可能比大人更加严重。例如，从美国外派归来的日本家庭的孩子，可能无法适应日本严格的教育、升学的压力和竞争，日本的孩子也会觉得从美国归来的孩子的言行举止太过随意而保持距离。

四、外派岗位吸引力的降低

德国的人力资源经理发现，“担心去国外工作会断送职业生涯”是去国外工作的主要障碍之一。[①] 福斯特指出，双职工家庭数量的增长加大了对外派雇员家庭的压力，在这类家庭中，一方需要放弃在国内自己感兴趣的或者薪酬高的工作而跟随另一方到新的环境中生活。[②]

回国后，大多数归国经理都期望国际管理的经验会对他们的职业发展有所帮助，但事实并非如此，总体来看，海外的经验所起到的只是一个中性的作用。从以往的情况看，

---

① Marx. International Human Resource Practice in Britain and Germany. London：Anglo-German Foundation for the Study of Industrial Society，1996.

② 莫妮·泰耶. 跨国管理：理论与实践. 北京：中国社会科学出版社，2006：272.

外派人员回国后并不能与其他优秀经理人员分享其知识和经验，鼓励他们走上相同的国际职业轨道，反而面临着完全不同的境遇。

因此，对外派岗位吸引力起关键作用的还是跨国公司的努力。研究表明，跨国公司处理归国环节的方式会对公司吸引外派人员的能力产生很大的影响。[①] 跨国公司对外派人员回国后的职业担保是保证外派岗位吸引力的关键之处。公司对于外派人员在生活、事务性问题方面的支持也是提高外派岗位吸引力的因素之一。

五、如何提高外派岗位的吸引力

（一）继任计划

继任计划在外派前就开始制定，让员工对回国后的工作有心理上的准备，也有助于他们在国外更安心地工作。在海外时，母公司与外派人员之间会保持持续的对话，定期审核外派人员的绩效与目标，他们的新职位、薪酬以及未来的职责是经过广泛讨论后决定的。继任计划的另一个优点是保持员工与组织之间的沟通，促进员工对组织以及组织对员工的变化的了解，保证信息对称。那些及时了解组织变化的员工，与组织保持密切的关系，他们在国外工作时，会表现得更加积极、有效，在回国后也会经历更少的文化、组织冲击，因为他们对于将要面对的情况有一个大概的了解，会有更少的意外。如今高度网络化和相互依存的跨国全球战略和结构的演变，使得信息沟通被更加重视，也使职业重返更加容易。

（二）承认程度

承认程度可以从两个方面努力。其一，对外派人员海外工作对于组织贡献的承认。公司可以用听取员工述职作为对其海外工作贡献认可的手段。述职是将外派人员与母公司经理人重新联系起来的手段，它恢复了外派人员相信公司会重视他们经验的信心，也为他们的顺利转变提供了心理上的支持。它不仅能让归国的员工感受到自己被认可，而且通过述职，公司也可以发现新的机会或者对其国外业务有新的领悟。同样重要的是，外派人员提供的信息可以为公司在计划未来的委任以及改善公司人力资源管理方面提供帮助。其二，晋升回国的外派人员。被提升的回国人员比没有被提升的回国人员表现得更好。如果忽视他们的存在，或者认为他们在海外的工作经验对于国内的工作没有多大帮助，回国人员的积极性将会受挫。

（三）职业上的指引与生活中的帮助

归国之前的培训对于帮助员工消除对于国内生活不切实际的想法是有帮助的。如果条件允许，还可以举办一个归国者与国内接收单位之间的归国咨询会，双方信息的沟通

---

① Welch D. Determinants of International Human Resource Management Approaches and Activities：A Suggested Framework. Journal of Management Studies，1994，Vol. 31，No. 2：139－164. Harvey M G. Repatriation of Corporate Executives：An Empirical Study. Journal of International Business Studies，Vol. 20，No. 1，Spring，1989：131－144.

能够帮助双方更深刻地认识实际情况。另一种职业回归的引导是为重返者安排一位导师。菲德曼和伯利努（Feldman and Bolino）的研究指出，有效的导师是非常有帮助的。在生活方面的帮助可以从安家、孩子的教育安排、帮助其建立社交网络等方面进行努力。表9－2罗列了可以为归国人员提供帮助的一些方面，为跨国公司的人力资源管理提供参考。

表9－2　归国管理项目所涉及的问题

- 准备、搬迁以及过渡期的相关信息（公司会提供哪些帮助）
- 财务和税收方面的协助（包括福利与纳税的变化，国外津贴的取消）
- 归国后职位与职业生涯发展的帮助
- 文化的反向冲击（包括家庭的困惑）
- 学校和孩子的教育（包括适应）
- 工作单位变化（包括公司文化、组织结构、分权等）
- 强调与管理、沟通相关的培训
- 提供建立社交网络的机会
- 帮助建立新的社交关系

资料来源：赵曙明，道林，韦尔奇．跨国公司人力资源管理．北京：中国人民大学出版社，2001：184.

六、海外派遣的新发展

（一）职业生涯发展计划

优秀的职业生涯发展计划从员工刚进入公司时就开始了，我们这里所讨论的职业生涯发展计划主要是与海外任职有关的。在员工进入公司一段时间后，即可识别出员工是否具有外派的潜力，以及他本人是否有外派的意愿。当然该计划是动态发展的，会随着员工自身情况的变化而不断调整。在识别出员工外派意向的基础上，公司可能会在实际外派几年前就开始对员工进行海外任职的培训。

在员工外派期间，公司会为其启动继任计划。继任计划的主要目的在于跟踪员工在海外的发展情况，了解他们外派结束后的志向是归国任职还是国际轮换任职。

对员工来说，他们在很早之前就开始为外派生涯做准备。他们了解在外派期间应达到的期望值和绩效水平，如果需要，他们还要学习第三种语言。

（二）国际骨干

国际骨干指分离出的外派管理者，专门从事国际任职。① 在之前对国际外派的很多介绍中，我们可以得知国际外派对跨国公司和外派人员来说都会存在很大的压力。外派前对外派经理的培训、后勤工作，外派回来后的工作安置和家庭安置，更不用说即使付

① 库伦，帕伯替阿．国际企业管理：战略要径：第3版．北京：清华大学出版社，2007：415.

出了很高的代价，也难以保证外派成功，外派归来后的高离职率也让跨国公司头痛不已。对北美公司的研究发现，在结束国外任职的管理者中，有 25％的人想要离开公司。在回国两年内，流动率在 33％～50％之间。① 对于此种问题的解决，有的跨国公司会缩短外派人员任职时间，同时培养东道国的管理者。另一些跨国公司的选择是国际骨干。国际骨干有永久的国际任职，他们并非都来自母国，而是由跨国公司从世界各地的雇员中挑选出来，他们被派往世界各地，以培养其跨文化技能，同时扩大公司的视野。

高露洁公司经常从刚出校门的大学生中培养国际骨干，每一位候选者都将会有长期的全球范围的职业生涯。跨国公司培养国际骨干也是因为公司需要高潜质的管理者。例如，联合利华认为，它的 75％的管理职位是国际化的，如果你为联合利华工作，那么国际化任务便是其中之一。②

（三）自由外派人员

自由外派人员与国际骨干的不同之处在于：自由外派人员不属于任何组织，他们是主动成为专职国外任职人员的国际管理者。

自由外派人员出现的主要原因之一是跨国公司对自身重返雇员的忽视。重返人员回国后发现，组织已经没有适合的岗位来安置他们，外派经历非但没有对他们的职业发展产生有利的影响，反而起到了阻碍的作用。或者，他们在外派期间积累的经验没能得到组织的承认，继续留在母公司也无法得到锻炼。另一个原因是外派人员已经习惯了海外任职的挑战和自主性，国外任职的薪酬和津贴也不是国内任职所能提供的，他们可能已经很好地适应了国外生活，他们对母国的忠诚已经转移到东道国。基于以上两个原因，与返回母国相比，他们更愿意留在东道国工作。

自由外派人员对于跨国公司的吸引力不言而喻。他们不需要大量的文化适应培训，公司也无须为他们的归来做很多准备。除了薪酬和其他的外派人员一样之外，跨国公司基本无须承担其他压力。自由外派人员更具吸引力之处在于他们不但外派经验丰富，而且愿意到其他外派人员不愿意就职的地区工作。当他们的能力不足以胜任时，跨国公司还可以随时更换其他能力更强的自由外派人员。

（四）非传统外派人员

近年来出现了一种与传统外派模式不同的外派方式，主要表现为较短的外派时间，家属不同行。③ 非传统外派人员也要解决和传统外派人员类似的问题，如控制、问题解决、管理改善和知识转移等。然而，非传统外派模式可以避免和解决传统外派模式的很多问题，如家属的安置和跨文化适应，外派人员的职业生涯发展等问题，大大降低了外派成本。非传统外派人员也面临着新的问题，如正式的招聘和选拔程序、培训、短期跨文化适应等。

---

① 库伦，帕伯替阿．国际企业管理：战略要径：第 3 版．北京：清华大学出版社，2007：426.

② 同①415.

③ Kang H，Shen J，Benson J. Not All Expatriates are the Same：Non-Traditional South Korean Expatriates in China. International Journal of Human Resource Management，2016，28（13）：1－24.

小 结

本章主要阐述了跨国管理者出国和归国的过程以及在该过程中公司与外派人员将会面临的挑战等问题。

虽然相较于海外派遣来说，雇用东道国的人员来担任这些外派职位成本会小得多，但是由于跨国公司需要靠外派人员来达成对全球分公司的整合以及全球信息的收集，同时，还有组织文化的传递以及监管的需要，海外派遣仍然是跨国公司不可替代的战略需要。

外派的全过程包括：国内准备、国外履职以及重返母国三个阶段。奥伯格提出了外派人员经历跨文化情感适应的四个阶段，分别是：蜜月阶段、危机阶段、恢复阶段和适应阶段。其中，危机阶段属于混乱、挫折和焦虑的阶段。这时，外派人员经历一种被奥伯格称为“文化震颤”的现象。卡里等将外派人员的文化适应和调整过程分为情绪高涨阶段、情绪低落阶段、心情好转阶段、适应新环境阶段四个阶段，其中关键是情绪低落阶段。

外派人员经常感受到工作上的压力，这些压力与组织关心不够、配偶的工作和适应问题等有关。外派人员和组织需要利用一些有效的缓解压力的策略。

管理者在返回母国重新从事工作时所面临的困难被称作“归国问题”。归国后，归国人员必须重新学习母国的文化观念、价值和信仰被称为“逆文化震颤”。

从重返人员描述的逆文化震颤的情况来看，逆文化震颤所经历的阶段和跨国外派时所经历的文化震颤的阶段类似。随着全球经济一体化不断深入，不少跨国企业对归国问题给予了高度重视。

从海外归来，再度融入母国的组织、社会生活，外派人员需要面临的工作方面的挑战包括：职业生涯的发展困境、对海外任职经验的忽视、社会文化与组织文化的双重跨越、自主性和组织地位的下降及配偶的职业发展问题等；生活方面的挑战包括：薪酬福利的降低、社交网络的重建以及孩子的适应等。

通过继任计划、承认程度和职业上的指引与生活中的帮助可以提高外派的吸引力。

关键术语

外派人员（expatriate）　　外派失败（expatriate failure）

逆文化震颤（reverse cultural shock）

思考题

1. 论述外派的必要性。
2. 企业外派人员到海外分支机构工作包括哪些过程？
3. 简述奥伯格的跨文化适应的四个阶段。

4. 简述影响跨文化适应的内外部因素。
5. 什么是外派失败？外派失败的关键原因是什么？
6. 什么是逆文化震颤？为什么会出现逆文化震颤？
7. 阐述归国人员面临哪些工作和生活方面的挑战。
8. 国际企业如何提高海外派遣的吸引力？

案例分析

从海信收购 Gorenje 看外派人员的跨文化适应

1. 引言

2021年2月8日，海信集团董事长周厚健发表《2020年度总结》：在经济下行、家电市场萎缩、叠加海内外疫情的三重压力影响下，海信2020年营收和利润双双逆势增长。“大头在海外”的海信实现了全球化的中期目标，2018年并购的欧洲家电品牌Gorenje，自2020年6月起连续盈利，经营态势持续向好。

看到营收业绩单，计划管理部张经理百感交集，回想起集团经营通报会上对Gorenje提出的严肃批评，“主要经营指标持续大幅下滑，利润持续亏损，经营形势严峻”，他的思绪渐渐回到了2018年5月，彼时，海信要选拔外派人员前往斯洛文尼亚进行并购整合。

2. 层层选拔，未雨绸缪帮助适应

为了进入家电类高端市场、布局厨电赛道、推进国际化战略，海信积极参与欧洲高端白电品牌Gorenje并购招标。2018年5月，外派经营层组建完毕，海信开始在子公司、工厂选拔外派人员：经验丰富的普通员工；以“1+1+1～2”（人资、财务、供应链等部门采取外籍员工做正职，中方外派人员做副职的“1+1”中层配置，同时每个部门配置1～2个主管级员工）的方式，配置人资、计划等部门的副部长和主管级员工，财务、供应链等方面的专家。

外派团队的选拔分为员工申请、分管领导推荐和面试选拔三个环节，在推荐环节，人力资源部会进行背景调查，了解员工的家庭状况、性格特征及抗压能力，确保员工能够胜任工作。选拔环节主要考察员工的专业及语言能力：副部长和主管级员工需要传达集团管理要求，考核上以专业能力为主，语言能力为辅；普通员工在外派工作中会和外籍员工频繁沟通，考核上更侧重语言能力；专家对语言能力则不做要求，会配备翻译同行。

顺德冰冷工厂的张经理，被推荐参加这次选拔。张经理性格开朗、乐于接受挑战、抗压能力强。他自2013年入职以来，先后担任效率工程师、计划科室主任与制造部部长，熟悉供应链管理，具有计划管理的经验，对集团有较强的归属感，且老人及妻子对外派工作持积极态度。综合考量后，张经理成功入选。在前往Gorenje前，海信学院对外派人员进行了跨文化培训，培训内容包含语言学习、生活环境介绍、政策法规、商务沟通等方面，帮助外派人员了解文化差异，丰富跨文化知识，实现国内到海外工作的过渡。

3. 频频说No，管理方式受到挑战

Gorenje提倡以人为本的管理思想，强调个人能力与工作量匹配，没有KPI考核，企业文化鼓励员工负责具体且单一的工作。员工个人素质普遍较高，工作经验丰富，责任心很强，但流动性很低，“在一个岗位做一辈子”的情况较为普遍。

海信的企业文化与Gorenje截然不同。海信是以目标为导向，实行自上而下的管理，决策大多基于对商业环境的审慎和具体分析。海信推广日韩精益生产供应链管理等思想，设定高目标激励员工，建立KPI机制。相比Gorenje员工不关心公司运营情况，只在乎做成事情的风格，海信的员工关注公司长期的竞争力、发展和成长，更倾向于做好事情。

2018年7月，张经理抵达斯洛文尼亚，担任计划管理部经理，负责供应链体系搭建。外派工作之初，张经理有着强烈的民族自豪感，“这是中国智造第一次收购欧洲发达国家的企业!”通过部门走访调研，张经理发现，Gorenje采取的“以产定销”模式难以应对日益激烈的市场竞争，供应链管理的关键指标也极其糟糕，严重拖累企业发展。

面对计划管理部200余名平均年龄45岁的外籍员工，张经理直接沿用了国内制造部门较为粗犷的管理方式，强调员工的执行力，在工作中发现问题会立即指出并要求员工改进。但“外派工作没有想象中的简单”，不同于国内委婉的表达方式，“所有人都直接说‘No’拒绝改进”，张经理感到十分挫败，甚至产生了“难怪你们被收购”的抵触心理。工作无法推进的张经理，及时向上级刘总反映了自己的困难，刘总说道，“你发现没，管理就像玩乐高积木，企业必须与其他企业组合出最终的产品。”张经理意识到了自己的问题：不了解Gorenje的管理方式、未能与外籍员工建立信任关系、语言障碍导致沟通困难。

4. 信任、团结、协作谋出路

通过调查走访，张经理发现外籍员工经常说“No”果然事出有因：第一，在Gorenie工作十余年的外籍员工颇有傲气，认为张经理提出的海信管理方式不一定对，且对Gorenje被中国企业收购持一种抵触心理；第二，他们对海信使用的精益生产、供应链管理等企业管理文化、方式和思路不认可，在短期内看不到收益，不知道对业务和个人绩效有什么帮助。

为了解决沟通困难的问题，张经理参加了当地开设的语言培训班，一是进行语言训练；二是深入了解斯洛文尼亚传统文化与礼仪、当地居民日常交流的话题和爱好等。理解了Gorenje的文化和管理方式后，张经理果断调整工作思路：首先，带头往前冲，用心去做事，比外籍同事付出更多汗水，“让外籍同事真心感受到我们是为公司的长足发展去拼搏，这样他们才会相信，才会真正一起努力”；其次，重视说服外籍员工的事前沟通工作，做好PPT、典型案例等沟通准备材料，提高沟通效率，保证沟通质量；再次，为外籍员工提供心理疏导，鼓励他们大胆按照海信办法行事，减轻其心理负担；然后，吸收对方以人为本的管理思想，把适合的人放在适合的岗位上，实现人岗匹配；最后，摒弃事无巨细，个人英雄主义的做法，跳出执行层面，向管理层转化。实践出真知，在四五次磨合后，张经理成功与外籍员工建立起信任关系，能够充分调动其主观能动性，发挥团队力量。计划管理部最终实现从“以产定销”到“以销定产”的转变，为Gorenje扭亏为盈奠定了基础。“张经理的表现让我很吃惊，这也是大家适应性的一个典型案例。刘总对此十分欣慰，“语言的问题解决了，团队的积极性也调动起来了，整体的工作效率得以飞速提高。”

除了工作效率飞速提高，张经理也开始积极融入当地，“外籍员工不是外人，要避免中方外派人员抱团，要去主动融入当地员工，和他们聊压力、情绪、工作波动……”，张经理会和外籍员工一起聊天、爬山、喝酒、开 Party，原以为冷漠的外籍同事在建立信任后相当热情，会主动帮助张经理租房、解决水电问题、采购生活用品。“在海外工作，如果不向他们敞开心扉，他们也不会向你敞开心扉。成为朋友了，生活轻松了，开展工作也容易起来。”

张经理的勤奋和努力也在潜移默化地影响外籍员工，“我觉得这方面变化很大，大家的工作态度跟原来确实不一样。”以往四点下班后，外籍员工都会准时下班回家，现在如果有急需解决的工作，外籍员工愿意加班处理。以往放“暑假”，公司里基本一个外籍员工都没有，但现在部分员工会轮流值班。

5. 新的压力，多重支持从容应对

从互相抵触到彼此信任，张经理的外派工作逐渐步入正轨，他坦言，“对于双方的文化融合，需要我们不断探索。我们必须脚踏实地立足当下，同时也要考虑公司的长远发展，一起努力为公司的明天去拼搏”。但一场突如其来的新冠疫情打乱了所有的工作节奏，部门内会议沟通、资料签署均转为线上进行，部门员工非必要不得前往公司。相比外派人员注重公共卫生安全，严肃对待、积极防护的态度，外籍员工崇尚个人自由，似乎并不在意疫情。Gorenje 采取了与国内一致的防疫要求，“落实公司的健康保护措施，这些措施甚至比某些国家的措施更为严格”，要求外派人员及外籍员工严格遵守公司防疫规定。

早在国内疫情暴发之时，Gorenje 就囤积了大量口罩、防护镜、消毒液，并协同国内总部给外派人员的家人邮寄了防疫物资，这极大地消除了张经理对家人的担忧，“感谢公司，我们是有根的，我们是有家的！”但随着欧洲疫情暴发，张经理的外派生活发生了极大的变化。疫情前，张经理会在周末与外派人员一起做中餐，经常叫上外籍员工一起森林徒步、户外远足。疫情后，张经理过着公司、住所两点一线的生活，“尽量规避和他人接触，即使出门买东西也会感觉很紧张”，虽然同事之间会线上聊天并提醒疫情风险，但张经理仍感到非常孤独。Gorenje 重视外派员工的心理健康，通过微信、Teams 社交软件对外派人员进行一对一帮扶，为其提供 EAP 心理咨询，排解其心理困扰。

“国内疫情状况已经好转，一切都会好起来的，我要乐观起来，得让大家看到希望。”张经理逐渐调整了自己的状态来推进计划管理部工作：一方面向领导申请获得资金占用、核心指标和决策上的支持；另一方面严格梳理供应链风险点，重视线上会议准备和信息分享，提高远程办公质量。

2021 年春节，Gorenje 陆续组织外派人员回国探亲，张经理得以陪伴家人两个月。张经理很庆幸“家人十分支持我的工作，妻子总说‘不要挂念家里，安心工作、好好照顾自己，回家多疼疼我们’”。他由衷感叹“这个外派机会很好，不仅开阔了我的视野，扩展了工作知识面，也了解了公司运营的全流程，这是我人生不可多得的经历之一！”

6. 尾声

三年的外派周期即将结束，部分外派人员将回到国内继续工作，张经理将会带领新的团队再次适应陌生且复杂的工作和生活环境。想到这里，张经理又陷入了沉思：

“Gorenje 外派人员的跨文化适应过程能否适用于其他国家？帮助新的团队成员更快更好地进行跨文化适应，也将成为下一步要解决的重要问题。

资料来源：赵宜萱，等．压力重重，如何应对？从海信收购 Gorenje 看外派人员的跨文化适应．中国管理案例共享中心，2021-10-12.

［问题］

1. 结合海信外派人员的选拔标准，简述外派人员跨文化适应的影响因素。

2. 从跨文化适应的理论视角，分析张经理在外派期间面临哪些跨文化适应压力。

3. 结合案例内容，分析张经理获得了哪些压力应对资源，其效果如何？

4. 海信外派人员跨文化适应过程是否可推广至中国家电行业的并购整合？请根据你的经历和所学知识说明。

图书在版编目（CIP）数据

跨文化管理 / 郑兴山主编；陈景秋等副主编 .
3 版 . -- 北京 ：中国人民大学出版社，2024. 9.
（新编 21 世纪人力资源管理系列教材）. -- ISBN 978-7
-300-33102-7

Ⅰ. F272-05

中国国家版本馆 CIP 数据核字第 2024H61P24 号

新编 21 世纪人力资源管理系列教材

跨文化管理（第 3 版）

主　编　郑兴山

副主编　陈景秋　唐宁玉　王玉梅　张　琦

Kuawenhua Guanli

出版发行	中国人民大学出版社		
社　　址	北京中关村大街 31 号	邮政编码	100080
电　　话	010－62511242（总编室）		010－62511770（质管部）
	010－82501766（邮购部）		010－62514148（门市部）
	010－62515195（发行公司）		010－62515275（盗版举报）
网　　址	http://www. crup. com. cn		
经　　销	新华书店		
印　　刷	北京七色印务有限公司	版　　次	2010 年 9 月第 1 版
开　　本	787 mm×1092 mm　1/16		2024 年 9 月第 3 版
印　　张	15 插页 1	印　　次	2024 年 9 月第 1 次印刷
字　　数	339 000	定　　价	49. 00 元

中国人民大学出版社　管理分社

教师教学服务说明

中国人民大学出版社管理分社以出版工商管理和公共管理类精品图书为宗旨。为更好地服务一线教师，我们着力建设了一批数字化、立体化的网络教学资源。教师可以通过以下方式获得免费下载教学资源的权限：

- ★ 在中国人民大学出版社网站 www.crup.com.cn 进行注册，注册后进入“会员中心”，在左侧点击“我的教师认证”，填写相关信息，提交后等待审核。我们将在一个工作日内为您开通相关资源的下载权限。
- ★ 如您急需教学资源或需要其他帮助，请加入教师 QQ 群或在工作时间与我们联络。

中国人民大学出版社　管理分社

教师 QQ 群： 648333426(工商管理)　114970332(财会)　648117133(公共管理)
教师群仅限教师加入，入群请备注（学校+姓名）

联系电话： 010-62515735，62515987，62515782，82501048，62514760

电子邮箱： glcbfs@crup.com.cn

通讯地址： 北京市海淀区中关村大街甲 59 号文化大厦 1501 室（100872）

管理书社　　人大社财会　　公共管理与政治学悦读坊